“新财经”课程思政系列丛书

财务管理
课程思政案例集

主　编　王秋霞　池昭梅

西南财经大学出版社
Southwestern University of Finance & Economics Press
中国 · 成都

图书在版编目(CIP)数据

财务管理课程思政案例集/王秋霞,池昭梅主编.—成都:西南财经大学出版社,2023.8
ISBN 978-7-5504-5908-3

Ⅰ.①财… Ⅱ.①王…②池… Ⅲ.①财务管理—思想政治教育—教案(教育)—中国 Ⅳ.①G641

中国国家版本馆 CIP 数据核字(2023)第 161231 号

财务管理课程思政案例集
主　编:王秋霞　池昭梅

策划编辑:杨婧颖
责任编辑:杨婧颖
责任校对:雷　静
封面设计:何东琳设计工作室
责任印制:朱曼丽

出版发行	西南财经大学出版社(四川省成都市光华村街 55 号)
网　址	http://cbs.swufe.edu.cn
电子邮件	bookcj@swufe.edu.cn
邮政编码	610074
电　话	028-87353785
照　排	四川胜翔数码印务设计有限公司
印　刷	郫县犀浦印刷厂
成品尺寸	185mm×260mm
印　张	13.75
字　数	326 千字
版　次	2023 年 8 月第 1 版
印　次	2023 年 8 月第 1 次印刷
书　号	ISBN 978-7-5504-5908-3
定　价	35.80 元

前言

中共中央办公厅、国务院办公厅印发的《关于深化新时代学校思想政治理论课改革创新的若干意见》明确指出，要“解决好各类课程与思政课相互配合的问题，发挥所有课程育人功能，构建全面覆盖、类型丰富、层次递进、相互支撑的课程体系，使各类课程与思政课同向同行，形成协同效应”。财务管理是会计学专业的专业核心课程，也是应用性和专业性极强的课程，理应走在课程思政改革的前列。

广西财经学院一贯重视思想政治工作，近年来更是重视将思政元素融入课程，寓价值观引导于知识传授和能力培养之中，帮助学生树立正确的世界观、人生观和价值观。引导学生通过学习，努力成为德智体美劳全面发展的社会主义建设者和接班人。

我们在编写本教材的时候，主要基于以下几点考虑：首先，案例要“能用”，即能够涵盖财务管理课程核心的知识点，满足传统的知识传授的要求；其次，案例要“有趣”，即语言生动且内容有一定的广度和深度，能够激发学生阅读和思考的兴趣，提升学生分析问题和解决问题的能力；最后，案例要“有效”，即案例的主题能够紧扣企业财务管理中的热点和难点。通过案例讨论，我们希望学生可以更好地了解与企业财务管理相关的国家战略、法律法规和相关政策；更多地关注现实问题，将理论和实践有效结合起来，培育学生经世济民、诚信服务、德法兼修的职业素养。

本教材由王秋霞和池昭梅负责结构与内容的确定以及最终统稿和审定，参加编写的人员包括：王秋霞、池昭梅、张红云、杨柳、理诗、唐宁华、刘晴怡、谢建、韩卫华、王强、王文娣、伍玉芳、朱梦单、肖智华、顾睿睿、徐菊凤、孙晓宁、郭文湖、段涵鑫。限于编写人员的水平，书中的疏漏和不足在所难免，希望专家、读者指正。

本教材的编写得到了广西财经学院国际教育学院课程思政建设工作领导小组的大力支持，在此予以衷心感谢！

编者

2023 年 6 月

目录

嵌入企业社会责任，变革财务管理目标

——以柳钢集团为例

王秋霞　王文娣　王　强

一、案例正文

（一）公司概况①

1. 公司简介

广西柳州钢铁集团有限公司（简称“柳钢”），是广西壮族自治区人民政府国有资产监督管理委员会（简称“自治区国资委”）监管企业，是我国华南、西南地区乃至泛北部湾经济圈最大的钢铁联合企业，跻身中国500强企业与全球钢铁企业50强以及中国钢铁企业竞争力极强的“A+”最高评级行列。

柳钢以钢铁制造为主业，业务涵盖物流与贸易、环保与资源综合利用、能源与化工、房地产、医疗养老等板块。近年来，柳钢围绕钢铁产业链，按照“做优做精钢铁主业，做大做强多元产业”的发展思路，在深耕钢铁主业的同时，加快整合多元产业资源，积极发展物流与贸易、环保与资源综合利用、能源与化工、房地产、医疗养老、钢材制造与加工、工程技术服务、信息服务、商贸餐饮、现代农业等多元产业，逐步呈现出钢铁主业与多元产业“两翼齐飞”的新格局，企业综合竞争力全面提升。2018年，实现营业收入888亿元，年末资产总额达764亿元，利润103亿元，是广西首家年度利润超百亿元的国企。

在企业发展的同时，柳钢积极承担应尽的社会责任。一方面，始终坚持走绿色发展道路。近十年来，柳钢累计投资约80亿元，建成50多项技术先进的节能环保项目，有效确保了工业废水“零排放”、废渣与废气全部综合回收利用，实现了现代化钢铁企业与宜居城市的和谐相融，也成就了柳州市“工业城市中山水最美，山水城市中工业最强”的美誉。另一方面，积极回报社会、造福社会，广泛投身于社会公益事业。近十年来，柳钢累计投入2 000多万元开展扶贫工作，有力推动了定点扶贫村经济社会的发展。

2. 企业文化

柳钢秉持“强国惠民、造福员工、成就客户、回报股东”的企业使命，怀抱“建一流集团、做世界强企、创领先价值、铸百年品牌”的企业愿景，坚持“包容、创新、超越、共享”的核心理念，形成了一套完整的企业观念，如图1所示。

---

① 本部分资料主要来自柳钢集团官方网站，http://www.liuzhousteel.com/。

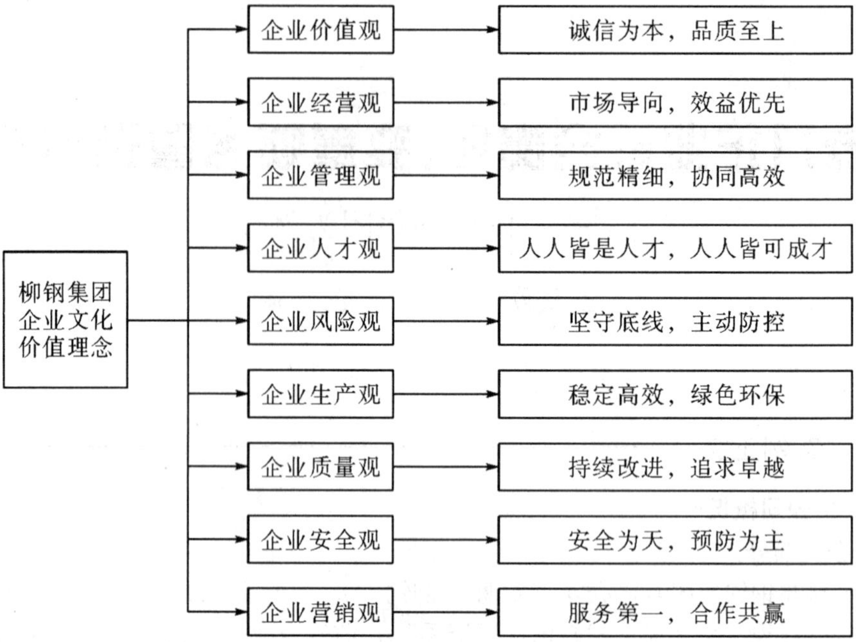

图 1　柳钢集团企业文化价值理念

资料来源：广西柳州钢铁集团有限公司官网。

（二）柳钢·柳城以“政+银+企+村+农”的新模式助推贫困村集体经济发展①

1. 基本情况

自 2013 年起，柳钢开始定点支持广西柳州市柳城县（以下简称“柳城县”）脱贫攻坚和乡村振兴工作。截至 2018 年年底，柳钢先后选派 4 名中高层领导挂任柳城县工作队队长，6 名科级干部挂任工作队员，累计投入各类援助物资和经费 124.5 万元。

柳城县辖区内的白云矿资源储量大、质量好，目前已探明的白云石保守储量超过 1 亿吨。且该地域交通便利，优越的地理位置能够极大地节约矿石运输成本，提高货运物流的生产效率和市场竞争力。

柳钢系柳城县扶贫工作的后盾单位，是我国华南和西南地区最大、最先进的钢铁联合企业之一，结合柳钢生产经营实际，白云石作为炼钢炼铁的重要原料，需求量大。

2. 主要做法

（1）政策扶持，强化组织领导

根据广西壮族自治区下发的《关于加快贫困村村级集体经济发展的意见》、柳州市下发的《柳州市发展壮大村级集体经济三年行动计划工作（2018—2020 年）》，以及柳钢集团制定的《柳钢深化精准扶贫助力打赢脱贫攻坚战实施方案》等文件精神，明确推行柳钢·柳城“政+银+企+村+农”的新模式。

（2）因地制宜，找准致富新路

经过前期充分勘探、调研，现已探明柳城县辖区内富含大量的白云矿资源，且交

① 本部分资料由柳钢提供，资料主要撰写人为吴小若，感谢柳钢对本案例编写的大力支持。编者根据其他公开资料，对原资料进行了细微补充。

通便利，具备开发白云矿资源的自然条件；此外，柳城县现有的太平红砖厂技术较成熟，运营能力较强，基础设施较为完善，抗市场风险能力强，能为白云石块生产项目开发提供有力的支撑和保障。

（3）明确职责，推动落地实施

项目实行市场化运作模式，构建“政+银+企+村+农”的联营模式，即柳城县政府负责辖区内白云石矿藏资源的调查、统计，协助企业办理各类相关手续等工作；鼓励金融机构创新金融产品和服务，对村级集体经济发展单列信贷计划，下放贷款审批权限，给予优先支持和利率优惠；柳钢集团作为柳城县脱贫攻坚的坚强后盾单位，与柳城县太平红砖厂共同投资，合作开发生产白云石块，形成产供销一体化；柳城县太平红砖厂履行社会责任，给予全县23个贫困村，按白云石供货量每吨1元提取给村集体经济，实现稳定、可持续的增收，达到真扶贫、真脱贫的目的。贫困村组织贫困户集中贷款购买运输车辆入股红砖厂，所得利润分派给贫困户。

3. 主要亮点

为加快项目的落地实施，柳钢党委责成下属产业发展部牵头负责，原燃料采购部、党工部、山海公司全力配合项目的实施，为实现柳城县财政收入拓展、整县推进村级集体经济发展奠定良好基础。

通过柳钢·柳城“政+银+企+村+农”的模式，柳钢将较为成熟的经营管理经验、创新求变的工作作风带到柳城县，合理规划布局，形成项目可行性报告。

在柳钢派驻柳城县扶贫干部的大力推动下，经柳钢集团、柳城县人民政府、柳城县太平红砖厂三方充分协商，就联建贫困村集体经济发展白云石项目和脱贫攻坚事宜最终达成项目合作框架协议，并签署战略合作框架协议书。

自2018年年中该项目实施以来，经过近五年的探索努力，三方已实现良好稳定的合作关系，柳钢共定向采购柳城县太平红砖厂炼钢原料白云石块（粉）59万吨，为贫困村集体经济贡献近60万元。集团团委书记杨少波介绍“按照这样一个模式，可实现全县23个贫困村集体经济每年收入稳定在1万元以上”。

（三）柳钢·柳城：今天山村一针一线，明日城市国企工装

1. 基本情况

经统计，2018年年初柳州市柳城县冲脉镇米村长山屯有536人，其中贫困户有11户共45人，屯里的主要经济来源为种植糖料蔗和养蚕。由于产业单一，经济收入少，许多青壮年选择外出务工。部分贫困户不等不靠，渴望依靠自身劳动早日实现脱贫摘帽。柳城县按照“以企带村，以村促企，双向联动，互利共赢”的思路，借助企业的资金、市场等优势，鼓励贫困户利用土地、劳动力和自筹资金参与企业发展，促进贫困户的稳定增收。

在柳钢帮扶和柳城县地方政府的引领下，2018年7月，米村村委、长山屯11名村民联合筹资11万元，注册成立贸易公司，并在长山屯设立一间扶贫工厂——柳城县长山服装厂。柳钢下属制衣企业——曼凯亚科技有限公司对长山屯进行了挂点帮扶。在该屯注册公司、购进设备办厂后，负责生产订单派送、来料供应、免费培训员工，同时在设备安装和维护等方面提供指导，确保该服装厂的正常运营。

自2018年9月28日试产以来，该服装厂优先招收符合条件的贫困户和残障人员就业。让村民在家门口就可以成为服装厂工人。

2. 主要成效

（1）点亮村里的“希望工程”

长山服装厂主要是给后盾单位——柳钢做工作服。工厂给工人的计件报酬也比行业内高出50%以上，每件是8.7元。一名熟练工人，每月能有四五千元的收入，刚来的每月也能拿到2 000元左右。村民们说，“这就是我们的‘希望工程’！”

（2）增加村里的“人气”

工厂不仅给村里增加了收入，还给村里增加了人气。村民说“以前屯里的年轻人都出去打工了，现在周围几个村屯的几十个年轻人都来这里上班，屯里热闹多了”。

（3）实现了“互利共赢”

集团团委书记杨少波介绍，“柳钢集团把企业劳保服加工车间直接开到柳城县贫困村，就地解决贫困户就业难问题，带动每户贫困户年增收3.6万元。同时，降低了工厂劳保服的成本，实现了双赢的局面”。

（四）坚持绿色发展，打造花园工厂

1. 基本情况

推动绿色发展，促进人与自然和谐共生，是党的二十大报告的明确要求。党的十八大以来，习近平总书记反复强调生态文明建设和绿色发展的重要性，加快转变经济发展方式，建设环境友好型社会。柳钢集团坚信，绿色发展是发展的最高境界，绿色优势是最大的后发优势，坚持走绿色发展道路，大手笔书写现代钢铁企业与山水城市和谐相融的动人故事。

近十年来，柳钢累计投资超过80亿元，建成50多项技术先进的节能环保项目，年环保运行费用约17亿元，有效确保了工业废水“零排放”、废渣综合回收利用、废气达标排放。被工信部列为第一批符合“钢铁行业规范条件”的45家企业之一，荣获广西壮族自治区工业循环经济先进企业等称号。

2. 主要做法

（1）企业转型与环保建设同步实施

“十二五”时期，在钢铁产能严重过剩的背景下，作为能源消耗大户的柳钢，如何形成共识、主动实践，事关柳钢能否领跑广西低碳经济发展潮流，能否实现绿色发展、可持续发展。2011年，柳钢淘汰了3座25t/h—35t/h中压燃气锅炉及发电设施，建设了一座220t/h高温高压燃气锅炉及发电设施。2013年，焦化煤调湿技术改造工程正式竣工投产，可蒸发掉湿煤中约4%的水分，每吨焦炭可降低耗热量约150兆焦，每年可减少标煤消耗量2万多吨，减少焦化废水产生量15万多吨，增产焦炭5万吨以上。在装备技术不断更新换代的同时，柳钢人加强自主创新，推出“三高三大一多一低”高炉操作、转炉“负能炼钢”、钢坯辊道热送等技术，促进各项能耗指标持续下降。2011年柳钢吨钢综合能耗为656.9千克标煤，到2017年已降至563.22千克，企业节能成效显著。

（2）余热余能回收发电

为了节能，柳钢为所有高炉配备TRT发电机组，利用高炉炉顶煤气压差带动发电机发电，高炉TRT年发电量可达到5.2亿kW·h，吨铁发电量接近48kW·h，达到国内领先水平。同时，建设3座8万m^3转炉煤气柜及加压站，实现转炉、焦炉煤气全回收；为了有效利用富余煤气进行发电，柳钢建设了3台220t/h煤气锅炉发电机组以及50MWCCPP二期发电机组，基本实现煤气“零放散”的目标。通过把焦炉煤气、高炉煤气、转炉煤气和余热余能全都作为资源进行有效回收并加以综合利用，柳钢每年自发电量超过45亿kW·h，占企业总用电量的78%，达到全国平均水平，给柳钢带来了巨大的效益。

（3）废水截留回用

柳钢坚持自主处理废水，使工业废水循环使用，仅补充少量新水用于蒸发的水损失。在“十一五”期间，柳钢共投资1.2亿元先后建设了3座工业废水集中处理站，工业废水集中处理能力达到每天26万吨，实现废水循环利用。这些水将作为工业补充用水，再次进入工业用水管网，还有一部分水会被用于厂区道路喷洒及绿化灌溉。1号工业废水处理站工作人员介绍，当前柳钢已经形成封闭式的“水→废水→处理→回用水”的循环利用模式，整个生产流程不外排废水。

柳钢投入大量资金建设焦化干熄焦装置，以惰性气体置换焦炭热能的干熄焦工艺取代水熄焦工艺，每年节水250万吨。2013年，柳钢建设了一套焦化废水深度处理系统，采用浅层砂滤与树脂吸附相结合的工艺，将树脂吸附工艺运用于焦化废水处理，降低废水中的色度、COD和悬浮物，经处理后的水全部送至炼铁高炉当冲渣补充水使用。实现废水循环利用后，柳钢吨钢新水耗用量由2001年的46.54m^3下降至2016年的1.97m^3，在全国70家对标钢企中排名第7。

（4）领先废渣综合利用

近年来，柳钢年铁、钢生产能力均超千万吨，高炉、转炉在生产过程中产生的大量水渣、钢渣，却没有向外界排放这些固体废弃物污染。2011年9月，120万吨热焖渣生产线在B区金鹏循环经济工业园开工建设，该生产线采用国内先进的热焖处理工艺并配套的钢渣破碎筛选线，生产出的渣钢、磁选铁、磁选粉、尾渣块、尾渣粉等产品，又被用于炼钢生产和充当建筑材料，实现渣资源的综合利用。创建循环经济示范企业，在“资源产出、资源消耗、资源综合利用、废物排放”四项考核指标共23个小指标中，柳钢全部达到一级指标水平，达到了自治区工业循环经济示范企业标准，荣获“自治区工业循环经济先进企业”称号。

（五）积极承担扶贫责任带来的新变化

积极承担社会责任，柳钢实现了跨越式发展，企业经济效益大幅提高，是广西首家年度利润超百亿元的国企；社会认可度不断增强，曾获“绿色发展标杆企业”“全区脱贫攻坚先进集体”等荣誉，社会声誉不断得到提升。

集团团委书记杨少波认为，积极开展扶贫工作，对于履行社会责任意义重大，社会的认可，使本公司赢得了良好的口碑，同时也凝聚了职工的热情与信心。

二、案例的思政元素

本案例的思政元素主要是：

（一）人民对美好生活的向往就是我们的奋斗目标

不忘初心，方得始终。习近平总书记强调：“为人民谋幸福是中国共产党人的初心。我们要时刻不忘这个初心，永远把人民对美好生活的向往作为奋斗目标。”坚持一切为了人民，带领全国人民不断创造美好生活，生动诠释了中国共产党人的根本立场，生动诠释了全心全意为人民服务的根本宗旨，生动诠释了新时代中国特色社会主义的根本追求。

党的十八大以来，习近平总书记始终把人民放在心中最高位置，风雨兼程、访贫问苦，从黄土高坡到青藏高原，从太行山区到乌蒙山区，从零下几十度到海拔数千米，从“贫瘠甲天下”的甘肃定西到“隔山走一天”的四川大凉山，足迹遍布大江南北、遍布全国 14 个集中连片特困地区，听民声、察民情、思对策，身体力行、率先垂范，模范践行了人民至上的价值理念。

把人民对美好生活的向往作为奋斗目标，从根本上回答了“为了谁”的问题，是立党为公、执政为民的生动体现，是共产党人始终坚守的政治灵魂和精神支柱。我们党来自人民、植根人民、服务人民，除了工人阶级和最广大人民群众的利益，党没有自己特殊的利益，任何时候都把群众利益放在第一位，不允许任何党员脱离群众，凌驾于群众之上。在纪念红军长征胜利 80 周年大会上，习近平总书记向广大党员干部深情讲述了长征路上半条棉被的故事：在湖南汝城县沙洲村，3 名女红军借宿徐解秀老人家中，临走时把自己仅有的一床被子剪下一半给老人留下了。老人说，什么是共产党？共产党就是自己有一条被子，也要剪下半条给老百姓的人。一滴水可以折射出太阳的光辉，半床被子可以彰显出共产党人的本色。在革命、建设和改革的不同历史时期，我们党始终把人民放在心中最高位置，始终全心全意为人民服务，始终为人民利益和幸福而努力工作；我们党制定的路线、方针、政策都充分体现了最广大人民的根本利益。中国共产党的奋斗史，就是一部全心全意为人民服务的历史。

把人民对美好生活的向往作为奋斗目标，关键是站稳人民立场。人民立场体现了马克思主义唯物史观，体现了对人民创造历史的地位和作用的深刻认识，体现了对人类社会发展规律的科学把握，体现了对保持党的先进性纯洁性的坚定追求，是马克思主义政党区别于其他政党的显著标志。只有真正领悟了人民立场的真谛，才会自觉站在人民立场上想问题、做决策，做事情、干事业，做有利于人民、符合人民眼前利益要求和人民长远利益要求的事。习近平总书记经常提到 20 世纪五六十年代福建省东山县委书记谷文昌同志的事迹。谷文昌同志在东山县工作了 15 年，带领全县人民拼搏奋战，植树造林、治理风沙、修建水库，把荒芜的东山岛变成富饶的粮仓，使群众摆脱了世代逃荒要饭的苦日子。当地老百姓逢年过节都是“先祭谷公，后祭祖宗”，并相沿成习，以此表达他们对老书记的敬重和怀念。

把人民对美好生活的向往作为奋斗目标，最终要落实到实现好、维护好、发展好最广大人民的根本利益上。“治国有常，而利民为本。”习近平总书记指出：“党的一切工作，必须以最广大人民根本利益为最高标准。”“我们要不断解决人民最关心最直接最现实的利益问题，努力让人民过上更好生活。”以习近平同志为核心的党中央始终秉持以人民为中心的发展思想，以造福人民为最大政绩，从群众最关心的问题入手，把民生疾苦放在心头，把改革发展责任扛在肩上，一大批惠民举措落地实施，推动发展成果更多更公平惠及全体人民；始终把人民利益摆在至高无上的地位，顺应我国社会主要矛盾已经发生历史性变化的实践要求，着力解决我国发展不平衡不充分的问题，在更高水平上不断满足人民日益增长的美好生活需要。

（二）坚持绿色可持续发展

党的二十大报告明确指出，推动绿色发展，促进人与自然和谐共生。习近平总书记反复强调生态文明建设和绿色发展的重要性，坚持绿色发展理念，深刻吸取历史经验教训，转变发展方式，实现高质量发展。

多年经济高速增长铸就了世界第二大经济体的“中国奇迹”，也积累了一系列深层次矛盾和问题。其中，一个突出矛盾和问题是：资源环境承载力逼近极限，高投入、高消耗、高污染的传统发展方式已不可持续。单单依靠刺激政策和政府对经济大规模直接干预的增长，只治标、不治本，而建立在大量资源消耗、环境污染基础上的增长则更难以持久。粗放型发展方式不但使我国能源、资源不堪重负，而且造成大范围雾霾、水体污染、土壤重金属超标等突出环境问题。绿色发展理念以人与自然和谐为价值取向，以绿色低碳循环为主要原则，以生态文明建设为基本抓手。绿色发展理念的提出，体现了我们党对我国经济社会发展阶段性特征的科学把握。走绿色低碳循环发展之路，是突破资源环境瓶颈制约、消除党和人民“心头之患”的必然要求，是调整经济结构、转变发展方式、实现可持续发展的必然选择。

绿色发展，是理念，是保护，更是发展。发展理念是行动先导，是管全局、管根本、管长远的，引领我们在破解难题中增强发展动力，实现更高质量、更有效率、更加公平、更可持续的发展。我国生态文明建设，处于压力叠加、负重前行的关键期，也到了有条件有能力解决生态环境突出问题的窗口期。树立绿水青山就是金山银山理念，坚持节约优先、保护优先、自然恢复为主方针。生态环境没有替代品，用之不觉，失之难存。保护环境就是保护生产力，改善环境就是发展生产力。发展是解决我国一切问题的基础和关键，绿色是永续发展的必要条件；发展必须是可持续的，决不能再以牺牲生态环境为代价换取一时一地的增长。党的十九大报告也指出，我国社会主要矛盾是人民日益增长的美好生活需要和不平衡不充分的发展之间的矛盾；我们既要创造更多物质财富和精神财富以满足人民日益增长的美好生活需要，也要提供更多优质生态产品以满足人民日益增长的优美生态环境需要。要以绿色发展为导向，引导产业布局和优化升级，推动企业入园集聚发展，形成新产业、新动能、新业态，形成节约资源和保护环境的空间格局、产业结构、生产方式和生活方式，实现人民富裕、国家强盛、中国美丽。

三、案例使用说明

（一）教学用途与教学目标

1. 教学用途

本案例为分析型案例，适用于本科生财务管理课程中“财务管理目标”的知识点的教学和培训。

2. 教学目标

（1）知识层面

理解概念：财务管理目标。

掌握理论：财务管理目标的种类及其优缺点，财务管理目标与财务管理环境，财务管理目标的演进，财务管理目标与企业社会责任。

（2）能力层面

专业实践能力：通过接受课堂系统讲授及参与案例分析，学生能够理解财务管理环境与财务管理目标之间的关系、理解财务管理目标演进中嵌入企业社会责任的必然性，并能将所学相关知识和案例相结合，理论指导实践，学以致用。

创新能力：学生能够保持强烈的好奇心，对新奇的事物有强烈的探求愿望，能够深入实践了解企业财务管理目标，对所学的知识进行创新性应用。

（3）素质层面

强化社会责任意识：通过案例分析，引导学生树立正确的人生观、价值观、建立健全的人格；提升学生的责任意识，形成良好的道德规范。

提高思想政治素养：通过案例分析，引导学生关注党和国家的大政、方针、政策，更深入了解全党全军全社会是如何打赢“脱贫攻坚战”的，更深刻理解习近平新时代中国特色社会主义思想。

（二）案例讨论的准备工作

1. 学生预习“财务管理环境与财务管理目标”等相关理论和知识，同时对财务管理环境，财务管理目标的概念、作用等有一个初步认识。

2. 理解财务管理目标的各种代表性观点及其优缺点。

（三）案例分析要点

1. 启发思考题

（1）结合案例，请分析柳钢的财务管理目标是什么。

（2）结合案例，请分析财务管理的环境是如何影响财务管理的目标的，企业财务管理的目标是否是一成不变的。

（3）结合案例，请深入思考如何在财务管理的决策过程中嵌入企业社会责任。

2. 分析思路

三个思考题，都是基于财务管理课程中“财务管理环境与财务管理目标”知识点而提出的。

（1）结合案例，请分析在打赢脱贫攻坚战、绿色发展思想下柳钢的财务管理目标是什么。

理论知识点：财务管理目标的各种代表性观点及其优缺点。

引导学生理解各种财务管理目标的优缺点，参考答案如下：

财务管理的目标，是指在特定的理财环境下，企业通过一系列的财务管理活动所希望实现的结果。财务管理的目标决定着财务管理的基本方向，是制定和评价财务决策的客观依据。

从根本上说，财务管理的目标取决于企业的目标，所以财务管理的目标和企业的目标是一致的。那么，财务管理的可能目标会是什么呢？避免陷入财务困境或破产？销售额最大化或者市场份额最大化？成本最小化？以上罗列的是一些可能的目标，但是，对于财务经理来说，每个目标都可能存在一定问题。比如，如果企业从不贷款或从不承担任何风险，那么企业可以避免陷入财务困境或破产；如果企业降低价格或者放松赊销付款的条件，那么销售额或者市场份额就会增加。如果企业不注重研发投入或者战略性广告投入，那么可以减少成本支出。但是，很难说这些行为都是符合股东利益的[1]。

那么，企业财务管理的目标究竟是什么呢？理论界有许多不同的表述，具有代表性的观点主要有以下四种。

第一，利润最大化。

该观点认为，利润代表了企业新创造的财富，利润越多说明企业的财富增加得越多。该观点在西方经济理论中是根深蒂固的，西方许多经济学家都以利润最大化这一概念来分析和评价企业行为和业绩。例如，亚当·斯密、大卫·李嘉图等经济学家，都认为企业的目标是利润最大化。20 世纪 50 年代以前，西方财务管理理论界也认为，利润最大化是财务管理的最优目标。历史上，我国也有部分财务管理学家认为，以利润最大化为目标是财务管理人员的最佳选择，这是因为企业要想取得利润最大化，就必须讲求经济核算，加强管理，改进技术，提高劳动生产率，降低产品成本，这些都有利于经济效益的提高[2]。

但是以利润最大化作为财务管理的目标存在以下缺点：①没有考虑利润的取得时间。例如，有 A、B 两个项目，A 项目是今年获利 100 万元，B 项目是明年获利 100 万元，哪一个项目更符合企业的目标？若不考虑货币的时间价值，就难以做出正确的判断。②没有考虑所获利润与所投入资本数额的关系。例如，A、B 两个项目，其利润都是 100 万元，但 A 项目投入资本是 300 万元，B 项目投入资本是 500 万元，哪一个项目更符合企业的目标？若不将所获利润与所投入资本数额联系起来，就很难做出正确的判断。③没有考虑所获利润和所承担风险的关系。例如，A、B 两个项目，都是投入 500 万元且本年都获利 100 万元，但 A 项目获利可以全部转化为现金，B 项目获利则全部是应收账款，哪一个更符合企业的目标？若不考虑所获利润和所承担风险的关系，就难以做出正确的判断。

当然，如果投入资本相同、利润取得的时间相同、相关的风险也相同，利润最大化是一个可以接受的观念。事实上，许多经理人员都把提高利润作为公司的短期目标。但是，从长期来看，利润最大化目标似乎并不是一个合理的目标，因为该目标往往会导致企业财务决策具有短期行为的倾向，即只顾实现目前的利润最大化，而忽视企业的长期可持续发展。

第二，每股收益最大化。

该观点认为，应当把企业的利润和股东投入的资本联系起来，用每股收益（或权益资本净利率）来概括企业的财务目标。每股收益不仅能够说明企业的盈利水平，还可以在不同资本规模企业或同一企业不同时期之间进行比较，揭示其盈利水平的差异，可以避免利润最大化目标在衡量资本效率方面的缺陷。

但是这种观点仍存在以下缺点：一是没有考虑每股收益取得的时间；二是没有考虑每股收益的风险。

当然，如果风险相同，每股收益时间相同，每股收益最大化也是一个可以接受的

---

① 是否符合股东利益的目标一定就是最优目标，学术界也存在很多争论。随着社会责任理念和利益相关者理念的不断深入，很多人主张企业的价值取向应该由股东财富最大化向利益相关者利益最大化转化。相应的，企业财务管理的目标也应该随着企业价值取向的变化而变化。

② 王化成. 高级财务管理学［M］. 2 版. 北京：中国人民大学出版社，2007：20-21.

观念。事实上，许多投资者都把每股收益作为衡量公司业绩的最重要的指标。但是，和利润最大化目标一样，以每股收益最大化作为目标，仍不可避免地会导致企业的短期行为。

第三，股东财富最大化。

该观点认为，增加股东财富是财务管理的目标，因为股东创办企业的目的是增加财富，如果企业不能为股东创造价值，他们就不会为企业提供资本；没有了权益资本，企业也就不存在了。因此，企业要为股东创造价值。

就上市公司而言，股东财富由其所拥有的股票数量和股票价格（简称股价）两方面决定。在股票数量不变的情况下，股价上升可以反映股东财富的增加，股价下降可以反映股东财富的减损；股价达到最高时，股东财富也就达到最大，所以股东财富最大化，又被表述为股价最大化。此外，由于股价取决于股票的价值，因此股东财富最大化也被表述为股票价值最大化。

股东财富最大化目标的主要优点是：①考虑了风险因素，因为风险的高低会对股价产生重大影响；②有利于在一定程度上克服企业的短期行为，因为不仅目前的利润会影响股价，预期未来的利润也会对股价产生重要影响。

基于该目标的优点，国内外许多学者认为以股东财富最大化为财务管理的目标是合适的。但有部分学者对此提出了反对意见，认为该目标存在以下缺陷：①通常只适用于上市公司，对非上市公司很难适用；②股票价格除了受财务因素的影响之外，还受多种其他因素的影响，并非公司所能控制的，把不可控的因素引入理财目标是不合理的；③只强调股东的利益，对公司其他利益相关者的利益重视不够。

第四，企业价值最大化。

该观点认为：增加企业的价值是财务管理的目标，因为现代企业是多边契约关系的总和，企业不仅要考虑股东的利益，还要考虑其他利益相关者的利益，通过利益相关者相关利益最大化来实现企业价值最大化。

对于该观点，主张财务管理目标是股东财富最大化的学者认为：主张股东财富最大化，并非不考虑其他利益相关者利益，因为股东享有的是剩余权益，只有在职工、供应商、债权人以及其他利益相关者都得到了他们应得的部分以后，才享有剩余资产的所有权。如果股东因为剩余部分的增长而获得成功，那么其他人一定也获得了成功。

此外，理论上来讲，企业价值的增加，是由股东权益价值增加和债务价值增加引起的。假设债务价值不变，则增加企业价值与增加股东权益价值具有相同意义。假设股东投资资本和债务价值不变，则企业价值最大化与股东财富最大化具有相同意义。

本案例中，在“打赢脱贫攻坚战”“绿色发展思想”引导下，柳钢秉承的“强国惠民、造福员工、成就客户、回报股东”的企业使命，综合了考虑股东、员工、客户、国家、社会公众等各方利益相关者的利益，追求的是企业价值最大化的财务管理目标。

一方面，立足本职，提高企业效益。柳钢围绕钢铁产业链，按照“做优做精钢铁主业，做大做强多元产业”的发展思路，在深耕钢铁主业的同时，加快整合多元产业资源，积极发展物流与贸易、环保与资源综合利用、能源与化工、房地产、医疗养老、钢材制造与加工、工程技术服务、信息服务、商贸餐饮、现代农业等多元产业，逐步呈现出钢铁主业与多元产业“两翼齐飞”的新格局，企业综合竞争力全面提升。2018

年，实现营业收入888亿元，利润103亿元。另一方面，履行社会责任，勇于担当。柳钢积极投入脱贫攻坚当中，回报社会、造福社会，构筑“政+银+企+村+农”的联营模式，经过多年的探索努力，已实现与贫困户良好稳定的合作关系，柳钢集团共定向采购柳城县太平红砖厂炼钢原料白云石块（粉）；帮助贫困县设立一间扶贫工厂——柳城县长山服装厂，优先招收符合条件的贫困户和残障人员就业。就地解决贫困户就业难问题，带动每户贫困户年增收3.6万元；深入贯彻绿色发展理念，建成50多项技术先进的节能环保项目，有效确保了工业废水“零排放”、废渣与废气全部综合回收利用，实现了现代化钢铁企业与宜居城市的和谐相融。

综上，柳钢在发展过程中，不仅只站在股东角度追求经济结果，还考虑了员工、政府和社会公众等各相关者的利益，以企业价值最大化为财务管理目标来运营柳钢。

（2）结合案例，请分析财务管理的环境是如何影响财务管理的目标的。企业财务管理的目标是否是一成不变的？

理论知识点：财务管理环境与财务管理目标的关系。

财务管理环境又称理财环境，是指财务管理以外的并对财务管理系统有影响作用的一切系统的总和。企业财务活动是在一定的环境下进行的，必然受到环境的影响，要获得成功，必须深刻认识和认真研究其所面临的各种环境。站在企业的角度观察财务管理环境，可以将其分为外部环境和内部环境。

财务管理的外部环境包括宏观环境和市场环境，其中宏观环境包括经济环境、法律环境、金融市场环境、社会文化环境、政治环境、技术发展状况等，市场环境则包括与企业经营密切相关的资本市场、原材料市场、人力资源市场等要素市场和产品市场的发展。宏观环境为企业交易活动的顺利进行提供了各种保障和约束，宏观环境的不同将导致市场交易成本的差异，而交易成本的大小将直接影响到规范企业行为的一系列形式、内容与执行，进而会影响企业的财务管理决策。外部理财环境是企业决策难以改变的外部约束条件，企业财务决策更多的是适应它们的要求和变化。

企业的内部环境是指企业战略和治理结构，包括企业的组织架构、战略及经营模式选择等。企业可以对内部环境施加有效影响，通过对企业组织架构、战略、经营模式等因素的调整，直接影响财务决策活动。作为企业获取竞争优势的重要途径，战略选择对企业财务决策的影响至关重要。如何界定、规划和执行一个良好的战略是决定其财务状况和经营绩效的关键所在。例如，与实行成本领先战略的企业相比，实行产品领先战略的企业应不断致力于通过塑造产品或服务的独特性，以造成相对于竞争者的有利差异来获得竞争优势，为了这一战略的顺利实施，必然需要企业投入大量资本进行产品的设计和改进，如何筹集和管理这些资本就显得至关重要。从控制风险的角度出发，实施产品领先战略的企业应当减少负债，而且企业的竞争优势越是依赖于创新，企业的财务杠杆率应该越低。高新技术企业作为典型的以产品领先战略为核心的企业，强调风险管控，需要保持较高的财务松弛空间，以应对我国高度动态的环境和企业自身的高成长要求。任何一项产品或者服务从无到有，再到其使用价值的实现，都要经过研究开发、生产、销售、售后服务等价值创造环节。不同的企业根据自己具备的资源和能力，会专注于价值链上的不同阶段，从而形成不同的经营模式。比如，专注于销售和售后服务的公司所有的产品生产可能都实行外包，从而形成轻资产型公司，而另一些专注于生产的企业，可能不得不购置大量的生产设备和厂房，从而成为重资产型公司。而不同的经营模式可能对企业的筹资、投资、分配产生不同的影响①。

本案例中，财务管理的外部环境和内部环境都影响着柳钢的财务管理目标的制定。例如，外部环境方面，自党的十八大以来，以习近平同志为核心的党中央把脱贫攻坚工作摆在治国理政的突出位置，实施精准扶贫、精准脱贫，加大扶贫投入，创新扶贫方式，精准施策，鼓励、动员社会各界力量投入打赢脱贫攻坚战当中来；此外，党的十八届五中全会绿色发展理念提出，推动企业发展转型，经济与环保共生等，在这些外部环境变化下，柳钢迅速适应变化，把扶贫工作作为当前履行社会责任的重点工作，更新、改造环保创新项目，在这些方面投入的资金、人力、技术、产品等各方面资源占比较大。内部环境方面，柳钢实施绿色发展战略，牢固树立"绿水青山就是金山银山"的绿色发展理念，落实"总量控制有效、生产过程清洁、资源循环利用、污染排放达标、环境风险可控"的总体要求，构建绿色循环发展新模式。推动企业财务管理目标不应仅追求经济效益，还应兼顾社会效益。

企业的财务管理目标不是一成不变的，它随着企业所处的文化背景、政治法律环境、生产力水平和企业的内部法人治理结构等因素变动而变化，就如同本案例中的柳钢集团，在自身内外部的财务管理环境变化时，相应地兼顾经济效益和社会效益。因此，企业的财务管理目标设定，应根据企业不同的发展阶段以及内外部的环境变化来选择合适的财务管理目标。

（3）结合案例，请深入思考如何在财务管理的决策过程中嵌入企业社会责任。

理论知识点：财务管理目标的演进及财务管理理论的创新。

从历史和现实看，企业的价值取向存在着两种模式：股东价值取向模式和利益相关者价值取向模式，且经历了由股东价值取向模式向利益相关者价值取向模式的演进②。财务管理是企业价值管理的主要手段，企业的价值取向从根本上决定了企业财务管理的目标。因此，与企业的价值取向模式相协同，企业财务管理的目标也正经历着由股东财富最大化目标向利益相关者利益最大化目标的转变。

利益相关者价值取向模式主张以利益相关者利益最大化作为财务管理的目标，该目标看起来似乎把股东以外的其他利益相关者的利益都纳入了考虑范畴，似乎比传统的股东财富最大化目标更为合理，但一些学者认为，该模式在理论上还存在一些困惑，在实践操作中也还存在一定困难：①如何界定利益相关者？②各利益相关者的利益如何确定？③在这么多利益相关者中，是否存在着主次之分？④如果存在的话，谁的利益最重要？⑤利益相关者利益最大化，意味着多方利益最大化，如何协调多方的利益并使之最大？⑥多元化的目标有可能使股东所关心的利益与管理者所关心的利益之间发生严重的冲突，从而使多元的目标无法实现。⑦多元化的目标下，管理者可能会在响应一些利益相关者的利益诉求时损害另外一些利益相关者的利益，由此产生的道德风险如何解决？在一定的程度上而言，对所有的利益相关者都负责相当于对谁都不负

---

① 王化成，张伟华，佟岩. 广义财务管理理论结构研究：以财务管理环境为起点的研究框架回顾与拓展［J］. 科学决策，2011（6）：6-7.

② 李心合. 嵌入社会责任与扩展公司财务理论［J］. 会计研究，2009（1）：66-73.

责。⑧整合各个利益团体的意见，形成公司决策是一件困难的事。而且，将各种各样利益冲突的争论带到高层管理决策中来，势必影响高层经理人的决策效率。

尽管利益相关者利益最大化目标在理论上存在一定争议，在实践上还存在一定困难；但是，随着自然环境的不断恶化，随着社会责任理念和利益相关者理念的深入人心，越来越多的企业不仅会从其所处的技术环境出发，基于效率机制的考虑，追求股东财富最大化的目标，同时也会考虑到其所处的制度环境，基于合法性机制的考虑，追求自身合法性的提升。因此，有学者提出，财务管理的目标应该是在权衡利益相关者利益基础上的股东财富最大化。由于传统的财务管理的理论对社会责任的考虑几乎为零，即社会责任几乎是零嵌入性的，所以传统的财务管理理论中的筹资、投资、营运资本管理以及利润分配的管理中的决策依据，主要考虑的是股东利益，如果考虑企业应该承担的社会责任，将利益相关者利益考虑进来，我们传统的财务管理理论可能需要不断创新。

本案例中，柳钢在做管理决策时主动明确其应承担的社会责任，并积极采取措施。在脱贫攻坚战进入决胜的关键阶段，柳钢也积极承担起企业应该承担的社会责任，将扶贫与产业发展相结合、扶贫与扶志相结合，积极主动参与脱贫攻坚，彰显柳钢担当；在绿色发展成趋势的当下，又将环保责任融入决策当中，实施绿色发展战略，推动企业转型。

利益相关者利益最大化要求企业在做决策的时候，不仅要考虑股东的利益，还要兼顾政府、职工、客户、社区等利益相关者的利益。

（四）教学组织方式

建议用本案例完成“财务管理环境与财务管理目标”全部知识点的教学，不再安排教师理论讲授的时间。一般安排 4 个课时（160 分钟），案例的教学组织安排如表 1 所示。

表 1　案例的教学组织安排

学习阶段	学习内容	时间限制	学习目标
课前	要求学生分组，并预习课本知识。提前发放案例，明确案例讨论的题目及案例讨论的考核要求	提前 2 天	熟悉知识并了解案例背景
课中	教师讲授财务管理的环境分类及对财务管理的影响	40 分钟	进一步掌握相关知识
	教师讲授财务管理目标演进、财务管理目标的代表性观点及其优缺点	40 分钟	进一步掌握相关知识
	随机抽取 4 个小组发言，每组 10 分钟	40 分钟	结合理论分析问题，要求概述理论依据，结合具体问题分析
	引导全班进一步讨论，并进行归纳总结，将思政元素与财务管理目标进一步结合。引导学生从企业所处的现实的理财环境出发，理解企业财务管理目标及其财务管理行为	30 分钟	归纳用到的关键理论，并对各组表现做一个简单的点评
	老师点评及小组之间相互打分	10 分钟	加强考核，以更好引导学生主观能动性

表1(续)

学习阶段	学习内容	时间限制	学习目标
课后	请学生继续深化拓展了解财务管理目标相关知识，下次课用 5 分钟进行回归提问	下次课前	增进记忆，巩固知识

（五）总结

目标，既是标准，又是导向，没有明确的目标，就无法判断一项决策的优劣。财务管理的目标并不是一成不变的，而是随着理财环境的变化而发生变化。从根本上说，财务管理的目标取决于企业的目标，所以财务管理的目标和企业的目标是一致的。企业应该根据其所处的理财环境出发，在自己的使命中积极主动融入企业社会责任，从而更好地承担对各利益相关者的责任。

四、参考文献

［1］王化成，张伟华，佟岩. 广义财务管理理论结构研究：以财务管理环境为起点的研究框架回顾与拓展［J］. 科学决策，2011（6）：6-7.

［2］李心合. 嵌入社会责任与扩展公司财务理论［J］. 会计研究，2009（1）：66-73.

［3］王化成. 高级财务管理学［M］. 2 版. 北京：中国人民大学出版社，2007.

［4］马英华，王秋霞. 财务管理学［M］. 2 版. 北京：人民邮电出版社，2016.

［5］中共中央宣传部. 习近平新时代中国特色社会主义思想学习纲要［M］. 北京：学习出版社，2019.

从财务目标视角论永辉超市的成功之道

杨 柳

一、案例正文

永辉超市是福建省在推动传统农贸市场向现代流通方式转变过程中培育的大型民营股份制企业集团。永辉超市成立于2001年，总部位于福建省福州市。永辉超市是我国最早将生鲜农产品引入现代超市的流通企业之一，被国家七部委誉为我国推进“农超”的典范，被人们誉为“人民超市，共同永辉”。永辉超市是中国500强企业之一，是国家“流通”和“农业产业化”的龙头企业。

永辉超市的企业愿景是“让用户更喜欢，让创业更容易”。永辉超市将“食品安全”作为生存之本和发展之道，引领生鲜绿色消费，积极引进和培育绿色商品，采购低排放、高能效的建筑材料和商业设备，向消费者和供应商倡导绿色理念。

为了使永辉超市的企业文化和财务目标管理相匹配，永辉超市不断完善财务目标管理实践。财务目标是全部财务活动的最终目标，是开展一切财务活动的基础和归属，是评价企业理财活动是否合理的基本标准。在现代企业财务目标模式中，最具代表性的是利润最大化目标、股东利益最大化目标、利益相关者财富最大化目标。其中，利润最大化目标是指企业是以盈利为目的的经济组织，追求利润最大化是企业的财务目标，企业财务管理行为将朝着有得于企业利润最大化的方向发展。股东最大化目标是指通过财务上的合理运营，为股东带来最多的额财富。利益相关者财富最大化目标是指兼顾和均衡每个利益相关者的利益，使所有利益相关者都尽可能最大限度地得到利益上的满足。

（一）探索独特盈利模式，呈现优越财务特征

现代企业面临着复杂的社会与经济环境，要实现企业财务目标，必须正确处理好企业与各方之间的关系，充分考虑各方利益。永辉超市不是单纯地以追求股东财务利益最大化或企业利润最大化为目标，而是将股东利益最大化与利益相关者利益相权衡，几乎做到了鱼与熊掌兼得。前者是企业存在的原因，而后者是企业发展的基石。永辉超市在其经营战略或者经营策略中追求股东、员工、供应商以及社会等利益相关者的利益最大化。永辉超市充分发挥近几年发展过程中所积累的各类轻资产资源优势，包括品牌资产管理、供应链管理、客户关系管理等，在其资产负债表中呈现出十分明显的轻资产盈利模式的财务特征，具体包括现金储备较高、应收账款和存货比例很低、流动资产很高、固定资产比例很低。以上财务特征体现了永辉所采用轻资产盈利模式的优越性。正因如此，在日常经营上，永辉超市会显得一骑绝尘。

（二）制定多元化投资战略，保证利润稳定增长

永辉超市的投资战略始终集中在发展零售业，优化供应链这个核心目标上面，不断加深护城河和投资壁垒。这是永辉的核心，充分体现永辉的投资特点：专注主业、稳健成长。永辉的投资始终围绕着两个方面：

1. 升级优化供应链

永辉超市一方面通过增持中百，入股上海联华，共享上海联华采购部和商品部的数据，有效筛选供应商，降低采购成本，保持成本优势。另一方面，利用联合采购这样的规模优势，提升对供应商的议价能力。在采购端有效比价，协同议价，建立了价格竞争优势，提升企业毛利率。京东入股后，永辉借助具有物流优势的京东到家，为客户更好地提供"最后一公里"的服务——生鲜采购更加便捷，提升了客户体验，也提高了产品的销售。

2. 布局新零售

永辉设立永辉云商科技有限公司，配合银行打通支付、银行、云端的产业链关系，形成未来零售的核心竞争力。与腾讯合作，推出"智慧零售解决方案"，通过大数据分析，实现店铺的数据化和智能化，有效连接客户，提升企业收入。

（三）稳定股利分配政策，保障相关投资者信心

股利分配政策是重要的收益分配战略内容，长期的股利分配可以推动公司的长期稳定运作，充分维护所有者权益，并且能够确保公司股价的稳定。永辉超市以发放现金股利作为重要形式，这类形式能够向股东、债权人与外部投资者传递一种信息，也就是公司在发展过程中可以获得充足的利益与足够的现金流，所以，市场应当更为重视公司将来的发展。与此同时，自从该公司上市之后，尽管其现金股利分配比重有所增长，然而仍然维持在 50%，不仅能够稳定外部投资者的信心，并且能够减少现金流出。

（四）打造核心特色品牌，保障业界良好口碑

品牌是永辉超市永远的核心竞争力，考虑到国内零售行业存在着较为激烈的同质化问题，注重对于特色品牌的打造是在零售行业中脱颖而出的关键。基于多角度针对品牌进行宣传，注重宣传内容的创新，能够快速吸引消费者的注意力。在进行品牌打造的过程中，永辉超市注重关于经营理念的传递，引导消费者形成关于企业形象的良好认知。一般来说，企业的核心竞争力会随着时间的推移绝对或者相对地逐步降低。然而，永辉的蓬勃生命力告诉我们，永辉核心竞争力的价值没有降低，反而是上升的。这主要源于永辉无穷的"创新能力"，它是永辉核心竞争力的核心。不断满足用户需求，逐步构造、强化以品牌为基点的核心竞争力机制，不断赋予永辉品牌新的内涵，逐渐形成了一套比较完善的企业创新体系。

（五）推行库存配送模式和零库存理念

永辉超市长期坚持整合供应链，加强物流体系发展，在新零售时代使用先进技术，借助信息管理平台实现对于库存产品的动态监测，智能预警。当存货太多时能够减少购买量，并且提示公司领导者开展促销活动以提高存货周转效率；存货太少时则会自动下单补货，确保生产活动的顺利进行。这种方式能够确保永辉超市存货质量的不断提升，存货周转速度加快，存货跌价准备计提比例也会逐年下降。

二、案例的思政元素

本案例的思政元素主要有：

（一）财务管理目标的实现，需要坚持公司理念，坚持以人民为中心的发展思想

“坚持以人民为中心的发展思想”是党的二十大报告中五大原则之一。“治天下也，必先公，公则天下平矣。”让广大人民群众共享改革发展成果，是社会主义的本质要求，是社会主义制度优越性的集中体现，是我们党坚持全心全意为人民服务根本宗旨的重要体现。因此，我们要站在人民的角度上，为人民考虑事情。永辉超市坚持以人为本的理念，大力倡导“家”文化，视同事为家人、待顾客如待家人，以“感恩的心”回馈社会、回馈百姓，充分体现人文关怀。永辉超市的公司理念，更为深层地为我们展现了以人民为中心的发展思想，需要让人民共享企业的经营成果，让我们看到了只有这样，人民才能更好地帮助我们推动经济的发展，才能为国家、为社会、为企业创造更好的经济效益。财务目标是全部财务活动实现的最终目标，是开展一切财务活动的基础和归宿，是评价企业理财活动是否合理的基本标准。企业处在社会的大环境中，不同企业的财务目标会有很大的差异。关于企业财务目标的模式，根据现代企业财务管理理论和实践，目前存在以下几种代表性的观点：

1. 利润最大化

利润最大化是古典微观经济学的理论基础，起源于亚当·斯密关于“经济人”假说。这种观点认为企业是以盈利为目的的经济组织，追求利润最大化是企业的财务目标，企业财务管理行为将朝着有利于企业利润最大化的方向发展。

利润最大化是一个绝对指标，以利润总额作为财务目标，没有考虑投入和产出之间的关系；利润最大化是一个静态指标，没有考虑货币时间价值；利润最大化没能有效地考虑风险与收益之间的关系。

2. 股东财富最大化

股东财富最大化是指通过财务上的合理运营，为股东带来最多的财富。该观点适用于“股东至上”逻辑而存在。但是，企业的本质是一系列契约的结合，现代企业最大的特点就是所有权与经营权分离，股东股权分散；由于企业所有者的实际缺位，存在着信息不对称的问题，职业经理人实际掌握企业的控制权，职业经理人可能利用职权损害股东的利益。因此，股东财富最大化这一观点遭到越来越多的批评。

3. 利益相关者财富最大化

利益相关者财富最大化是指兼顾和均衡每个利益相关者的利益，使所有利益相关者都尽可能最大限度地得到利益上的满足。现代企业面临着复杂的社会和经济环境，要实现企业财务目标，必须正确处理好企业与相关各方之间的关系，在相关各方利益之间进行权衡。

（二）以“为民造福”为宗旨制定企业财务目标

为民造福是立党为公、执政为民的本质要求。江山就是人民，人民就是江山。中国共产党领导人民打江山、守江山，守的是人民的心。治国有常，利民为本。必须坚持在发展中保障和改善民生，鼓励共同奋斗创造美好生活，不断实现人民对美好生活的向往。在现代市场经济的条件下，企业的目标并不仅仅是追求股东财富最大化或企业利润最大化，而是应以“为民造福”为宗旨，始终把人民利益摆在至高无上的地位，更多地关注相关利益者财富的最大化。而永辉超市的价值观正是“帮助他人成功，自己才能成功”。

1. 顾客利益

永辉超市真正站在了顾客的角度来经营自己的生意。永辉超市为其顾客提供以下服务：免费杀鱼；停车场免费使用；免费接送购物班车，等等。分析出顾客的需求，通过满足顾客需求来经营生意，永辉无疑做到了这点，并将其之转化成了生产力。

2. 员工利益

永辉超市采用了合伙人制度激励了一线的员工。有趣的是，“永辉合伙人”并非大多数公司针对极少数核心人员采用的“合伙人”制度，而是一种员工普惠的利润分享机制。“永辉合伙人”并不享有公司的股权和股票，而只有分红权，相当于总部与小团队的利益再分配，其核心是超额利润的分享。这说明永辉超市把一线人员当作关键人才，想方设法激励一线人员，最后实现超市和员工的共赢。

3. 债权人利益

永辉超市深知保持良好的信用，按时还本付息是确保债权人利益的最好方法，其与债权人之间也建立了良好的按时还款信用关系，因此银行等债权人也非常乐意贷款给它。

4. 股东利益

股东是企业的所有者，他们关心投资回报率和企业的发展。从满足股东要求和利益出发，永辉超市加强与股东的交流，保证股东对公司的信心，从而得到了他们的支持，并且吸引了更多的投资者。

5. 供应者的利益

永辉主要销售是生鲜产品，该类产品属于低毛利商品，只有在采购过程中缩减中间环节，降低采购成本，才能够持续稳定地占据市场地位。永辉超市为了能够长远发展，与上下游企业都建立了良好的合作关系，并以股权绑定的形式维持与上下游客户的关系。

6. 政府和社会利益

永辉超市相关负责人表示，“绿色永辉”是永辉始终坚持的经营理念，企业的健康成长，离不开环境、社会与人的和谐发展。企业环保公益的举措不仅能传递企业的品牌精神，也能在社会上起到正面宣传和倡导作用，助力整个社会对绿色低碳生产和生活方式的践行。作为行业龙头企业，永辉的可持续健康发展步履不停。早在 2017 年，永辉就与宝洁签订环保项目协议，目标捐赠 50 万元用于中国西南自然保护区超 50 万平方米的生态保护；自限塑政策推行以来，永辉积极推动可降解环保物料的使用；旗下自有品牌优颂也推出多款环保原料材质的产品，其中优颂高透系列整理箱还是国内首家荣获 UL 环境声明验证的零售商。

三、案例使用说明

（一）教学用途与教学目标

1. 教学用途

本案例为分析型案例，适用于本科生财务管理课程中“财务管理目标”的知识点的教学和培训。

2. 教学目标

（1）知识层面

理解概念：财务管理目标。

掌握理论：企业盈利能力，存货管理，利益相关者最大利益，短期财务。

（2）能力层面

系统思维能力：老师对财务管理目标的概念、企业盈利能力、存货管理、利益相关者最大利益、短期财务等进行讲解，帮助学生掌握科学、系统、全面分析不同企业利益相关者最大利益的能力和短期财务处理的能力。

判断实践能力：根据案例材料，设置两个由浅入深、由知识到能力的问题，通过解答问题，帮助学生形成“理论到实践、实践到理论”的思维方式，使学生能根据不同的财务管理目标搜集信息与资料，运用相关的理论知识，提出合理解决方案。

（3）素质层面

形成专业意识：认识到一切从实际出发，实事求是理论、唯物辩证法之对立统一原理、科学发展观、辩证唯物主义世界观和方法论在财务管理专业理论学习和我国市场经济发展中的重要作用，能自觉地把思政元素与财务管理专业理论结合起来分析企业筹资决策和前景，养成关注时事政治、宏观经济形势、热点问题及经济管理政策的学习习惯。

提高职业素养：培养学生积极投身创新型社会建设的热情，让学生在日常生活中和疫后的职业生涯中能够学习和运用辩证唯物主义世界观和方法论解决问题。

（二）案例讨论的准备工作

1. 学生需要预习相关理论和知识，同时对企业不同的财务管理目标的内涵有一个初步认识。

2. 了解企业盈利能力、存货管理、利益相关者最大利益、短期财务处理。

（三）案例分析要点

1. 启发思考题

（1）结合案例，请运用一切从实际出发，实事求是的原理剖析企业财务管理目标。

（2）结合案例，请运用可持续发展理念和科学发展观剖析企业的财务管理目标。

2. 分析思路

两个思考题都是基于财务管理课程中“财务管理目标”知识点而提出的。

（1）试运用坚持以人民为中心的发展思想剖析案例企业的财务管理目标。

理论知识点：财务管理目标。

引导学生运用坚持以人民为中心的发展思想分析财务管理目标。参考答案如下：

财务管理目标又称理财目标，是指企业进行财务活动所要达到的根本目的，它决定着企业财务管理的基本方向。财务管理目标是一切财务活动的出发点和归宿，是评价企业理财活动是否合理的基本标准。财务管理目标也是企业经营目标在财务上的集中和概括，是企业一切理财活动的出发点和归宿。制定财务管理目标是现代企业财务管理成功的前提，只有确定了明确合理的财务管理目标，财务管理工作才有明确的方向。因此，企业应根据自身的实际情况和市场经济体制以及企业财务管理的要求，科学合理地选择、确定财务管理目标。

随着市场经济体制的逐步完善，财务管理理论在不断地丰富和发展。其中财务管理的目标，也在不断推陈出新。到目前为止，先后出现了 4 种比较具有代表性的观点，分别是：利润最大化原则、股东财富最大化原则、企业价值最大化原则和企业资本可持续有效增值原则。

企业财务管理目标具有以下特征：

财务管理目标具有相对稳定性。随着宏观经济体制和企业经营方式的变化，随着人们认识的积累，财务管理目标也可能发生变化。但是，宏观经济体制和企业经营方式的变化是渐进的，只有发展到一定阶段以后才会发生质变；人们的认识在达到一个新的高度以后，也需要有一个达成共识、为人所普遍接受的过程。因此，财务管理目标作为人们对客观规律性的一种概括，总的说来是相对稳定的。

财务管理目标具有可操作性。财务管理目标是实行财务目标管理的前提，它要能够起到组织动员的作用，要能够据以制定经济指标并进行分解，实现职工的控制，进行科学的绩效考评，这样，财务管理目标就必须具有可操作性。具体来说，包括可以计量、可以追溯、可以控制。

财务管理目标具有层次性。财务管理目标是企业财务管理这个系统顺利运行的前提条件，同时它本身也是一个系统。各种各样的理财目标构成了一个网络，这个网络反映着各个目标之间的内在联系。财务管理目标具有层次性，是由企业财务管理内容和方法的多样性以及它们相互关系上的层次性决定的。

案例中，永辉超市注重财务管理目标的确立，既注重实现股东利益的最大化，又注重其他相关者利益的最大化，使得企业越做越好，越做越大，越来越多的投资者愿意与永辉超市合作。

（2）结合案例，请运用以“为民造福”为宗旨剖析企业的财务管理目标。

理论知识点：财务管理目标的意义及优缺点。

企业财务管理目标是企业组织财务活动、处理财务关系所要达到的根本目的，它决定着企业财务管理的基本方向，是企业财务管理工作的出发点。企业财务管理目标从它的演进过程来看，均直接反映着财务管理环境的变化，反映着企业利益集团利益关系的均衡，是各种因素相互作用的综合体现。因此，研究企业财务管理目标，必须从影响企业财务管理的各因素入手，以便做出最佳选择。

利润最大化目标的优缺点：

优点：就是把获利作为追求的目标，这符合企业的生存和发展的最基本条件，在一定程度上体现经济效益，同时具有可操作性。

缺点：没有考虑到资金的时间价值和风险问题，往往使财务决策有短期化的倾向，影响企业的发展。

企业价值最大化的优缺点：

优点：企业采用最优的财务结构，充分考虑资金的时间价值以及风险与报酬的关系，使企业价值达到最大。

缺点：把不同理财主体的自由现金流混合折现不具有可比性，企业价值计量方面存在问题。

企业价值最大化实际上是几个具体财务管理目标的综合体，包括股东财富最大化、债权人财富最大化和其他各种利益财富最大化，这些具体目标的衡量有不同的评价指标。

股权资本和债权资本一样，如果不能获得最低的投资报酬，股东们会选择转移投资。

每股利益最大化的优缺点：

优点：企业是由多个利益相关者组成的复合体，财务管理是组织财务活动、处理财务关系的一项经济管理工作，应从更广泛、更长远的角度来找到一个更为合适的理财目标，这就是利益相关者财富最大化。

缺点：企业在特定的经营时期，几乎不可能实现利益相关者财富最大化，只能做到使其协调化。而复合指标中产品品种、销售收入、产品市场占有率是企业的经营指标，已超出了财务管理自身的范畴。

股东财富最大化的优缺点：

优点：股东财富最大化是指通过财务上的合理经营，为股东创造最多的财富，实现企业财务管理目标。

缺点：股价的高低，只能由资本市场决定。因此该观点只适用于上市公司，即便是上市公司，股价的变动也不是公司业绩的唯一反映，而是多种因素综合作用的结果，因此股价的高低有时不能够完全反映股东财务水平的高低。

案例中永辉超市公司特别注意财务管理目标的实现，无论是哪一方的利益，永辉超市都能照顾到，并且获得了更好的收益。

（四）教学组织方式

建议用本案例完成“财务管理目标”全部知识点的教学，不再安排教师讲授的时间。一般安排 2 个课时（80 分钟）。案例的教学组织安排如表 1 所示。

表 1　案例的教学组织安排

学习阶段	学习内容	时间限制	学习目标
课前	要求学生分组，并预习课本知识	提前 2 天	熟悉案例背景
课中	教师展示有关财务管理目标的相关理论和案例	5 分钟	进一步熟悉案例背景
	分组讨论，当堂完成案例分析报告	30 分钟	结合理论分析问题，将小组案例分析报告成绩作为该小组成员的一次平时成绩
	随机抽取 4 个小组发言	每组 5 分钟	结合理论分析问题，要求概述理论依据，结合具体问题分析
	引导全班进一步讨论，并进行归纳总结，将思政元素与财务管理理论的结合。引导学生学会运用财务管理理论知识解决现实问题	25 分钟	归纳用到的关键理论，并对各组表现做一个简单的点评
课后	请学生继续复习企业财务管理目标，下次课用 5 分钟进行回归提问	—	增进记忆，巩固知识

（五）总结

我国正处在企业内外环境不断发生剧烈变化的新经济时代，财务的准确定位事关企业的生存和发展。对企业来说，要想做得更为优秀，除了偿债能力、流动比率、速动比率等要具有优势以外，还应该在财务管理目标（如权衡利益相关者的最大利益及股东财富的增长）、企业盈利能力、企业存货管理（如存货“零库存”）、短期财务的处理方式等方面做得更好。当然，除了这些方面要做得好以外，还要能运用好财务杠杆的关系，这样才能谋求更好的发展机会，不断地壮大自己。但是永辉超市也要在企业能够承受的范围内运用好财务杠杆，不然可能会给企业带来不可逆转的伤害。

四、参考文献

[1] 傅元略. 企业资本结构优化理论研究［M］. 大连：东北财经大学出版社，1999.

[2] 陈宁，董楠. 创新财务目标 建设和谐社会［J］. 合肥工业大学学报，2005，(6)：62-66.

[3] 习近平：习近平谈治国理政：第二卷［M］. 北京：外文出版社，2018.

[4] 付洁. 财务管理目标理论研究［J］. 商场现代化，2006 (21)：55.

[5] 陈玮. 论利益相关者利益最大化财务目标［J］. 会计研究，2006 (4)：63-67.

[6] 王化成. 财务管理目标的国际比较和我国企业的现实选择［J］. 财会月刊，2000 (8)：9-12.

吉利汽车商业模式创新及其绩效

王秋霞　王文娣

一、案例正文

（一）企业概况

吉利集团有限公司是中国成立最早、最大的民营企业，始建于1986年11月，股票代码为00175. HK。1997年，开始踏足汽车领域，主营业务集汽车整车、动力总成和关键零部件开发、制造、出售及服务于一体，并独立开发汽车生产、制造相关的关键工艺，深耕乘用车市场。公司旗下产品包括吉利汽车、几何两大品牌，覆盖AO至B级乘用车市场，员工人数总计12万，资产总值达3 000多亿元，目前已发展成为我国自主品牌乘用车领军企业。

创新精神是吉利汽车的灵魂，公司一直秉持"自主创新才能让企业走更远"的理念，将创新理念渗透到每一个车间、每一条流水线、每一个员工心中。通过开展全员参与研发和全员建言献策的活动，鼓励推陈出新；通过关注内外部信息、更新发展理念、及时调整架构等，创新经营模式；通过积极在世界范围内寻求合作伙伴，共同开发、实现互利互惠。吉利汽车一直专注实业，不断打基础练内功，坚持不懈地促进企业健康可持续发展。

在汽车保有量逐年增加，各大车企销量纷纷下滑，全球车市进入存量市场竞争的情况下，2015年吉利汽车把握车市发展趋势，及时调整企业发展目标，积极进行商业模式创新，带领企业走出行业"寒冬"，使得其各项能力逐渐提高，不断实现制造能力跃迁。

（二）商业模式创新背景

1. 市场竞争激烈

首先，国内合资企业生产的外国品牌汽车不断推出新的车型，生产数量多、生产速度快，以至于小型、中型车市场趋向饱和，再加上汽车价格回落等因素的影响，导致近年来自主品牌汽车的市场占有率接连下滑，国内车企面临严峻的市场挑战；其次，受到出口国市场竞争加剧、人民币汇率升高、日韩两国货币汇率下跌、巴西和俄罗斯等国税收措施发生较大变动以及GDP增速放缓等多种因素的影响，我国汽车出口量整体持续下滑；除此之外，其他品牌加紧更新换代并抢占市场份额，人均汽车保有量激增，以上因素导致了车企进入存量市场的竞争越来越激烈。

2. 国家政策推动

面对汽车行业严峻的发展形势，政府相关部门接连出台多项有关汽车生产的政策及措施，推进汽车产业改革升级。首先，在限排限放政策方面，国家新出台了汽车国六排放标准，针对尾气排放处理问题进行重新规定，各地方政府也紧跟推出限购限排政策，实施乘用车燃料消耗量的标准，加强对汽车行业环保的规制；其次，在新能源发展政策方面，政府全面推进扶持发展新能源汽车的条例，促进企业升级和改造汽车以及提高社会对新能源产品的认可度。例如，国务院发布了不征税的汽车名录，对新能源汽车免征车辆购置税。国家发改委也下发相关通知，明确 HEV 类型汽车相关设施的用电适用于优惠性价格。另外，各城市陆续出台汽车限购方案，导致多地出现新能源汽车的销售热潮。最后在鼓励商业模式创新政策方面，国家多次出台相关政策，如 2012 年中央经济工作会提出促进商业模式创新，商业模式创新首次被提升到了国家战略高度。2013 年指出“要着力增强创新驱动发展新动力，加强商业模式创新”，等等，都有效推动了企业变革。

3. 企业自身发展需要

国内自主品牌车企在竞争中通常处于下风，吉利汽车正是其中的一员。启动创新战略前，吉利汽车采用多品牌战略，各品牌之间相对分散，定位不清晰，知名度不高，产品没有形成品牌优势，甚至各品牌之间还互相挤占市场。吉利汽车虽然不断设计新车型，公司的“有效车型”数量从 2008 年的 7 个上升到 2014 年的 15 个。但是车型更新与市场需求不匹配，现有车型竞争力不足，单车销量下降严重。2014 年，吉利汽车销量遭遇滑铁卢，较 2013 年同比下滑 22.5%，销量水平跌回四年前，多数车型定价在人民币 10 万元以内，由于品牌认可度较差，提价变得非常困难。总体而言，相比于其他汽车品牌，吉利汽车的产品在单价以及销量方面都较低。此外，受到乌克兰、俄罗斯、伊拉克等出口市场政局不稳的影响，其出口业务面临严峻挑战，利润同比大跌 50%，财务状况不佳，企业急需进行改革升级。

（三）吉利汽车商业模式创新情况

奥斯特瓦德（Osterwalder）用九个具体要素来阐释商业模式。他指出，任意一个关键要素的创新都会促使企业整个商业模式发生变化，并最终以新的方式创造企业价值，商业模式画布理论由此诞生①。基于该理论，商业模式主要分为九个模块，各模块之间相互关联，共同运作。从企业的主张、定位出发，立足渠道、伙伴、业务、收入等多个方面对企业展开综合评价，是目前学术界较为认同的一种分析企业商业模式并行之有效的工具。商业模式画布如图 1 所示。

<table>
<tr><td rowspan="2">重要伙伴
（KP）</td><td>核心资源
（KR）</td><td rowspan="2" colspan="2">价值主张（VP）</td><td>客户关系
（CR）</td><td rowspan="2">客户细分
（CS）</td></tr>
<tr><td>关键业务
（KA）</td><td>渠道通路
（CH）</td></tr>
<tr><td colspan="3">成本结构（C$）</td><td colspan="3">收入来源（R$）</td></tr>
</table>

图 1　商业模式画布

客户细分（CS）：客户细分是指企业运营生产中会产生联系的个体或机构，企业应该明确自己服务客户的细分群体是谁。核心资源（KS）：核心资源是企业为满足市场需

① 克拉克，奥斯特瓦德，皮尼厄. 商业模式新生代（个人篇）：一张画布重塑你的职业生涯［M］. 毕崇毅，译. 北京：机械工业出版社，2012：6-34.

求，提供商品和服务的核心资源及能力，如品牌、专利、制造工艺、商品、服务，或者是人力资源、科研水平等。关键业务（KA）：关键业务是指企业在价值主张下进行的主要经济活动，亦是企业生存所要开展的必要商业活动。价值主张（VP）：把客户的需求和企业所产出的商品相匹配，是企业达到顾客需求、创造企业价值的立足点。客户关系（CR）：客户关系是企业维护不同类型的客户需求采取的措施，是连接企业与客户良好关系的纽带。成本结构（C$）：成本结构是企业在运营活动中为获取价值而投入的成本之和。渠道通路（CH）：渠道通路是指企业将产品或服务从生产者传递到最终消费者的路径和方式。收入来源（R$）：收入来源是企业进行商业活动最终得到的价值。重要合作（KP）：重要合作是企业为实现运转与其他企业或者个人所构成的必要合作与联系。

这九个要素可以清晰地展现出企业当前的商业模式，本文将运用该理论，描述案例公司创新前后的商业模式是什么，含有哪些要素，做了哪些创新。学术界有部分学者指出，构成要素的变动会引起模式的创新，本文也基于要素的变化来分析吉利汽车商业模式创新情况。吉利汽车商业模式要素变化时间情况如表 1 所示。

表 1　吉利汽车商业模式要素变化时间情况

旧的模式	2015 年以前	“整车制造+4S 销售”模式
2015 年要素变革	2015 年 2 月	更新关键业务，推出吉致金融业务
	2015 年 4 月	上线自己的官方商城，各渠道网络形成 1+*N* 模式
	2015 年 5 月	上新 G-Netlink、“i”科技联网系统，拥抱互联网、智能化
	2015 年 11 月	推出绿色出行服务，拓展关键业务：曹操出行“B2C”
	2015 年 11 月	立足新主张：蓝色吉利行动，走新能源发展道路
	2015 年 11 月	CMA 架构、FE 纯电动平台运行，开启平台化造车时代
新的模式	2015 年及以后	“互联网+新能源+平台化”模式

资料来源：万得数据库。

1. 创新前：“整车制造+4S 销售”模式

创新之前的吉利汽车商业模式主要是“整车制造+4S 销售”的模式，在商业模式画布理论下，九要素的呈现如下：

（1）客户细分 CS

吉利汽车的产品主要集中于中低端市场，其中“帝豪”偏重商务范，主攻紧凑型轿车阵营，目标人群是小有成就的社会精英及中青年消费者，主打“稳健、卓越和尊崇”；“全球鹰”则锁定“80 后”“90 后”的年轻人，主打“活力、突破和精彩”；其中“熊猫”系列是微型车；“金刚”系列将主要是小型车；“远景”系列主要是低端紧凑型轿车；“英伦”则强调对家庭的关爱，主打“家庭、关爱、幸福”。

（2）价值主张 VP

吉利汽车从客户的角度出发，提出要造普通百姓能够消费得起的车，体现了以人为本的思想，所以开发的乘用车产品线偏重中低端市场，一直主张“物美价廉”。与其他企业相比，其汽车价格低得多，在普通老百姓消费的承受能力之内。此外，在这一主张下，吉利汽车致力于品牌、品质和技术，提高产品的性能、安全性，不断为消费者创造更多的价值。

（3）渠道通路 CH

吉利汽车采取线上销售策略，具体表现为在淘宝上开设旗舰店。吉利汽车是率先进行线上销售的车企之一，通过在淘宝网站上推出特定的产品，与线下销售形成差异，顾客在线上进行选择后，可以在线下店内体验并享受相关的售后服务。

线下开设 4S 店。吉利汽车向下延伸了销售通路，将销售点拓展到普通县份，经销商网点分品牌设立，整个销售网的布局已经接近上千家，基本完成了在二、三线市场的布局，形成了销售网络方面的优势。

（4）客户关系 CR

建立“移动服务站”，配备专门的索赔员、维修人员、器件修理等专业人员为客户提供巡回服务，及时解决客户反馈的问题；通过“1-2-3 优质服务工程”及深化服务四大体系的建设，形成了完整的吉利汽车售后服务保障体系，实现改进产品和提升服务的目的。同时创建“吉行天下”俱乐部，方便吉利汽车车主互相交流沟通，在巩固老客户的同时发展新的潜在客户。

（5）核心资源 KR

设备厂房是企业开展生产活动的最基本条件，是企业存在的必备资源。吉利汽车现有八间生产厂房，通过不断改变生产方式，提高了生产效率，优化了生产工艺；在自主研发方面，通过自身研发以及收购外企掌握的汽车发动机、变速箱以及变速器、汽车安全等核心技术，提升企业创新水平；在人力资源方面，吉利汽车研究院人员规模不断扩大，人员素质不断提高；经销商体系方面，经销商下沉到县乡级，销售服务体系的完善持续吸引经销商的加入，总体上实现了渠道扩深至二线及以下市场，形成了庞大的经销商体系；在供应链体系方面，吉利注重对技术含量、材料质量、产品性能以及花费的控制，实行以命运共同体为核心的供应链竞合模式，实施供应商快速准入制，形成了以 40 家核心供应商为中心的全球化供应链平台。

（6）关键业务 KA

吉利主要业务围绕以传统能源为主的乘用车制造、销售以及买卖汽车相关零部件展开。乘用车包括金刚系（A0 级）、熊猫系（A00 级）、远景系、帝豪系（A+级），产品比较丰富，覆盖多个细分市场。汽车相关零部件业务包括发动机、变速箱等汽车相关部件的销售。

（7）收入来源 R$

企业主要是从传统能源为主的乘用车以及汽车零部件、变速器等销售渠道取得收入，还有一些其他收入来源于变卖残料、出售某些生产设施等。

（8）重要合作 KP

吉利早在 2010 年就与淘宝达成合作，在淘宝网站上售卖汽车，成为首批进军电商领域的车企之一，提高了企业的曝光率。通过与台湾裕隆通用汽车展开合作，吉利汽车进军电动车领域，打开了在台湾的销售市场。并且，埃及 GB Auto 公司签约了 CKD 供货等合同，加上埃及总经销协议，更有利于吉利汽车打开埃及和非洲北部市场。与康迪车业合作，从事投资、研发、生产、市场推广及电动汽车销售业务（主要生产小型、短距电动车，类似于“城市微公交”）。与底特律电气公司建立合作伙伴关系，合作开发特色的汽车产品，以及配套的发动机与动力设备，仅在国内市场买卖。和陕西签订战略合作合同，投放 72 亿元建设宝鸡吉利汽车产业基地项目，年产车量为 20 万辆，以此来提高吉利汽车的制造能力。与科力远合作，签订合作意向书，为乘用车提供深度混合动力总成系统，同时也为新能源汽车中的 PHEV 类汽车提供动力总成系统，进一步推动混合动力汽车的发展。

（9）成本结构 C$

吉利的主要成本构成来自生产及销售零部件产生的生产成本、销售成本、期间费用、研发支出及支付给电商平台的运营成本。

依据前文所列示的内容，按照画布理论的描述，吉利汽车创新前的画布内容如图 2 所示。

<table>
<tr>
<td rowspan="2">重要伙伴（KP）：
（1）经销商；
（2）供应商；
（3）淘宝；
（4）底特律电气公司（生产车及电动机与动力总成），湖南科力远新能源股份有限公司（提供混合电力总成系统）</td>
<td>关键业务（KA）：
整车及零部件销售</td>
<td rowspan="2">价值主张（VP）：
传统车企，造老百姓买得起的车</td>
<td>客户关系（CR）：
（1）移动服务站；
（2）吉行天下俱乐部</td>
<td rowspan="2">客户细分(CS)：
主要面向中低端的大众市场客户</td>
</tr>
<tr>
<td>核心资源（KR）：
（1）庞大的经销商体系；
（2）厂房设备资源；
（3）自主研发能力；
（4）全球化供应商体系</td>
<td>渠道通路（CH）：
（1）线上平台：第三方电商平台；
（2）线下经销商：4S 店</td>
</tr>
<tr>
<td colspan="2">成本结构（C$）：生产成本、销售成本、期间费用、研发支出</td>
<td colspan="3">收入来源（R$）：零部件销售、汽车销售</td>
</tr>
</table>

资料来源：根据前文梳理所得。

图 2　商业模式创新前的画布

2. 创新后：“互联网+新能源+平台化”模式

创新后的吉利汽车商业模式可以概括为“互联网+新能源+平台化”的模式，在商业模式画布理论下，吉利汽车商业模式要素产生的变化如下：

（1）精准定位价值主张

以为每辆人造精品车为经营理念，全面提升产品品质，迎合消费者的个性化需求。把安全技术、绿色低碳等方面的新观点、新技术应用到企业的设计、生产中，以性能安全、品质可靠的车型和满意的售后，为每位乘客打造“超出期待的出行体验”，不断开发新能源产品，坚持采用 EV、PHEV 和 HEV 三条技术路线，推进新能源战略的实施。

（2）拓宽渠道通路，线上线下全面融合

①自营平台

吉利创建立了自营电商平台——吉利汽车官方商城，用户可以通过网站、微信小程序、吉利开发的 App 等进入吉利汽车商城，在线选定自己心仪的品类，填写信息后生成订单，在规定期限内客户可以根据自己的实际需求对产生的预订单做出修改。客户首先预付一部分钱，接着会收到简信，吉利汽车相关部门会及时与订单客户进行沟通，重新核对客户所填的内容，确定内容无误后，将信息汇总、分类，再发送给下一环节的负责人，保证每个订单都有专门的人员负责，从而排期制造。用户到店签订购车合同，车交付时付尾款即可提车。吉利汽车官方商城支持订单状态全透明可视功能，用户实名预购后，吉利可清晰了解产品所经历物流备料、排期、制造、交车到店等相关流程。通过充分发挥网络优势，对潜在用户进行挖掘，而后连接线下店面，让用户在线下经销商处实体交易以及进行售后维修，从而有利于提高线下经销商的绩效水平。

②第三方平台

电商平台开设旗舰店。将天猫、京东、苏宁等线上平台发展成为吉利汽车线上交易的“三大主力”。网络已然成为客户查询、购买吉利汽车的主要途径，并逐渐发展为吉利汽车销售产品或服务必不可少的渠道。

直播平台数字化销售。在一直播、易车直播平台、大搜车平台上开启直播销售模式。以往的厂家或者 4S 店只是把直播平台当作线下售车的引流工具，而不能直接在线售车。吉利汽车开启 C2M 模式，首先，利用大搜车的汽车消费大数据快速洞察消费者需求，建立专门的话题板块，多层面、多途径地保证车企和客户顺利“对话”，构筑起以用户为核心的数字化、智能化销售系统和消费者服务链。通过直销模式出售的车型为定制车型，执行“一口价”和全国统一透明的原则，不会出现 4S 店的销售车型。其次，以“当红主播”直播售车等多途径准确直抵客户，实现厂商与用户之间的对接。交易支付方面，支付完毕后，待工厂生产完毕后会把订购产品交付给顾客，整个过程简洁、高效。

线下渠道按照 3.0 的标准体系建设。所有 4S 店，分为三个不同层级，最低一级各项标准较低，新增一个 A+级，一个 S 级店。S 级代表了最高的等级店，在硬件上以一些高端品牌为标准，增设了贵宾区、畅谈区等区域，改造后的门店综合多种需求、考虑多方因素、强调销售、服务的规范化和系统化，关注用户体验，改进销售服务，提升维修服务，不盲目追求销量，而是在品质服务、渠道质量、品质经营层面做出转变。

基于以上分析可知，吉利汽车通过发展线上平台来弥补线下 4S 经销商的不足，形成了以自有官方线上平台为核心、其余合作线上商城为补充的 1+N 电商渠道模式。

③开发新业务

出行业务。推出曹操出行 App，打造新能源出行服务平台。曹操专车上的车辆皆由公司统一采购并投放运营，司机也由平台统一招募管理，旨在形成“新能源汽车+公车公营+认证司机”的 B2C 运营模式，为顾客提供出行服务。目前，上线的车型主要为帝豪 EV，相比其他的网约车平台，在新能源车型方面优势十分明显。为了把控司机的服务质量，吉利成立了曹操学院，对平台司机进行专业培训，从仪容仪态到服务理念皆有专业指导。曹操出行的线上 App 既能连接车辆司机，也能连接车辆本身。在接收到客户的出行信息后，平台会自动筛选出符合出行需求的车辆，满足服务客户出行里程需求。并且，通过数据计算，获取当前道路上符合条件的车辆信息，促使车辆及时准确地与客户对接，减少接洽所花时间提高车辆的使用率。

汽车金融服务。打造线上汽车金融交易与服务平台，为经销商及客户量身定制汽车金融产品并提供便利的移动终端金融服务。例如，为资金不足的买车客户提供有息借贷、为经销商提供发展所需资金等。

④提升关键资源能力

第一，人力资源方面。构筑吉利汽车“人才森林”，吉利汽车关注市场动向，以企业经营发展所需招聘人员、制定职工发展规划，通过向外吸引、向内提升两种途径来建设人才队伍。吉利汽车研发和工程技术人员有2万多名，来自世界范围30多个国家的外籍研发人员约有3 000人，人才储备加快了吉利融入“高质车企”行列的步伐。

第二，品牌价值方面。吉利汽车抛弃旧的低价市场路线，逐渐转向中高端品牌研发制造转型，不断提高自主能力，逐渐成长为自主品牌第一，世界500强的企业。Brand Finance此前公布了全世界最具价值品牌的车企名单，吉利汽车成功进入前十名，是中国唯一入选的企业。

第三，平台化造车。吉利汽车拥有全球化的研发设计体系，通过整合全球资源打造四大研发中心，开发具有全球领先竞争力的模块化基础架构，搭建了KC、FE、AMA、CMA、DMA等平台体系，这些体系目前已囊括了从EV到PHEV、从低端到高端、从小型车到SUV车型等所有车型技术，超前地为网络、低碳、无人驾驶等方面提供了有力的保障。四大造型中心构建全球造型设计体系，将国外艺术与传统的中式美学完美相融，造出了让中西方消费者都认可的产品。

第四，互联网技术的运用：在车联网技术上运用智能互联车载技术，“iNTEC人性化智驾科技”涵盖诸多关键技术如高效动力技术（G-Power）、智能驾驶技术（G-Pilot）、环保生态等。

在吉客智能生态系统上，GKUI智能生态系统是专门针对汽车开发的特有的网联系统，包括一朵云、一个桌面、一个ID和使用端。其中，云是指全天在线，能够联网；一个桌面是指可触屏界面，在汽车上连接用户的手机，捕捉相关信息；一个ID是指GKUI的身份标识，通过激活后用户可自行使用，并且可以连接到其他软件上；使用端是指类似于平板的主题内容，用户可以根据自身的喜好进行更换。

在智能制造上，通过建立数字化虚拟工厂，将采集到的生产相关数据输入数字化仿真系统，构建虚拟制造模拟量产真实场景，使工艺规划前期仿真分析和生产线更加直观，大幅缩短产品研发周期，降低生产成本。其中，LES通过和多系统集成互通，搭建多级物流配送体系，明晰供应商及对应仓库，并且互为依托，通过资料共享实现顺利运转。SPS通过接口获得MES车辆队列信息，并与流水线生产进程相适应，自动生成物料的需求，提前告知配料作业人员遵循车型次序输送适当的物料。AGV将料筐送到装配工位，做到装配工人随时有料可用、随手有料可取，进一步提高生产效率。ANDON系统在当生产过程出现异常时，使用者可以通过手动或自动激活来寻求帮助及交流其他相关信息，ALS系统引导汽车制造商在安全的前提下按计划制造出高质量的产品，结合现场产品的跟踪信息，并对生产过程进行控制。MES系统拥有执行权，主要管理车间制造相关程序，如物料、人员的调整，这些系统经由改善产品生产的相关步骤来辅助企业进行完备的闭环生产，打造一体化和实时化的信息系统。

一旦有顾客下单，系统接收信息后就会将制造工序和运输体系相匹配，生产计划系统则自动下达相关指令，生成生产流程，进行模拟演练，整个过程十分安全。物联网系统能够及时把信息传达到各个部门，如：能够按照客户意愿，在产品完工前的第七天撤销订单并退款；产出前的第三天，能够更换型号；最后一天，可以替换车内的系统和装饰。这样的制造方式，最大限度地满足了顾客对于产品的相关要求，提高了交车率。依据画布理论，吉利汽车创新后的画布如图 3 所示。

<table>
<tr>
<td rowspan="2">重要伙伴（KP）：
（1）天猫、京东、苏宁等电商平台；
（2）高德、科大讯飞等合作推出吉客生态系统；
（3）爱立信、腾讯布局车联网；
（4）宁德时代开发电池</td>
<td>关键业务（KA）：
（1）整车销售；
（2）金融服务；
（3）出行服务</td>
<td rowspan="2">价值主张（VP）：
造每个人的精品车，定位新能源车企</td>
<td>客户关系（CR）：
（1）3.0 服务体系建设；
（2）吉行天下俱乐部；
（3）微博；
（4）微信公众号；
（5）论坛</td>
<td rowspan="2">客户细分(CS)：
(1)向全球中高端市场迈进；
(2)以“85 后”“90 后”年轻用户为主</td>
</tr>
<tr>
<td>核心资源（KR）：
（1）品牌价值；
（2）平台架构开发能力；
（3）互联网技术全球化的研发设计体系</td>
<td>渠道通路（CH）：
（1）线上平台：电商旗舰店、自营平台、直播平台形成 1+N 电商模式；
（2）线下经销商：按 3.0 体系建设的 4S 店</td>
</tr>
<tr>
<td colspan="2">成本结构（C$）：生产成本、销售成本、期间费用、研发支出</td>
<td colspan="3">收入来源（R$）：零部件销售、汽车销售、金融服务、出行服务、知识产权使用</td>
</tr>
</table>

资料来源：据前文梳理所得。

图 3　商业模式创新后的画布

（四）吉利汽车商业模式创新硕果

1. 经济绩效方面

通过商业模式创新，吉利汽车提高了产品知名度，市场占有率稳步上升，带动企业净利率、毛利率的上涨，增强了企业的营利能力。产品质量和服务的改进也提高了客户满意度，增强了企业与供应商的议价能力，回款周期缩短，企业运营能力提高。具体效果分析如下：

（1）净利润

从图 4 中可以看出，早些年吉利汽车的净利润一直低于行业平均水平，且整体变动不大，2015 年进行商业模式创新后，吉利汽车的净利润直线上升，且逐渐与行业平均拉开差距。

2019 年，我国汽车市场整体表现低迷，全国乘用车销量同比下降 9.6%，再加上国五切换国六的影响，导致终端市场竞争加剧，各整车厂多采取降价促销的措施。吉利汽车也进行大规模的降价促销，清理国五车库存。坚持让利不让市场战略。为提高市占率，加大了营销力度，导致其毛利率下降 2.8 个百分点，销售费用率较去年同期上升 0.5 个百分点，管理费用率上升 2.2 个百分点，进而造成业绩倒退，净利润减少。2020 年净利润下滑是由于销售费用和管理费用偏高，销售费用环比和行政费用环比大幅提升。通过纵向、横向对比后我们可以看出，企业商业模式创新带来净利润的大幅增加，具体原因如下：平台化造车促使产品品质改善，制造成本降低；吉利不断推出的新型产品、服务，优化了现有产品结构，使得高价位的车型占比提升，车型价位贯穿低中高端，满足了不同顾客需求，市场认可度较高，带动销售攀升，业绩增长，进而促进吉利汽车的净利润提升。

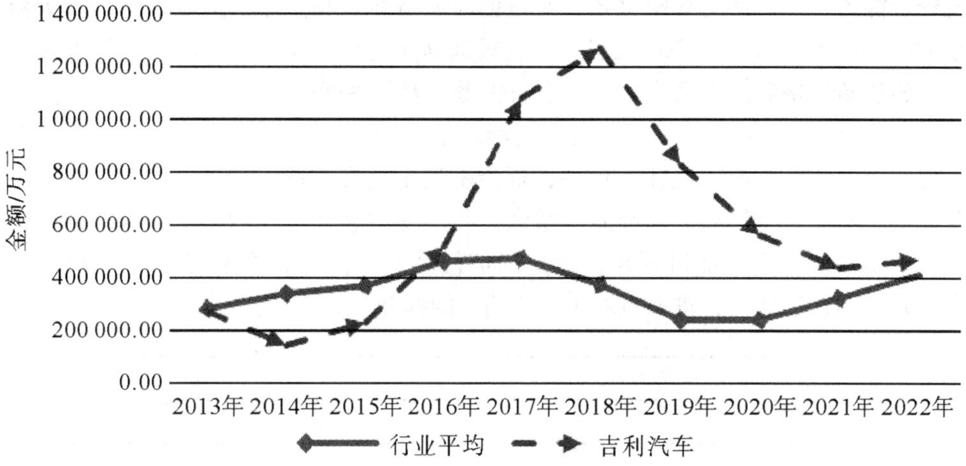

图 4　净利润对比图

（2）毛利率

从图 5 中可以看出，吉利汽车的毛利率呈逐年缓慢提升的趋势，且长期以来，该指标高于汽车行业平均水平。2019 年，吉利汽车毛利率开始下降，同时汽车行业的毛利率也呈下降趋势，这是由于中国的乘用车市场出现疲软现象，以及各地方政府在短时间内加快实施新排放标准汽车需求下降，导致企业的营利能力下降。2020 年毛利率降低的主要原因是受到新冠疫情的影响，企业销售不景气。同时，部分老旧车型营利能力变差，原材料价格上升，影响了企业的毛利率，但吉利汽车的毛利率总体表现仍优于行业平均水平。究其原因，是因为吉利汽车实施供应商体系的改革，实行供应商准入制，金字塔式采购管理，与供应商共同开发零部件，降低采购成本；原材料来源范围广，原料质量得到保证，产品性能增强，带动平均单车售价的提高；此外，销售网络的改善使得购买渠道多样化，交车周期加快，服务便利带动了交易量的增加，使其毛利率优于行业水平。

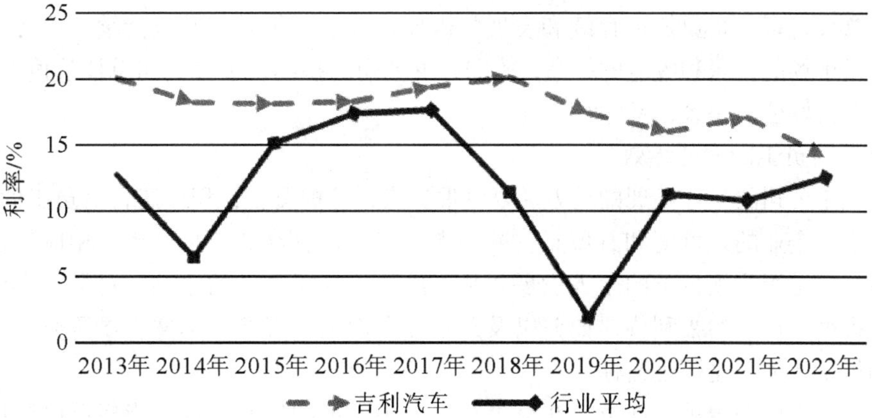

图 5　毛利率情况对比图

（3）应收账款周转天数

应收账款周转天数是企业应收账款变现能力的体现，其值越小，账期越短，企业回笼资金能力越强。从图 6 中可知，实施创新战略前吉利汽车的应收账款周转天数波动较大，2014 年一度达到 200 天以上，且远远高于行业平均水平，可见其回款风险较大。实施创新战略后的吉利汽车，应收账款周转天数逐渐递减，且逐渐低于行业水平，甚至在 2017 年后行业的应收账款天数逐渐增加的情况下，吉利汽车仍保持降低的趋势，说明吉利汽车资金回笼速度更快，资金链发生断裂可能性较低。这表明商业模式创新使得吉利竞争力提高，议价能力增强，在交易中掌握话语权，加快资金回流；商业模式创新提升了企业品牌形象，客户的信任度上升，进而缩短信用期，及时交款，提高了企业的营运能力，进而有利于企业绩效的提升。

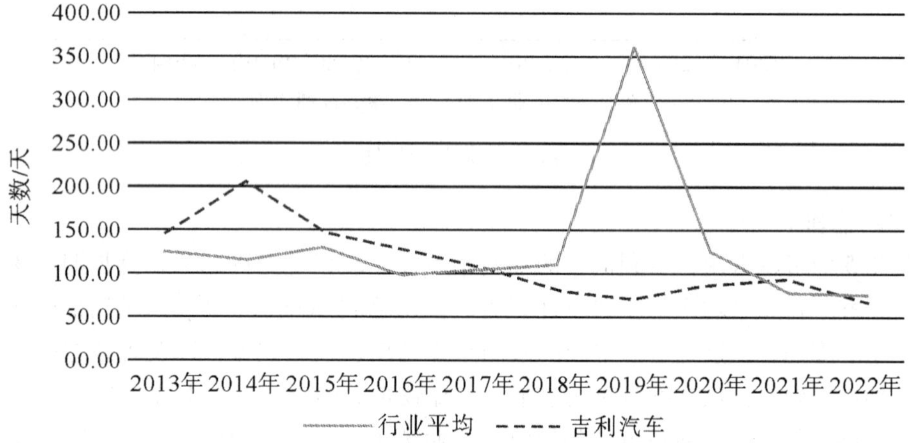

图 6　应收账款天数情况对比图

2. 社会责任绩效方面

习近平总书记指出：“企业既有经济责任、法律责任，也有社会责任、道德责任。任何企业存在于社会之中，都是社会的企业。”随着社会责任大潮的推进，传统的利润最大化观点被推翻，利益相关者财富最大化被社会所认可。倘若企业一味追求利润，而不顾利益相关者的利益，终将走向破产的悲剧。社会责任的实现对公司的长期效益有重要意义，符合企业长远存续和发展的需要。企业要想做到健康持续的发展，既要兼顾短线市场的扩张和收益的提高，也需兼顾公司的持续发展和公司总体价值的增长，树立并保持好公共关系，承担社会责任。

（1）对员工的责任绩效

员工是公司的生存发展的动力。要尊重员工，爱护员工，积极履行对员工的责任，提升员工对企业的认可度和归属感，减少离职率。企业对员工是否履行相应的责任主要体现在：是否重视员工的个人发展，是否给员工开展相应的培训，对员工安全问题的重视程度，员工的福利待遇如何以及是否存在性别歧视等。本文主要研究女性员工比率和员工流失率这两个指标。

女性员工比率表示女性员工在员工总人数中所占的比重，这一指标可以体现企业对员工的态度。一个企业的女性员工比率越高，一定程度上体现企业在招聘员工时没有性别歧视的现象，平等对待员工。

员工流失率指每年员工的离职率，体现企业员工的流动性，员工流失率高，可能存在员工的主观因素，但同时也反映了企业对员工权益的保障程度。企业的福利待遇好，会对员工更有吸引力，员工的流失率会降低。

从图 7 我们可以看出吉利汽车的女性员工的占比情况从 2015 年进行商业模式创新后，创新初期调整企业内部的人员结构，出现了女性员工的占比下降的情况，随着后续发展女性员工的占比逐步上升，说明吉利汽车对员工的关注提高，平等对待员工。

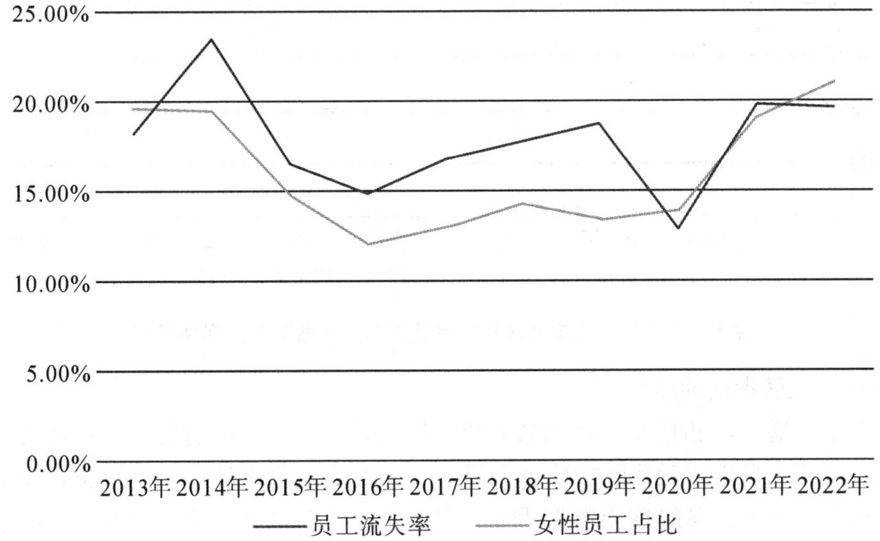

图 7　员工流失率及女性员工占比图

吉利汽车的员工流失率自商业模式创新后逐步降低，但 2019 年、2021 年的流失率提升，主要原因是，商业模式创新后吉利需要调整企业内部业务结构，进行基地项目整合，将原来在上海的基地则搬迁到湘潭或其他基地，临海的基地搬迁至杜桥镇，浙江路桥基地计划搬到台州椒江区，宁波基地搬到北仑区春晓镇。随着新基地搬迁，许多员工因为搬迁的问题选择离开吉利汽车，导致吉利汽车 2019 年的离职率较高。此外，2020 年吉利调整了原有的绩效考评机制实施“蓝海计划”，希望通过内部的组织变革，提升员工效能，以及全新项目布局来提升全球竞争力，推动企业可持续稳步发展，但组织变革带来的不稳定进而使得 2021 年员工的离职率较高。

（2）对环境责任的绩效

绿水青山就是金山银山。近年来可持续发展理念备受关注，企业在生产过程中，应充分认识资源、环境和经济发展的动态平衡，进而促进企业健康持续发展。汽车制造涉及大量的工业污染物的释放，包括大量的废气、废水和噪声会对环境造成一定的侵害，企业在关注现阶段发展的同时，也应该为长远发展考虑，积极地去降低对环境的影响，履行对环境方面的责任。

固废循环利用率是指对于制造过程中产生的固定废物资源回收利用程度，工业用水资源循环利用率是循环利用的水量与总用水量的比值，该数值越高表明工业用水重复利用程度越高。吉利汽车一直贯彻保护环境的理念，工业用水资源循环利用率以及固废循环利用率一直都保持在90%以上，在2015年商业模式创新之后，其工业用水资源循环利用率整体上逐年上升，固废循环利用率虽在2018年及2019年有所下降但仍保持在92%以上，既降低了对资源的损耗也减少了对环境的污染，如图8所示。

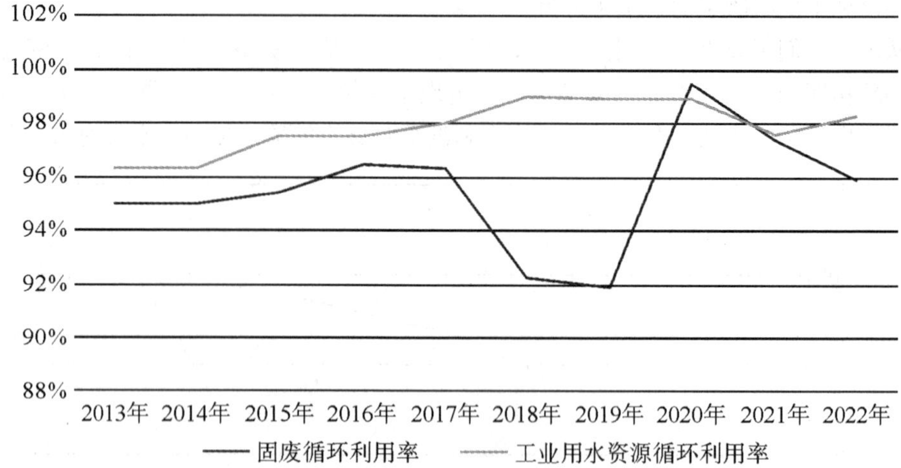

图8　吉利汽车固废循环利用率及工业用水循环利用率情况图

（3）对社区责任的绩效

企业要发展，就必须要有社区的支持。与此同时，社区也需要各个企业共同来维护。企业应积极承担起对社区的社会责任，其履责的主要表现为：支持公益事业，关爱社会的弱势群体，参加慈善捐款活动，主动为社区多提供就业岗位等。捐赠情况可以体现企业积极响应国家政策，投身公益事业的力度。捐款数额越大，说明企业在社会公益上的投入越多，承担社会责任越积极。

从表2可以看出，吉利汽车一直以来都坚持在做公益事业，而且公益慈善的方式也日益多样化，从开始的捐赠车辆到后来的帮扶和参加志愿服务等形式开展公益活动，此外捐赠的金额也随着企业的发展不断增多。例如，2021年中国企业慈善公益500强名单显示吉利在2020年慈善投入了2亿元，吉利也因为热衷公益获得中华慈善奖、全国“万企帮万村”精准扶贫行动先进民营企业、全国就业扶贫基地等50余项荣誉。

表2　吉利汽车社会捐赠情况

时间	具体捐赠情况
2013—2014年	吉利汽车累计向韩红爱心慈善基金会援疆、援青、援贵、援甘、援宁、援陕项目捐赠了45辆吉利SUV等
2015年	捐赠30辆吉利SUV作为医疗巡诊专用车等
2016年	在四川雅安捐赠66万元，月吉利在腾讯乐捐平台发起的“为爱担当，运动鞋在飞”公众筹款活动，实现捐款金额24 912.35元。捐赠30辆远景SUV等
2017年	捐赠30辆远景SUV作为“医疗巡诊专用车”，吉利对贫困学生给予学费资助。2017年共资助3 018.2万元等

表2(续)

时间	具体捐赠情况
2018 年	向贵阳市慈善总会捐赠 6 335 万元，吉利向伦敦儿童慈善活动“神奇出租车之旅”捐赠 10 万英镑，吉利汽车向韩红爱心慈善基金会捐赠 30 辆远景 SUV，这些车奔赴 18 个省份 30 多所乡村学校，助力寻访教师群体中的典型人物，吉利还向学校送出价值 30 多万元的教学物资、体育用品等
2019 年	吉利再次向韩红爱心慈善基金会捐赠 30 辆新远景 SUV，累计帮扶景宁地区超过 500 万元，帮助来自全国各地的优秀贫困学生圆梦大学，吉利杭州地铁志愿服务者已累计服务 300 余次，累计献血量 121 920 毫升等
2020 年	向贵阳市慈善总会捐赠 6 000 多万元，捐给武汉红十字、浙江部分医院等4 213 万元，向疫区捐赠 150 辆嘉际等
2021 年	投入 4 000 万元用于应急救灾，李书福公益基金会慈善捐赠 4 994 万元，累计 1 806小时社区志愿服务等
2022 年	向西安市红十字会捐赠 3 000 万元，向陕西省疫情防控指挥部捐赠 36 辆嘉际，向北京大学捐赠汽车 17 辆等

二、案例的思政元素

（一）坚持绿色发展

绿色发展是以效率、和谐、持续为目标的经济增长和社会发展方式。绿色发展理念是对发展规律的科学反映，是中国共产党人对自然界发展规律、人类社会发展规律、社会主义建设规律在理论认识上的升华和飞跃，更是对全球生态环境的变化和我国当前发展所面临的突出问题的积极回应。习近平总书记在党的十九大报告中对此做了充分肯定：“大力度推进生态文明建设，全党全国贯彻绿色发展理念的自觉性和主动性显著增强，忽视生态环境保护的状况明显改变。”同时进一步指出“发展是解决我国一切问题的基础和关键，发展必须是科学发展，必须坚定不移贯彻创新、协调、绿色、开放、共享的发展理念。”“必须树立和践行绿水青山就是金山银山的理念，坚持节约资源和保护环境的基本国策，像对待生命一样对待生态环境，统筹山水林田湖草系统治理，实行最严格的生态环境保护制度，形成绿色发展方式和生活方式，坚定走生产发展、生活富裕、生态良好的文明发展道路，建设美丽中国，为人民创造良好生产生活环境，为全球生态安全做出贡献。”全面学习贯彻落实党的十九大精神，践行绿色发展理念，推动绿色发展革命，就是题中应有之义。

坚持和贯彻新发展理念，正确处理经济发展和生态环境保护的关系，坚决摒弃损害甚至破坏生态环境的发展模式，坚决摒弃以牺牲生态环境换取一时一地经济增长的做法，让良好生态环境成为人民生活的增长点、成为经济社会持续健康发展的支撑点，需要促进经济发展方式加速转变，积极培育以低碳排放为特征的新的经济增长点，关注调整改造传统产业和发展新能源、节能环保等新兴产业，注重推动生产、流通、分配、消费和建设等环节的节能增效，加强生态保护；建立和完善有利于绿色发展的体制机制，积极研究绿色投资政策，促进重点产业的绿色化生产，推动资源性产品的价格改革，科学预测绿色发展趋势，为更好地制定绿色发展相关政策提供有效的支持。绿色技术是支撑，要加快建立绿色技术创新体系，促进绿色发展。

（二）以辩证思维看待机遇与挑战

机遇与挑战紧密联系，相互依存。机遇是指外部环境和内部条件对事物发展所带来的有利因素，能促进事物发展；挑战是外部环境和内部条件对事物发展所带来的不利因素，制约着事物发展。

一方面，机遇与挑战相互促进。机遇给事物的发展提供了条件，推动着事物的发展，挑战促进事物在环境中更加努力，不断超越自我，实现自身的价值。另一方面，机遇与挑战相互制约。机遇虽有利于事物的发展，但若是不能应对挑战则可能会错失机遇；挑战虽能够激发事物的内生动力，但是若无机遇的支撑，事物的发展也将受到限制。

关于正确认识和把握重要战略机遇期，习近平总书记多次进行过深刻阐释。习近平总书记在经济社会领域专家座谈会上指出，进入新发展阶段，国内外环境的深刻变化既带来一系列新机遇，也带来一系列新挑战，能否在历史关键节点判断准、利用好战略机遇，将对一个国家和民族的前途命运产生全局性、长远性、决定性影响。面对不断发展变化的机遇和挑战，我们要增强机遇意识、风险意识，准确识变、科学应变、主动求变，勇于开顶风船，为全面建设社会主义现代化国家开好局、起好步。坚定信心，善于从眼前的危机、眼前的困难中捕捉和创造机遇。

要积极实现矛盾的转化，学会危中求机，努力转危为机，从量变到质变，从经济的“高增速”向“高质量”阶段迈进，以科技创新、深化改革、高水平开放等有力举措激发新动能、新活力。

（三）积极履行社会责任，充分彰显企业时代担当

习近平总书记在企业家座谈会上指出：“希望大家承担社会责任。我说过，企业既有经济责任、法律责任，也有社会责任、道德责任。任何企业存在于社会之中，都是社会的企业。社会是企业家施展才华的舞台。只有真诚回报社会、切实履行社会责任的企业家，才能真正得到社会认可，才是符合时代要求的企业家。”

当经济形势迈向高质量发展时，衡量一家上市公司的标准，从唯业绩论转为更加丰富的内涵。社会是企业赖以生存发展的基石，任何企业都存在于社会之中。因此，企业积极承担社会责任，在承担社会责任的过程中孕育机会、推动创新和创造竞争优势的重要来源。

企业要明确自身的社会角色与定位，勇于担当时代赋予的历史重任，坚持依法合规经营、互利合作，带领企业取得良好的经营业绩，自觉主动履行在环境、社会和公司治理方面的责任，为高质量可持续发展做出贡献，实现经济效益和社会效益的统一。

新时代新征程赋予企业更大的责任使命，要自觉肩负起高质量发展的时代责任。兼顾当下和将来的发展需求，自觉肩负起科技自立自强的时代责任，自觉肩负起推动绿色发展的时代责任，自觉肩负起增进民生福祉的时代责任，坚持发展与资源和环境的承载能力相协调，与社会和人类发展的需求相匹配。重视环境保护、节约资源推进绿色转型、保障员工权益、积极投身社会公益事业等，促进企业在更长久的未来保持持续的盈利和发展能力，实现企业的长久发展。

三、案例使用说明

（一）教学用途与教学目标

1. 教学用途

本案例适用于财务管理课程中“财务管理目标”和“商业模式”等知识点的教学。

2. 教学目标

（1）知识层面

理解概念：财务管理目标。

掌握理论：商业模式画布理论、利益相关者理论。

（2）能力层面

专业知识能力：教师通过对理论的讲解，帮助学生更清晰地了解企业财务管理目标，了解企业如何根据的财务管理目标，进行企业战略或经营模式的改变，了解财务管理环境，加深学生对企业财务管理目标的理解。

思考探究能力：教师通过理论知识及案例内容的讲解，引导学生思考企业的财务管理目标对其商业模式的影响，以及商业模式的变化给企业带来的影响，提高学生的思考能力和探究能力。

（3）素质层面

形成专业意识：通过案例学习后，学生能够认识到绿色发展理念的重要作用，在生活中能自觉践行绿色创新、绿色发展，能够面对复杂多变的外部环境，正确对待危机，调整心态抓住机遇谋求发展，能够随时代发展，勇于担当时代赋予的使命，不断开拓创新。能在分析实际案例时主动结合相关思政元素，更深层次地理解案例。

增进政治素养：学生通过分析案例企业，能够在学习专业知识的同时形成关注政策变化、时事新闻等的习惯，树立绿色发展、勇于开拓意识，能够直面未来的挫折，自觉主动地补充时政知识。

（二）案例讨论的准备工作

学生课前知识点预习。学生需要在课前预习财务管理课程中第一章总论下的企业财务管理目标，掌握企业财务管理的目标有哪些，含义是什么，有哪些特点（缺点），财务管理环境包括哪些。了解我国汽车企业的行业发展状况，以及完成对国家有关政策等信息的搜集、整理。

教师课前备课，搜集、整理企业财务管理目标的发展、核心观点的期刊（文章）、吉利汽车相关照片或视频，以多样的形式辅助教学，提高教学质量，提高学生积极性。

（三）案例分析要点

1. 启发思考题

（1）立足绿色发展理念，请阐述吉利商业模式创新是如何体现绿色发展的。

（2）请从机遇与挑战的辩证关系角度，分析吉利汽车商业模式创新行为。

（3）请结合企业目标、社会责任，评价吉利汽车商业模式创新的后果。

2. 分析思路

（1）请立足绿色发展理念，阐述吉利商业模式创新是如何体现绿色发展的（相关提示见表3）。

表3 知识点提示（1）

知识点	思政案例	思政目标效果
商业模式画布	立足绿色创新理念，吉利汽车创新其商业模式	引导学生践行绿色创新理念，树立绿水青山就是金山银山的意识，共建环境友好型社会

绿色发展通过合理利用资源，保持和发展生态平衡，协调人与自然环境的关系，以绿色、低碳、循环为主要指引，促进经济与生态文明共同发展。在原有的“4S+整车制造”的模式下，吉利生产的产品大多是以传统能源为主的汽车产品，这些传统产品油耗大，排放尾气对环境的污染大。创新后的吉利以“互联网+新能源+平台化”为商业模式，以“新能源”发展为目标，将汽车安全、健康生态等领域的前沿智能科技理念融入产品研发和制造体系，以高质量的产品和服务，为每一位用户创造“超越期待的出行体验”，坚持采用EV、PHEV和HEV三条技术路线不断开发新能源产品，坚持走绿色、环保的“蓝色吉利汽车”之路；推出曹操出行，将“新能源汽车+公车公营+认证司机”三者结合起来的B2C运营模式，为顾客提供绿色出行服务；积极推出碳银行，率先以新能源汽车步入共享出行行业，等等，都是吉利贯彻落实绿色驱动发展战略，实现营利与环境共生的体现。

（2）请从机遇与挑战的辩证关系角度分析吉利汽车商业模式创新行为（相关提示见表4）。

表4 知识点提示（2）

知识点	思政案例	思政目标效果
财务管理环境：分析把握外部的财务环境，可以提高企业财务行为对环境的适应能力、应变能力和利用能力，从而更好地实现财务管理目标	面对外部严峻的财务管理环境，吉利汽车逆势而上化危为机，把握机遇进行商业模式创新谋求发展	引导学生以辩证的思维对待机遇与挑战，面对危机坚定信心，面对机遇善于把握，学会危中求机（面对严峻的就业形势树立正确的就业观念，把握机会）

机遇与挑战相互制约相互促进，要求我们用辩证思维看待新发展阶段的新机遇、新挑战，结合自身条件既善于利用机遇顺势而为，又勇于逆势而上化危为机，在认识和把握规律中准确识变、科学应变、主动求变，赢得优势。

创新前国内汽车市场进入存量市场的竞争，整个车市销量低迷，汽车进出口出现罕见“双降”，国内合资企业生产的外国品牌汽车不断推出新的车型，生产数量多、生产速度快，以致小型、中型车市场趋向饱和，再加上汽车价格回落等因素，导致近年来自主品牌汽车的市场占有率接连下滑，这些都是吉利汽车发展中面临的挑战，吉利汽车面对外部的挑战，分析企业实际情况，一方面，找准自己的定位，谋求发展变更商业模式，顺应环保要求发展新能源，积极应对挑战。另一方面，2015年作为汽车行业的“新能源元年”，政府支持新能源发展推出多种优惠政策，推进汽车产业改革升级。在限排限放政策方面，国家新出台了国六排放标准，政府全面推进扶持发展新能源汽车的条例，促进企业升级和改造汽车以及提高社会对新能源产品的认可度指出“要着力增强创新驱动发展新动力，加强商业模式创新”，等等，都为吉利汽车的发展提供了机遇。吉利汽车深入分析，抓住发展机遇更新价值主张为造“每个人的精品车”，将企业定位为新能源车企，健全智能制造、绿色制造、服务型制造标准，拓宽渠道通路，坚持线上线下全面融合，上新了自己的电商平台，加紧和第三方平台的合作，不断创新销售开拓 C2M 模式线下建设 3.0 的标准体系，开发新业务首创 B2C 的运营模式，打造线上汽车金融交易服务平台，提升关键资源能力，整合资源打造全球化的研发设计体系平台化造车，多措并举推进产业链关键环节核心技术的攻关，提升汽车技术与装备研发能力，推进产、学、研、用深度融合将互联网技术与企业实际相结合，创新构建新能源+互联网+平台化模式，推动企业朝着高质量发展。

（3）请结合企业目标、社会责任，评价吉利汽车商业模式创新的后果（相关提示见表 5）。

表 5　知识点提示（3）

知识点	思政案例	思政目标效果
财务管理目标：利润最大化、相关者利益最大化，企业绩效指标分析	吉利汽车之前的目标是追求利润最大化，勇于承担社会责任，关注相关者的利益，实现企业经济效益与社会效益的统一	让学生理解企业财务管理的目标，引导学生树立正确的金钱观、社会责任意识；勇于担当时代赋予的责任

吉利最早的目标是追求利润最大化，因而其一直致力于生产制造汽车产品，以平价产品打入中低端汽车市场。在新的发展时期，吉利汽车觉察市场环境，紧跟国家政策变化，适应时代发展趋势，经营目标从一开始追求利润最大化向相关者利益最大化的方向转变，充分考虑相关者的利益，立足企业实际，积极履行企业社会责任，坚定不移地走新能源发展道路，这一目标有利于企业长期稳定发展，体现了合作共赢的价值理念，实现了经济效益与社会效益的统一（以下作为参考，实际操作中也可以引导学生动手计算吉利汽车的其他绩效指标并进行分析）。

经济效益体现在，商业模式创新后，吉利汽车净利润直线上升，且逐渐与行业拉开差距，毛利率逐年缓慢提升。应收账款周转天数逐渐递减，且逐渐低于行业水平，甚至在 2017 年后的几年行业的应收账款天数逐渐升高的情况下，吉利汽车仍保持降低的趋势，回款速度提升。

社会效益体现在吉利汽车始终把社会责任看作企业发展的强大原动力。其员工流失率逐渐降低，女性员工的比例也逐渐提高，员工结构得到改善，固废循环利用率以及工业用水循环利用率得到改善，既提高了资源的使用效率又积极承担了环保责任，积极投身公益事业，逐步增加捐赠资金投入，荣获中华慈善奖，吉利还将积极发挥企业社会责任担当，坚持公益慈善行动，多次获得“中国最受尊敬企业”等称号，不断推动企业高质量发展与社会可持续发展互融互促。

（四）教学组织方式

教学组织方式如表 6 所示。

表 6　案例教学组织安排表

学习阶段	学习内容	时间	学习目标
课前	发布案例资料，组织学生分组，引导学生预习相关内容	提前 2 天	合作分工，熟悉案例
课中	教师展示有关财务管理目标、利益相关者理论和商业模式创新的相关理论知识，展示案例资料	30 分钟	进一步熟悉案例，学习分析案例所用的理论知识
	分组讨论案例内容，首先引导学生自主运用商业模式画布要素对企业商业模式创新的具体行为进行分析；其次，从财务管理目标环境的角度分析案例企业进行商业模式创新的驱动要素；最后，结合企业财务管理目标与社会责任对商业模式创新的实施效果进行总结归纳	50 分钟	小组分工后学生动手对案例进行分析，提高学生的思辨能力、合作、沟通能力，将思政元素与案例结合能力，提高自身政治素养
	小组轮流分享学习成果，并进行互相评价以及教师点评	30 分钟	结合案例展开具体分析，通过展示，提高学生应用知识能力；成果点评，提升学生的表达能力，加深对知识点的记理解
	引导学生先分析案例，再总结出财务管理目标环境以及目标的改变对企业进行商业模式创新的影响，并体会案例中蕴含的思政元素	15 分钟	归纳注意事项，自主总结商业模式画布九要素的主要内容，进一步感受案例，提高学生归纳、反思能力
课后	请学生复习巩固所学知识，下节课前请学生自主发言，回顾所学知识点	下次讲授新课前 5 分钟	增进记忆，巩固所学知识

（五）总结

企业财务管理目标是一切财务活动的出发点和落脚点，是评价企业财务活动合理与否的标准之一，也是引领企业发展的方向标。在不同的发展阶段，企业根据不同的财务管理目标进行商业模式创新，是维持竞争优势的动力和源泉。唯物辩证法要求我们用联系的、发展的、全面的观点对企业的发展目标进行评价。通过学习本案例，学生能掌握商业模式画布要素在企业运营过程中的实际应用、企业财务管理目标的类型以及当前绿色发展对我国汽车行业提出的新要求。本次案例分析课程，有利于提高学生的动手分析能力，合作分工能力，引导学生树立创新的意识，学会用发展的眼光看待事物，在我国进入新发展阶段面对新的时代任务时，能够正确识别危与机，善于把握机遇，树立正确的责任观价值观，勇于担当时代赋予的责任。

四、参考文献

［1］OSTERWALDER A，PIGNEUR Y，TUCCI C L. 商业模式新生代［M］. 北京：机械工业出版社，2012.

［2］王核成，李鑫，周泯非，等. 商业模式创新与技术创新共演下企业能力升级：吉利汽车纵向案例研究［J］. 科技进步与对策，2020（21）：100-109.

［3］刘淑莲. 财务管理［M］. 大连：东北财经大学出版社，2019.
［4］习近平. 正确认识和把握中长期经济社会发展重大问题［J］. 先锋，2021（1）：4-7.
［5］刘承智，易长球，刘非洲. 基于可持续发展的企业财务管理目标模式探索［J］. 财会月刊，2012（33）：33-35.
［6］刘贝贝，樊阳程. 习近平关于绿色科技创新重要论述简论［J］. 思想理论教育导刊，2019（12）：11-14.

消费升级，拼多多的电商助农

谢 建 伍玉芳

一、案例正文

2021 年 2 月 25 日，拼多多在全国脱贫攻坚总结表彰大会获“全国脱贫攻坚先进集体”称号。

（一）公司简介

拼多多是目前国内移动互联网的一款主流电子商务应用产品，属于购物休闲功能软件，由上海寻梦信息技术有限公司研发，于 2015 年 4 月正式上线。它专注于消费者到生产者（C2M）拼团购物的第三方社交电商平台，用户通过发起和朋友、家人、邻居等的拼团，可以以更低的价格，购买优质商品。其旨在凝聚更多人的力量，用更低的价格买到更好的东西，体会更多的实惠和乐趣。沟通分享形成的社交理念，形成了拼多多独特的新社交电商思维。拼多多将客户人群精准定位于中老年群体。相比天猫淘宝、京东的经营模式，其抓住了三、四线城市及以下的增量市场，充分利用人口红利，实现消费方式升级。

（二）拼多多的助农扶贫之路

在拼多多出现之前，中国互联网企业已然出现过农产品电商平台。很多平台花钱搞培训、做物流，号召农民学电商、开网店，看似风风火火，实则没有一点效果，农产品销售一直不如预期。为什么拼多多能获得成功？其实，拼多多和农产品电商是相辅相成的。众所周知，拼多多最初是靠农产品起家的，且其当时在生鲜电商的业务规模就已相当庞大。尽管之后其逐步转为构建综合性电商平台，但拼多多依旧把农产品作为平台的核心项目之一，建立起它独具竞争力的供需生态。为将分散的农产品和消费者实现云端对接，让小农户对接大市场，拼多多通过重整农产品供应链和构建新型电商模式，将时间和空间极为分散的农产品交易，汇聚成为短期内的同质化的需求，突破时空的限制，增加了农产品上行的市场容积。

1. 重塑农产品供应链模式

近年来，国家层面投入近万亿元用于扶贫助农，并尝试了很多举措和思路，以帮助边远地区发展经济。要实现农业经济发展需要有三个要素：改善资源、实现造血和形成合力。只有在这三方面形成新形态的、可持续发展的电商助农扶贫模式，才能打通消费端和生产端之间的鸿沟，建立起长效的扶贫机制。拼多多通过“拼农货”模式，将分散的农产品整合出了一条直达用户的快速通道，成功建立起一套可持续的扶贫助农机制，并验证了这一机制的成功及高效。依托创新的“拼农货”模式，拼多多解决了传统搜索电商场景下，农货被动等待搜索、销量难以持续的普遍性难题，通过主动向4亿消费者呈现“产地直发”优质水果的方式，帮助“小农户”连接“大市场”。在投身扶贫助农的过程中，拼多多还结合中国农业的发展状况，通过大数据、云计算和分布式人工智能技术，将分散的农业产能和分散的农产品需求在“云端”拼在一起，基于开拓性的“农地云拼”体系带动农产品上行，让贫困地区的农产品突破传统流通模式的限制，直连全国大市场。

2. 电商改变乡村经济，按下脱贫“加速键”

农村“土货”飞出大山变身新产品、农民变成“新农人”、数据变成新农资、快递成为新农具、直播成了新农活。近年来，电商改变了传统扶贫的扶贫模式，城乡“数字鸿沟”正进一步缩小，数字化技术加速乡村脱贫致富。另外，国家也高度重视“互联网+农业”的融合发展，农村电商发展迅猛。事实上，各大电商早已布局农村，但帮扶必须先扶智，比起产业帮扶和技术帮扶，农村教育帮扶更具有长期意义，并能带动高质量就业。拼多多的农产品上行体系的演化过程，除了依托产品和技术体系的创新，也扎根于乡村，拼多多希望从人才、产业利益上实现全面造血式助农。拼多多深入推进“人才本地化、产业本地化、利益本地化”策略，因地制宜、因时施策，通过“培育致富带头人+探索科技助农应用+创新产业助农产品”的完整体系，让助农模式规模化、可持续。无论是前期的带动乡村脱贫攻坚，还是长期致力于乡村振兴，让乡村地区有产业，有利益。

（三）拼多多农业科技创新

过去的几年里，农业是拼多多的安身之本，拼多多通过互联网平台构建产业化精准助农的道路，承担起企业社会责任，其“百亿补贴”板块让很多城市中的普通家庭用更低的价格购买了更多的产品；通过优化农产品的生产、分销和消费，实现了农民的快速增收，从而创造出更多的社会价值，带来影响面最广的收益。在很大程度上，这是一种“消费升级”，推动了整个社会福利的提升。自2018年上市后，拼多多站在了舆论的暴风眼之上，在业界的不断质疑之中，拼多多的增长速度依然强劲。一方面，通过“百亿补贴”，拼多多让一线城市的消费者大呼好用，也慢慢接受了这家新兴电商平台；另一方面，依靠在下沉市场以及农村市场的成功，拼多多成了国内最大的“农产品上行平台”。

拼多多在以农业为重要经营领域，通过互联打通了线上和线下的供应链渠道，不仅带动了农产品的畅销，还获得了一定的经济收益。2019年，拼多多平台年成交额突破万亿元大关，达10 066亿元，实现年营收301.4亿元，成为中国最大的农产品上行平台，全年中，拼多多平台直联农业生产者超过1 200万人，累计带贫人数超100万人。2022年，公司共投入34亿资源帮助全国农户销售了183.4万吨农货，催生9亿多笔助农订单，扶持4.8万商家，这是拼多多运用C2B模式精准助农的成果。

回顾2020年年初，我国正经历着新冠疫情的严峻考验，大部分地区的农产品陷入了滞销的困局，尽管价格一降再降，但销路依旧受阻。众电商纷纷开始发力，在助力农货打响“突围战”、保障农户收入的同时，亦在最大限度上满足都市居民的需求。拼多多的线上“抗疫农货”专区覆盖全国近400个农产区。针对专区商品，拼多多设置了5亿元的专项商品补贴，同时，每单农产品快递还将享有2元的特殊物流，这为农产品销售提供巨大的帮助。

而在将来，拼多多应如何开拓市场，为企业的发展注入内生持续性市场力量是经营者的第一首要任务。2020 年 7 月 1 日，黄峥在致公司全员信中宣布，将不再担任公司首席执行官（CEO），将按照首次公开募股（IPO）时的承诺，正式成立“繁星公益基金”，并连同创始团队捐赠名下拼多多上市公司总股数的 2. 37%，旨在推动社会责任建设和科学研究。黄峥希望为拼多多的下一个十年找寻新的机会，抑或是满足自己对于科研梦想的追求，黄峥的这一步，值得未来所有立志于科技向善的创业者所借鉴。繁星公益基金将在未来 3~5 年捐助 1 亿美元，用于“计算+生物医疗”“计算+农业食品”和“先进计算”三个创新实验室的科研项目。随着国家全面启动乡村振兴战略，2021 年 8 月，拼多多正式启动“百亿农研”专项，宣布投入 100 亿元致力于推动农业科技进步，科技普惠。

依托互联网生存发展的拼多多在获得智能算法和海量数据带来的盈利之际，其创始人在科技创新上的担当和追求，为企业未来谋略。正如其之理，科技创新的星辰大海、未来的无限可能性。

二、案例思政元素

（一）公平与效率

公平指人与人的利益关系及利益关系的原则、制度、做法、行为等都合乎社会发展的需要。公平是一个历史范畴，不存在永恒的公平。效率指资源投入和生产产出的比率。公平和效率一直是社会发展极为重要的两个方面，二者是发展社会主义市场经济相辅相成，不可或缺的关系。效率优先，兼顾公平。首先，效率优先，就是首先要优化资源配置，实现效益的最大化，这是保证公平的前提条件，没有效率就没有公平。其次，公平是社会主义所追求的根本目标。公平指的是在效率优先的基础上，注重国有资源第二次分配时按照按劳分配原则进行再分配。只注重效率而忽视公平，将导致穷者越穷，富者越富。所以，我们要在强调效率优先的前提下，更加注重公平。如此，才能够均衡高效可持续发展。

对于如拼多多类企业履行社会责任，进行公益慈善活动，将企业主体投入扶贫事业中，其过程中蕴含着意识形态领域的公平和效率问题，每一个主体所有的资源是有限的，本身这个世界的资源就是稀缺的，若根据成本效益原则，实现有限资源的效益最大化是首要选择，把资金、人才和设备投入发展基础稳固且更有能力发挥资源价值和效益的地方，便意味着处于劣势地位的底层阶段的人群陷入困境，社会的贫富差距会越来越大。长久来看，这必将引发社会的不稳定和不和谐，所以要把握好社会发展层面的公平和效率的关系。

教师应通过案例来分析唯物辩证法中的公平与效率原理，引导学生树立唯物辩证法的观念，利用全局观和整体意识去看待问题和事物。

（二）科创“农业芯片”事业，生物科技助力粮食安全

“农业芯片”——种子的问题，在 2023 年两会广受关注。政府工作报告指出，保障粮食安全的要害是种子和耕地，种子是人类生存的物质基础，保护粮食安全是保障人民生命安全，《中共中央 国务院关于做好 2023 年全面推进乡村振兴重点工作的意

见》将“抓紧抓好粮食和重要农产品稳产保供”放在首位，强调确保全国粮食产量保持在 1.3 万亿斤以上，各省（自治区、直辖市）都要稳住面积、主攻单产、力争多增产。党的二十大报告提出，“全方位夯实粮食安全根基，全面落实粮食安全党政同责，牢牢守住十八亿亩耕地红线，逐步把永久基本农田全部建成高标准农田，深入实施种业振兴行动，强化农业科技和装备支撑，健全种粮农民收益保障机制和主产区利益补偿机制，确保中国人的饭碗牢牢端在自己手中。”深入实施“藏粮于技”战略，是未来全方位夯实粮食安全根基的着力点。我国面临着发展产业核心领域的考验，且正处于从种业大国向现代种业强国迈进的关键时期，着眼于农业高质量发展推进现代种业进程是我国建设现代化强国的重要组成部分。

拼多多的创始人黄峥注重科研，致力于“计算+生物医疗”“计算+农业食品”和“先进计算”三个创新实验室的科研项目。通过对农产品种植过程的方法的控制，探索对马铃薯、番薯、西红柿等潜在的有害重金属含量进行有效控制，同时对其可能有的、有益的微量元素进行可控的标准化提升等。这些皆体现了企业领导人对农业科技创新的重大贡献，也为其他企业做出典范。

（三）产业兴旺、人才振兴，全面推进乡村振兴战略

党的十八大以来，党中央提出“精准扶贫”战略，不断鼓励各类企业承担社会责任，以多种形式参与精准扶贫。实践中，越来越多的企业把精准扶贫的“社会责任”扛在肩上，通过产业扶贫、教育扶贫、就业扶贫等方式参与精准扶贫。2020 年，我国取得了脱贫攻坚战的全面胜利，之后，党的十九大报告提出推进乡村振兴战略，“十四五”规划的文件中明确指出“实现巩固拓展脱贫攻坚成果同乡村振兴有效衔接”，未来扶贫工作将进入“乡村振兴”阶段，乡村振兴战略同精准扶贫一样是围绕我国“三农”问题实施的重大举措，是关系全面建设社会主义现代化国家的全局性、历史性任务，2023 年 2 月 13 日，21 世纪以来第 20 个指导“三农”工作的中央一号文件——《中共中央 国务院关于做好二〇二三年全面推进乡村振兴重点工作的意见》发布，对乡村振兴各方面工作进行了安排。乡村振兴战略需振兴经济，产业兴旺是重要部分。产业兴旺放在了乡村振兴总要求的首位，这不仅因为产业支撑是乡村振兴的基础，还在于在市场条件下乡村产业兴旺的艰巨性和复杂性。乡村之所以衰败，一个重要的原因是乡村缺乏产业支撑。

拼多多将农业作为安身之本，带动贫困地区的产业发展，农业是农村地区的主要发展产业，但农村地区的第二、三产业基础极为薄弱，而互联网经济的发展使得商业、服务业与农业在供应链环节达成合作关系，对“三农”问题产生积极影响。而且拼多多与地方加强人才合作，以线上课堂及实地讲学等形式，讲解电商运营、产品推广等方面的知识和技巧，培育了一批爱农业、懂技术、善经营的农产品商家，让他们能够把家乡的好货搬到网上，丰富“农货智能处理系统”的数据来源和维度，把增加的收益紧紧攥在农户、农产品商家手里，推动农产品更好地销售。以人才这一关键资源，助力乡村振兴，持续向各大农产区倾斜资源和技术，要让乡村留得住人才，人才也能待得住。

三、案例使用说明

（一）教学用途和教学目标

1. 教学用途

本案例可用于管理财务管理课程中“财务管理目标”知识点的教学。

2. 教学目标

（1）知识层面

理解概念：利润最大化、股东财富最大化、企业价值最大化、利益相关者利益最大化。

掌握理论：财务管理目标的发展历程、利益相关者理论、财务管理目标与企业社会责任。

（2）能力层面

教师先安排理论讲解，帮助学生系统了解财务管理目标、利益相关者理论方面的知识，形成全面系统分析问题的能力，增强学生解决问题的思维能力。本次案例分析课程，让学生更好地理解财务管理目标的重要意义和利益相关者对企业的作用，同时提升学生将理论知识应用于现实活动的能力。

（3）素质层面

提升学生们的思想政治素养，使学生掌握企业财务管理目标、利益相关者和企业社会责任知识点的同时，更高层面地理解和社会发展过程中的公平和效率的辩证关系；理论结合实际，对案例事件发展过程进行详细阐述，增强学生对中国特色社会主义制度的优越性的认知，让学生了解到科技创新助力产业升级对中国经济发展重要性。

（二）案例讨论的准备工作

第一，学生需要课前预习财务管理课程中财务管理基础的相关知识点，掌握财务管理目标的基础概念和利益相关者理论的概念以及企业承担社会责任与财务管理目标之间的关系。

第二，了解我国电商行业的发展情况和社会责任方面的信息披露以及相关的国家政策、互联网企业在助农上的经济效益和风险。

第三，了解我国政府扶贫的发展过程、扶贫政策和我国贫困现状。

（三）案例分析要点

1. 启发思考题

（1）什么是利益相关者理论？

（2）财务管理目标的类型和特点。

（3）结合案例，请阐述拼多多的财务管理目标类型，理由是什么。

2. 分析思路

（1）利益相关者理论是20世纪60年代左右在西方国家逐步发展起来的，进入20世纪80年代以后其影响力迅速扩大，并开始影响美、英等国的公司治理模式，并促进了企业管理方式的转变。利益相关者包括企业的股东、债权人、雇员、消费者、供应商等交易伙伴，也包括政府部门、本地居民、本地社区、媒体、环保主义等，甚至包括自然环境、人类后代等受到企业经营活动直接或间接影响的客体。这些利益相关者与企业的生存和发展密切相关，他们有的分担了企业的经营风险，有的为企业的经营活动付出了代价，有的对企业进行监督和制约，企业的经营决策必须要考虑他们的利益或接受他们的约束。从这个意义讲，企业是一种智力和管理专业化投资的制度安排，企业的生存和发展依赖于企业对各利益相关者利益要求的回应的质量，而不仅仅取决于股东。

（2）财务管理目标主要有以下几种：

第一，利润最大化。利润最大化是指在投资预期收益确定的情况下，财务管理行为将朝着有利于企业利润最大化的方向发展。利润最大化目标在实践中存在以下难以解决的问题：利润是指企业一定时期实现的税后净利润，它没有考虑资金的时间价值；没有反映创造的利润与投入的资本之间的关系；没有考虑风险因素，高额利润的获得往往要承担过大的风险，片面追求利润最大化，可能会导致企业短期行为；与企业发展的战略目标相背离；利润最大化是基于历史角度，不能反映企业未来的营利能力；利润是企业经营成果的会计度量，而会计方法的灵活性也会使得利润未必能真实反映盈利情况。

第二，股东财富最大化。股东财富最大化是指企业的财务管理以股东财富最大化为目标。在上市公司中，股东财富是由其所拥有的股票数量和股票市场价格两方面来决定。在股票数量一定时，股票价格达到最高，股东财富也就达到最大。

与利润最大化相比，股东财富最大化的主要优点是：考虑了风险因素，因为通常股价会对风险做出较敏感的反应；在一定程度上能避免企业追求短期利益，因为不仅目前的利润会影响股票价格，预期未来的利润同样会对股价产生重要影响；对上市公司而言，股东财富最大化目标比较容易量化，便于考核和奖惩。

以股东财富最大化作为财务管理目标存在的问题是：通常只适用于上市公司，非上市公司难以应用，因为其无法像上市公司一样随时准确地获得公司股价；股价受众多因素影响，特别是企业外部的因素，有些还可能是非正常因素；股价不能完全准确反映企业财务管理状况，如有的上市公司处于破产的边缘，但由于可能存在某些机会，其股票价格可能还在走高；它更多地强调股东利益，而对其他利益相关者的利益重视不够。

第三，企业价值最大化。企业价值就是企业的市场价值，是企业所能创造的预计未来现金流量的现值，反映了企业潜在的或预期的获利能力和成长能力。其优点主要表现在：该目标考虑了资金的时间价值和投资的风险；该目标反映了对企业资产保值增值的要求；该目标有利于克服管理上的片面性和短期行为；该目标有利于社会资源的合理配置。其主要缺点则是企业价值的确定比较困难，特别是对于非上市公司。

第四，利益相关者利益最大化。其基本思想就是在保证企业长期稳定发展的基础上，强调在企业价值增值中满足以股东为首的各利益群体的利益。

以利益相关者利益最大化作为财务管理目标具有以下优点：有利于企业长期稳定发展；体现了合作共赢的价值理念，有利于实现企业经济效益和社会效益的统一；这一目标本身是一个多元化、多层次的目标体系，较好地兼顾了各利益主体的利益；体现了前瞻性和可操作性的统一。

（3）拼多多的电商平台涉及的利益相关者涵盖农户、消费者、政府、物流企业，拼多多不仅站在股东角度追求经济结果，还考虑了员工、政府和社会公众等各相关者的利益，另外，拼多多从创立之初便将农业作为经营的立足点，通过互联网创新助农的方式，打造电商助农模式，一是解决了低收入地区经济收益问题，为低收入人群提供农产品销售渠道，连接线下和线上；二是通过电商助农响应了国家助农政策，在一定程度上为国家助农目标的实现贡献了市场力量，在实现企业价值的同时，又承担了企业的社会责任。因此，拼多多是以相关者利益最大化为财务管理目标的。

（四）教学组织方式

1. 问题清单和提问顺序

讲授完项目财务分析章节的知识内容后，紧接着可以将思政元素融入课程的课堂教学中，具体教学环节设计如下。请学生们观看教学 PPT 上的案例材料，同时，教师对该案例材料进行一个大概的说明。要求学生在规定的时间内结合案例材料围绕以下思考题进行讨论，一是结合本案例说明，财务管理目标的类型和其相应的特点，该案例中会涉及哪几种类型并说明理由。二是结合案例材料，运用财务管理、公平和效率的辩证关系说明进行助农措施和产业升级的必要性。三是结合案例材料说明，企业的财务管理目标需要考虑社会责任吗？有怎样的意义？第三步，学生讨论结束后，请学生们将讨论结果与大家进行分享，要求学生提出的观点与案例材料紧密结合。

2. 课时分配

2 课时。

3. 讨论方式

将学生们进行分组，大概每组四人左右，学生讨论结束后，请每组派一位代表将本组讨论成果与大家进行分享。

4. 课堂讨论总结

教师对学生们的发言进行总结。

（五）总结

引导学生们对问题清单进行简要的回答，结合案例阐述相关的内容，通过回顾公平和效率内在原理来辩证性分析企业在发展过程中承担社会责任问题，分析本案例材料的教育意义；同时，让学生们理解科技创新对中国实现社会主义现代化强国的重要性，引导学生树立大局观念和整体意识，指导学生们以唯物辩证法的视角去看待问题，突破思维层面的单一性，增强逻辑能力。

四、参考文献

［1］李儒超. 电商三巨头 PK：拼多多距离超过京东、淘宝有多远？［EB/OL］.（2020-03-16）［2023-01-05］. https://new.qq.com/rain/a/20200316A05QWZ00.

［2］俊世太保. 拼多多的助农扶贫之路，中国“三农”升级的一次探索[EB/OL]. (2021-03-03)[2023-01-05]. https://baijiahao.baidu.com/s? id=1693181741016872789&wfr=spider&for=pc

［3］罗斯，威斯特菲尔德，杰富，等. 公司理财［M］. 北京：机械工业出版社，2018.

［4］马克思. 资本论：第一卷［M］. 中共中央马克思恩格斯列宁斯大林著作编译局，译. 北京：人民出版社，2004.

［5］农业知识网. 种业被称为农业的“芯片”［EB/OL］. (2019-12-19)[2023-01-08]. https://www.nongyebaike.cn/news/toutiao/506475.html.

碧桂园集团资本结构及优化

谢　建　朱梦单

一、案例正文

资本结构是企业和众多学者研究的重点，经过多年发展已经相对成熟。企业发展与资本结构息息相关，资本结构关系到企业的融资和投资决策，对企业利润和财务杠杆有很大影响，也能说明公司内部运营情况。合理的资本结构能有效提高企业绩效，实现企业价值最大化。房地产行业作为一个资产密集型的行业，为确保企业正常运营和项目建设，需投入大量资本，有项目周期长、现金流收回周期长等特征。受复杂多变的国际形势以及新冠疫情的影响，我国房地产行业遭受较大冲击。目前，房地产行业市场竞争较为激烈，企业需要更加密切关注企业资本结构问题，优化资本结构，实现房地产行业的可持续发展。

碧桂园控股有限公司（以下简称“碧桂园”）成立于1992年，2007年在香港上市。总部位于佛山顺德，是我国著名的综合性房地产公司。2022年，碧桂园在《财富》世界500强中排名第138位，位列福布斯全球上市公司2 000强第254位。碧桂园以房地产为主营业务，其他业务涵盖建筑、装修、物业管理、酒店开发及管理、教育等行业。

本文将根据碧桂园的经营状况，从负债结构、股权结构两个方面选取相关指标对其资本结构进行分析。

（一）负债结构

对于碧桂园负债结构的分析，本文选取了2016—2021年数据，主要分析负债情况及融资活动的现金流入情况，如表1、表2所示。

表1　2016—2021年碧桂园公司负债及相关占比情况

年份	负债总额/亿元	流动负债占比/%	非流动负债占比/%	资产负债率/%	产权比率/%	股东权益比率/%
2016年	5 099.56	79.48	20.52	86.20	6.25	13.80
2017年	9 330.57	82.97	17.53	88.89	8.00	11.11
2018年	14 562.86	83.73	16.27	89.36	8.40	10.64
2019年	16 885.44	82.84	17.16	88.54	7.72	11.46
2020年	17 588.06	84.88	15.12	87.25	6.84	12.75
2021年	16 477.38	83.68	16.32	84.57	5.48	15.43

数据来源：碧桂园控股有限公司2016—2021年度财务报表。

随着碧桂园公司规模不断扩大，其负债金额在2016年到2021年也不断攀升，这主要是因为预收客户账款、贸易以及其他应付款、公司债券、衍生金融工具和银行及其他借款的增长。受疫情、房地产行业不景气等因素影响，2021年碧桂园负债总额略微下降，但仍处于较高水平，流动负债占比也较大。这说明碧桂园这几年的负债期限较短，以流动负债为主，且更多的是使用债务筹集资金，资金成本较高。资产负债率、产权比率和股东权益比率也可反映碧桂园的债务比率。从表1可以看出，近几年碧桂园资产负债率都在80%以上，维持着较高的财务杠杆水平，经营风险较大，股东权益率的波动性下降，从相反方面也反映了这一问题。

整理碧桂园2016—2021年年报中的数据（表2），计算公司债务性筹资和股权性筹资占当年筹资活动现金流入总额的比例，可知债务性融资占比远大于股权性融资，债务性融资均在90%以上，银行借款筹资比重偏大，说明碧桂园对银行借款的依赖性较大。加之近年来国家对房地产采取“稳房价、稳地价、稳预期”的政策，受宏观调控政策影响，房地产融资越来越难。与股权融资相比，债务融资需要企业披露的信息较少，有利于保护企业的信息，并且资本成本较低，是房地产行业融资首选。但过度依赖借款融资，一旦房地产价格出现波动，将会涉及巨大的资金变动，企业到期还款付息的压力较大，房企经营问题将演变成银行信贷问题。因此，碧桂园更应注重营销，加速资金回笼，优化资本结构。

表2　2016—2021年碧桂园公司融资活动的现金流入量及占比

年份	股权融资现金流入/亿元	比重/%	债务融资现金流入/亿元	比重/%
2016年	33.85	4.9	650.91	95.1
2017年	43.43	4.0	1 055.17	96.0
2018年	125.8	7.7	1 502.96	92.3
2019年	15.48	1.0	1 468.70	99.0
2020年	35.61	1.9	1 832.02	98.1
2021年	63.52	3.8	1 625.15	96.2

数据来源：碧桂园控股有限公司2016—2021年度财务报表。

（二）股权结构

股权结构是不同股份在总股本中所占的比例，本文将从股权集中度和股权制衡度两方面分析碧桂园的股权结构。股权集中度由第一大股东的持股比例反映，分为股权高度集中、相对集中和高度分散三种情况。股权制衡度可以反映各大股东之间的相互制衡情况。

1. 股权集中度

自2007年上市以来，碧桂园一直处于股权高度集中状态。2007年上市之初，碧桂园五位大股东分别是必胜有限公司、多美集团有限公司、伟君国际环球有限公司、日皓控股有限公司、喜乐集团有限公司，所持股份分别是58.19%、9.98%、4.99%、4.99%、4.99%。2007年至今，碧桂园的第一大股东是必胜有限公司，从表3碧桂园2016年至2021年前几大股东持股情况可以看出，第一大股东持股比例逐年增加，由

2016 年的持股 43.06%上升到 2021 年的 61.25%，而必胜有限公司与 Genesis Capital Global Limited 最终控制人皆为杨惠妍女士，可见碧桂园公司的股权集中度较高。

表 3　碧桂园 2016—2021 年大股东持股情况

股东名称	2016 年/%	2017 年/%	2018 年/%	2019 年/%	2020 年/%	2021 年/%
必胜有限公司	43.06	44.11	43.64	57.68	58.72	61.25
Genesis Capital Global Limited	13.14	13.35	13.12			
中国平安人寿保险股份有限公司	10.35	10.51	8.99	8.91	8.84	7.77
多美集团有限公司						
日皓控股有限公司	3.46					
喜乐集团有限公司	3.57					
康柏投资有限公司	0.24	0.25	0.24			

数据来源：碧桂园控股有限公司 2016—2021 年度财务报表。

2. 股权制衡度

股权制衡度能反映各大股东之间的制约程度，各股东之间可通过持有股份，相互监督和约束。自 2015 年中国平安人寿保险股份有限公司通过购买新股对碧桂园进行股权投资之后到 2018 年，碧桂园公司的前三大股东未发生变化，且所持股份也未发生重大变化。2019 年至 2021 年，Genesis Capital Global Limited 股权转由杨惠妍女士直接持有，持股比例达 50%以上。此外，从碧桂园高管简介中可以得到，其中杨国强、杨惠妍、杨子莹、杨国安、杨丽兴、杨翠珑、杨永潮等均出自杨氏家族，并且在公司中均担任重要职务，属于典型的家族式企业，各股东之间的制衡度较低。

二、思政元素梳理

本案例的思政元素主要有：

（一）构建新发展格局，推进高质量发展

党的二十大报告指出："高质量发展是全面建设社会主义现代化国家的首要任务。"这是在全面认识和把握我国现代化建设实践历程以及各国现代化建设一般规律的基础上，做出的一个具有全局性、长远性和战略性意义的重大判断。只有加快构建新发展格局，才能夯实我国经济发展的根基、增强发展的安全性和稳定性，才能在各种可以预见和难以预见的狂风暴雨、惊涛骇浪中增强我国的生存力、竞争力、发展力、持续力，才能确保中华民族伟大复兴进程不会迟滞甚至中断，顺利实现全面建成社会主义现代化强国的目标。新时代新阶段的发展必须是高质量发展。高质量发展是能够很好满足人民日益增长的美好生活需要的发展，是体现新发展理念的发展。新发展理念正引领中国经济不断创造高质量发展的新奇迹，在新发展形势下，必须在推动高质量发展上闯出新路子，在构建新发展格局中展现新作为。

碧桂园坚持不懈地普及可持续发展理念，致力于将企业可持续发展作为一项长期发展的事业而为之奋斗。但目前碧桂园集团在融资方向上还比较单一，债务融资占据主要地位，虽然一定程度上可以暂缓企业的资金压力，但从长久来看，一旦国家政策

调控，影响银行借款这一环节，碧桂园则很可能会遭遇财务危机，不利于企业的高质量发展。

（二）抓住机遇，改革创新

现代化企业发展进程中，机遇和风险并存，企业要牢牢把握经济发展新格局，紧紧抓住机遇，勇于改革创新，推动经济转型发展，真正走出一条产业优、质量高、效益好、可持续的发展新路。要以科学的态度对待科学、以真理的精神追求真理，坚持马克思主义基本原理不动摇，坚持党的全面领导不动摇，坚持中国特色社会主义不动摇，紧跟时代步伐，顺应实践发展，以满腔热忱对待一切新生事物，不断拓展认识的广度和深度，敢于说前人没有说过的新话，敢于干前人没有干过的事情，以新的理论指导新的实践。

我国经济发展已步入新阶段，经济增长更加注重质量和效益。2019 年年底新冠疫情暴发以来，全国各企业受到经济冲击，房地产企业更是如此，国家第一时间做出指示，《2021 年第三季度中国货币执行报告》奠定了“不将房地产作为短期刺激经济的手段”[①] 的主基调，房地产金融监管持续强化，监管部门为限制房企融资设置“三道红线”，防范化解房地产金融风险。推出“三道红线”谨防土地市场过热，是把公司的经营情况和负债情况相关联，同时考虑期限和经营性负债与有息负债进行监管。如今对于房地产企业来说，在“三道红线”整体债务管控背景下，优秀房企正在进行债务优化和结构调整，适当优化资本结构，加快企业回血。

相较于国外资本主义国家成熟的资本市场，我国现有的资本市场还不够成熟，现有金融产品也很少创新，这与我国市场经济起步晚，发展时间短有很大关系。我国资本市场还需进一步完善，但是企业的发展不会停止，为了促进企业更好地发展，碧桂园可以充分抓住机遇，利用现有融资渠道，守正创新，建立多元融资体系。

（三）坚持以习近平新时代中国特色社会主义思想为指导

2023 年是全面建设社会主义现代化国家的开局起步年，做好经济工作具有十分重要的意义。党的二十大提出要构建高水平社会主义市场经济体制，建设现代化产业体系。坚持和完善社会主义基本经济制度，深化改革，加快经济结构优化和调整，推动企业做大做优做强，提升企业核心竞争力。坚持把经济发展的着力点放在实体经济上，巩固优势产业领先地位。在党中央的正确领导下，要坚定信心、迎难而上，全面贯彻落实中央经济工作会议精神，把思想和行动统一到党的二十大精神和党中央关于经济工作的决策部署上来，敢想敢为、善作善成。只有坚定不移跟党走才能够始终与党中央各类政策、方针步调一致，才能保证企业充分享受各项改革红利，进而促进企业健康、绿色发展，为我国经济行稳致远、社会和谐安定添砖加瓦。碧桂园始终坚持做有良心、有社会责任感的阳光企业，在持续创造经济效益的同时坚持走可持续发展道路，积极履行社会责任，以实际行动在可持续发展的道路上继续前进。

① 摘至 21 世纪经济报告 2020 年 7 月 24 日，作者：耿雁冰。

三、案例使用说明

（一）教学用途与教学目标

1. 教学用途

本案例适用于本科生的财务管理课程中“资本结构及其优化”知识点的教学。

2. 教学目标

（1）知识层面

理解概念：资本结构。

掌握理论：资本结构的内容、优化及其相关理论。

（2）能力层面

系统思维能力：讲授资本结构及其优化等相关知识点，帮助学生理解企业资本结构的主要构成，并形成全面、系统地分析问题、解决问题的思维能力。

判断实践能力：本次案例分析课程能够使学生根据企业自身经营状况、所处的社会环境以及出台的相关行业政策等来判断分析企业的资本结构是否合理、可靠，是否相对最优，并且能够运用适当的理论知识，提出合理解决方案。

（3）素质层面

形成专业意识：理解资本结构的内容，努力寻求相对最优资本结构，从而使企业的综合资本成本最低，风险最小，价值最大；同时帮助学生养成关注时事政治、经济环境、企业案例的学习习惯，形成自己独特的分析问题、思考问题、解决问题的方式。

提高职业素养：第一，具体案例分析，引导学生学习资本结构及其优化的内容和相关思政元素，拓宽学生知识视野，增强社会责任感，形成正确的管理伦理观念。

（二）案例讨论的准备工作

第一，学生需要预习财务管理课程中“资本结构及其优化”的相关知识，同时对前面几节学习过的资本成本内容进行复习回顾。

第二，事先让学生们按小组搜集关于碧桂园近几年的能够反映企业筹资、融资、股权、债权等方面的数据，试着分析碧桂园的资本运营状况，让学生对本案例的背景有一定的了解。

（三）案例分析要点

1. 启发思考题

（1）结合案例，请总结碧桂园资本结构存在的问题。

（2）结合案例，概括资本结构存在问题的成因。

（3）结合案例，提出优化资本结构的对策。

2. 分析思路

上述三个思考题，主要是基于财务管理课程“资本结构及其优化”的相关知识点而提出的。

（1）结合案例，请总结碧桂园资本结构存在的问题。

理论知识点：资本结构相关概念。

参考答案如下：

资本结构是指企业各种来源的长期资金的构成及其比例管理。资本结构是否合理会影响企业资本成本的高低、财务风险的大小以及投资者的得益情况，它是企业筹资决策的核心问题。企业资金多种多样，总的来说可分为权益资金和债务资金两类，资本结构问题主要是负债比率问题，适度增加债务可能会降低企业资本成本，获取财务杠杆利益，但同时也会给企业带来财务风险。

碧桂园资本结构存在的问题：

第一，资产负债率高、流动负债比重大。

资产负债率可以衡量公司债权人资本的经营风险和公司的负债水平与偿债能力。碧桂园 2016—2021 年的资产负债率最高值接近 90%，最低值也在 80%以上，较高的资产负债率意味着一旦经营中遇到状况，碧桂园将面临巨大的偿债危机。根据 Wind 数据库的资料，2016 年至 2021 年房地产行业的平均资产负债率分别是 76.76%、78.48%、79.71%、79.02%、78.84%、79.05%，很明显，碧桂园的资产负债率远在行业平均水平之上。可见碧桂园是处于一种高资产负债率和高负债规模的状态。

第二，筹资以银行借款为主。

目前碧桂园规模不断扩大，资金需求量大，该公司 2016—2021 年债权融资筹得的资金明显比股权融资方式要高很多，说明碧桂园以债务融资为主要融资方式，且以国内银行借款为主，融资渠道较为单一。如果房地产市场出现一些很大的震荡，房价骤降，或者商品房大量积压，资金没有办法在短时间内收回，就没有办法偿还银行的贷款，将会影响企业的生存发展。

第三，股权高度集中。

从股东持股情况来看，碧桂园是一家股权高度集中的家族式公司，杨惠妍女士掌握着公司的绝对控制权。股权的高度集中会影响公司的信息透明度和内部管理，进而影响公司治理结构，对公司产生负面影响，同时也容易导致大股东侵占中小股东利益的行为，容易在企业经营决策中出现“一言堂”现象，降低经营效率。

（2）结合案例，概括资本结构存在问题的成因。

在前一题的基础上，引导学生结合案例进行分析。

参考答案如下：

第一，公司规模扩张，增加负债。

因股权融资的审批资格严格，融资速度慢，资本成本高，而债权融资的审批条件较为宽松，资金获得速度快，资本也较低，所以房地产企业的融资主要来源一般为债务融资。但过多地借入资金，会造成企业自有资金比例和借入资金配比不合适。因为借入资金的比例越高，企业支付的本息也越多，企业的资产负债率也就越高，还款压力也越大。碧桂园在融资方式上也是更倾向于债权融资，其凭借大城市郊区和三、四线城市的市场定位使得公司发展规模扩张，资金需求量迅速增加，导致负债规模扩大。因此，碧桂园当务之急是减少负债，降低资产负债率。

第二，融资渠道较少且未充分利用。

碧桂园的负债融资渠道包括公司债券、优先票据、可换股债券、银行及其他借款，其中以银行借款为主，公司债券和优先票据所占比例不断降低，说明公司未能够充分运用现有的各种融资渠道。以银行借款为主要融资渠道，会增加企业财务风险，也会降低企业应对风险的能力。为了促进企业更好地发展，碧桂园可以充分利用现有的融资渠道，建立多元化的融资体系。

第三，家族企业股权结构存在缺陷。

碧桂园公司的高管大部分出自杨氏家族，杨惠妍女士掌握着公司的绝对控制权，公司有着浓厚的家族色彩，对于任何决策，都有着绝对的话语权。家族式企业的管理模式也就意味着碧桂园存在股权集中化的问题。

（3）结合碧桂园案例，提出优化资本结构的对策。

理论知识点：资本结构优化。

参考答案如下：

第一，寻求多样化的融资路径，改善资本结构。

碧桂园融资路径以银行借款为主，一旦国家政策调控，影响银行借款这一环节，碧桂园很可能会遭遇破产危机。因此，碧桂园应寻求其他融资方式，改变银行及其他借款在筹资中占主导地位的局面，优化资本结构，使碧桂园实现可持续发展。例如，利用境外融资、互联网金融平台、房地产投资信托资金等方法融资。

第二，降低资产负债率，提高资本管理效率。

为了实现公司价值最大化，需减少企业负债，合理降低负债率。一方面，房地产企业应增加股权融资，如当前房地产行业比较盛行的合资合作开发模式。合资合作开发模式，不但可以引进少数股东权益，同时还有优势互补、分担经营风险的优点。房地产企业还可以通过分拆优质资产上市的方式降低资产负债率。另一方面，也可适当偿还部分贸易及其他应付款，达到减少负债，提高资本管理效率的目的。

第三，引入投资者，降股权集中度。

碧桂园自上市起一直保持着高度集中的股权结构，虽然可以提高公司的决策效率，但是也很可能损害公司小股东的利益。为了改善股权结构，可通过引入外部投资者来解决这个问题，与普通投资者相比，外部投资者不仅具有更强的资本实力、更专业的技术、更强的管理和战略能力，而且比小股东更注重企业的长期发展和投资的长期回报。此外，还可以向内部员工发放股票期权，实施员工持股计划等，建立员工与公司之间的利益共享机制，让员工以股东身份参与到公司经营中，也能激发员工工作热情和积极性，同时还能起到相互监督的作用。

（四）教学组织方式

建议用本案例完成“资本结构及其优化”部分知识点的教学，安排 1.5 个课时（60 分钟）。案例的教学组织安排如表 4 所示。

表 4　案例教学组织安排

学习阶段	学习内容	时间限制	学习目标
课前	要求学生分组了解碧桂园集团的发展及资本结构状况，并预习课本知识	提前 2 天	熟悉案例背景

表4(续)

学习阶段	学习内容	时间限制	学习目标
课中	交流、发言了解成果	7 分钟	进一步熟悉案例背景
	教师概括碧桂园集团情况	3 分钟	便于了解案例信息
	分组讨论，并当堂完成案例分析报告	30 分钟	结合案例分析问题，将小组案例分析报告成绩作为小组成员的一次平时成绩
	选 2~3 组学生代表将本组讨论结果与大家分享	10 分钟	结合理论分析问题，增强学生的参与感，并提示学生关注点
	教师将思政元素运用其中，进行归纳总结	10 分钟	归纳用到的关键理论，并对各小组表现做一个简单点评
课后	请同学们继续关注碧桂园集团的发展	—	增强记忆，巩固知识

（五）总结

碧桂园是我国房地产行业的引领者，在国外拥有多个项目，能取得如今的地位必然有其优势所在，是值得同行去学习借鉴的，但任何企业都不是完美的，要想把一家家族企业做成百年企业，把房地产企业做成可持续发展的企业，需要正视自身存在的一些问题，更要抓住机遇改革创新，构建新发展格局，贯彻可持续多元化发展理念，走可持续发展的道路。

四、参考文献

［1］季聿阳. 碧桂园公司资本结构优化研究［J］. 时代金融，2020.

［2］孟瑞鑫. 碧桂园资本结构存在的问题及对策研究［D］. 天津：天津财经大学，2019.

［3］王甲迎. 碧桂园集团多元化融资策略及经济后果分析：基于企业生命周期视角［J］. 财会通讯，2018（8）：101-105.

［4］习近平. 高举中国特色社会主义伟大旗帜 为全面建设社会主义现代化国家而团结奋斗 ——在中国共产党第二十次全国代表大会上的报告［R/OL］.（2022-10-16）［2023-01-08］.https://www.gov.cn/gongbao/content/2022/content_5722378. htm.

中概股药明康德“一拆三”回归上市

池昭梅　肖智华

一、案例正文

药明康德成立于2000年12月，它由一个650平方米的化学服务实验室起步，逐步发展为全球领先的、开放式的，具有一体化医药研发服务能力和技术平台。其服务范围涵盖化学药研发和生产、细胞及基因疗法研发和生产、医疗器械测试等领域。作为一家医药研发行业的“领头羊”企业，药明康德成立仅7年就远赴海外登陆纽交所，在13年里历经5次跨资本市场上市，并创造了多个中概股回归我国资本市场的第一，包括：首例海外上市公司子公司挂牌新三板、第一个成功以“分拆上市”回归的中概股企业、首例“新三板+港股+A股”上市的中概股、首例以IPO形式回归A股的中概股。如此看来，药明康德IPO回A之路十分特殊，被投行人士称为“样本案例”。表1展示了药明康德2000—2019年的发展历程。

表1　药明康德2000—2019年的发展历程

年份	事件	年份	事件
2000	公司成立	2013	成立康德保瑞
2001	推出新药研发化学服务		STA通过美国FDA认证
2003	推出工艺研发服务		基因组学临床实验室获美国CLIA认证
2004	推出生产服务	2014	收购美国美斯诺公司
2005	推出生物分析服务		建设新材料表征实验室
2006	推出生物服务		新建细胞疗法生产工厂
	成立天津药明		在常州新建药物研发和cGMP生产基地
2007	建立毒理及制剂服务		HPAPI实验室投入运营
	在美国纽交所上市	2015	收购NextCODE集团
2008	收购Apptec公司		合全药业挂牌新三板
	推出一体化研发服务		新建动物细胞培养基地
2009	成立苏州药明		肿瘤模型移动信息数据平台OncoWuxi上线
	建立苏州毒理服务基地		推出医疗器械测试服务
2010	建立合全药业规模生产基地		完成WX私有化退市

表1（续）

年份	事件	年份	事件
2011	成立药明康德基因中心	2016	收购德国药物发现服务供应商 Crelux
	推出生物药业务	2017	收购美国临床研究机构 Research Point Global
	收购百奇生物		收购辉源生物
	推出临床研发注册服务		拆分大分子生物药业务，登陆 H 股
	收购津石杰成	2018	药明康德 IPO 登陆 A 股
	成立武汉药明		药明康德登陆 H 股
		2019	合全药业摘牌

资料来源：根据药明康德官网披露信息整理。

（一）药明康德赴美上市

2004年6月，药明康德实际控制人李革在英属维京群岛设立离岸公司WXPTBVI（无锡维京），开始着手海外红筹架构的搭建。随后李革于2007年3月在开曼群岛设立WuXiPharmaTech（Cayman）（无锡开曼，以下简称WuXiCayman）。同年6月，WXPTBVI股东以其持有全部股份以1∶1的比例与WuXiCayman股东实施换股，此时药明康德的可变利益实体（VIE）搭建完成。2007年8月9日，WuXiCayman作为上市主体登录美国纽约证券交易所，股票代码“WX”，实现了1 516万股美国存托股份（美国存托股ADS，每一ADS代表8普通股）的首次公开发行，发行价为14美元/ADS，IPO融资总金额为1.85亿美元，此次IPO所筹资金将用于一个新的药品安全评估中心建设、可能的收购以及一个新药生产厂的扩建等，开盘当日，药明康德股票涨幅超过40%，总市值逾11亿美元。

（二）“一拆三”回归第一步，合全药业挂牌新三板

合全药业是药明康德的全资子公司，主要经营业务为小分子药物中间药、原料药和制剂的CMO/CDMO服务业务平台。2015年2月12日，全国中小企业股份转让系统向合全药业发布《关于同意上海合全药业股份有限公司股票在全国中小企业股份转让系统挂牌的函》。2015年4月3日，合全药业（股票代码832159）在新三板成功挂牌，开创了海外上市公司子公司挂牌新三板的先例。当日股票的发行价为69.65元/股，根据招股说明书，本次募集资金不超过4.99亿元，公司以非公开定向发行的方式发行股票不超过716万股，发行对象包括机构投资者、自然人及现有股东，此次募集资金将主要用于扩大产能，目前全球前15家制药公司中的前13家都与合全药业开展了业务合作。推动合全药业在新三板挂牌是药明康德私有化退市的前期准备。

（三）药明康德私有化退市

在合全药业成功挂牌新三板不足一月，李革联合汇桥资本（Ally Bridge Group Capital Partners）组成私有化财团，于2015年4月29日向WuXiGayman董事会发出无约束力的下市要约。根据要约，李革及汇桥资本以5.75美元/股的价格收购其他WuXi-Gayman股东持有的股份。同年12月10日，WuXiGayman于纽约证券交易所退市，退市前其总市值为32.59亿美元，约为210亿元人民币。此次私有化退市是一次反向吸收合并的私有化退市，先由李革在开曼群岛注册全新母公司New WuXi Life Science

Limited，随后又在其下设全资子公司 WuXiMerger Limited，WuXiMerger Limited 和上市主体 WuXiGayman 进行反向吸收合并，合并后 WuXiGayman 作为 New WuXi Life Science Limited 的全资子公司继续存续。这次私有化总成本约为 33 亿美元，其中包括 8 亿美元的并购贷款和 3 亿美元的管理层贷款的债务融资，本次交易价格为 46 美元/ADS，为 4 月份提出私有化要约前一天收盘价（39.5 美元/ADS）的 16.5%溢价。

（四）“一拆三”回归第二步，药明生物登陆港股

药明生物的前身是药明康德的生物药研发及生产服务部门，登陆香港主板。股票发行价格为 20.6 港元/股，合计发行数量为 1.92 亿股，上市当日即获得 37.4 倍的超额认购，此次上市融资 31.65 亿港元，募集资金主要用于业务拓展、偿还银行融资及营运资金。值得说明的是，此时药明生物已经从药明康德剥离出来，成为独立的公司，不属于药明康德的合并范围，但药明康德的 4 名创始人直接或间接通过 Biologics Holdings、G&C Limited 等持股机构控制药明生物 96.48%的表决权。

（五）“一拆三”回归第三步，药明康德 IPO 闪电上市 A 股

2017 年 3 月 23 日，药明康德在其官网上发布了上市辅导公告，正式启动 A 股 IPO 流程，这与此前部分财经媒体报道的“药明康德主营业务部分将采取借壳的形式在内地 A 股上市”不同。

2018 年 2 月，证监会发行部表示，对包括生物科技、云计算、人工智能、高端制造在内的四大新经济领域的“独角兽”企业开通 IPO“绿色通道”，符合相关规定者即报即审，不用排队。在得到“‘四新’‘独角兽’企业上市即报即审”的政策支持下，2018 年 5 月 7 日，药明康德正式在上交所挂牌上市（股票代码 603259）。当日股票发行价为 21.6 元/股，合计发行数量为 1.04 亿股，融资 22.50 亿元，募集资金将用于苏州药物安全评价中心扩建项目、天津化学研发实验室扩建升级项目、药明康德总部基地及分析诊断服务研发中心项目，并补充流动资金。公司上市后历经连续 16 个涨停，总市值达 1 354 亿元，市盈率 115 倍，一举反超市值为 1 146 亿元的云南白药和总市值为 1 323 亿元的中国生物制药，位居国内上市医药股第二。药明康德从预披露到过会，仅历时 50 天，仅次于此前 36 天过会的富士康，率先拿到 IPO 批文，由此成为监管层双轨制新思路下的第一棒，首只通过 IPO 回归 A 股的中概股，被投行人士称为“样本案例”。

药明康德创始人李革表示药明康德私有化回归的根本原因是美股市场投资者过于关注短期业绩，企业实施大型战略投资就比较困难，如在 2015 年 3 月，药明康德发布财报表明其持续发展的重点平台板块和新兴投资机会，其中包括基因组学、细胞疗法、生物技术和医疗器械等领域多项投资，结果其股价下跌超过 20%。药明康德作为 CRO 龙头企业需要保持创新，但却不能够得到海外投资者的正向激励，因此企业战略布局推动需要私有化回归。

（六）药明康德赴港上市

2018 年 7 月 1 日，药明康德发布公告宣布，其董事会同意公司发行境外上市外资股（H 股）并申请在港交所主板挂牌上市。同年 12 月 13 日，药明康德正式在香港联交所主板挂牌上市（股票代码 2359）。当日股票发行价格为 68 港元/股，共发行约 1.16 亿股，募集资金净额约 75.53 亿港元。根据招股说明书，此次发行 H 股募集资金将主要用于在全球范围扩大所有业务部门能力和规模的建设、外延并购 CRO 及 CDMO/CMO 公司、投资布局大健康生态圈建设、开发医药健康领域前沿科技、偿还银行贷款、补充运营资金等。而此时距离 2018 年 5 月药明康德 A 股上市仅有半年多的时间。随着药明康德 H 股的成功发行，药明康德成功实现“A+H”股双资本平台的落地，也成为继复星医药、上海医药等之后第六家同时在 A 股、H 股两地上市的医药公司。

（七）合全药业摘牌

合全药业自 2015 年挂牌新三板后至 2019 年的 4 年时间里，多次增发募集资金，募集资金超过 20 亿元，公司总市值也随之上涨。2019 年 3 月 8 日，合全药业宣布重大事项停牌。3 月 10 日，母公司药明康德发布公告表示，为使合全药业专注于长期发展策略和提高运营效率，并节省不必要的行政及挂牌相关成本，同意公司提议合全药业从新三板申请股票终止挂牌。对于外界“合全药业摘牌是为了去科创板上市做准备”的猜测，公司在 2019 年 4 月 8 日发布的《上海合全药业股份有限公司关于公司股票恢复转让的公告》中回应“合全药业将专注于主营业务发展，自公司股票从全国股转系统终止挂牌之日起三年内，不谋求通过首次公开发行股票或借壳等方式在任何中国境内及境外证券交易所上市”。停牌前合全药业股价为 48.09 元/股，对应市值已超过 190 亿元。2019 年 6 月 25 日，合全药业发布《关于公司股票在全国中小企业股份转让系统终止挂牌的公告》，次日起终止挂牌。

二、案例的思政元素

本案例的思政元素主要有：

（一）从企业实际出发进行筹资管理

企业生产经营活动要想取得成功，以资金筹集为前提条件和保障，而市场生产经营大环境、企业对外投资的能力和市场需求，企业自身调节资本结构的需要，都是客观实际，决不能忽视，要尊重客观，从实际出发，以符合事物本质的方式方法去行动。

在财务管理中，资金筹集是企业生产经营活动的前提条件，也是企业再生产顺利进行的保证。企业需要根据其生产经营、对外投资以及调整资本结构的需要，通过一定的筹资渠道，采取适当的筹资方式，经济有效地筹措资金。

（二）发挥主观能动性综合分析确定企业的筹资方式

筹资方式是企业筹集资金时所采用的具体形式。筹资渠道是客观存在的，而筹资方式选择则属于企业的主观能动行为。企业在进行筹资管理时，既要分析宏观政策、市场环境等外部因素，又要考虑企业发展战略、财务风险、资本结构等内部因素，还要认识筹资方式的种类和特点，选择有利于企业的筹资方式并有效地进行筹资组合，从而降低资金成本，提高资金使用效益，才能促使企业健康发展。

（三）坚持推动具有中国特色的多层次资本市场建设

2014 年 3 月 5 日，时任国务院总理李克强在政府工作报告中指出，要深化金融体制改革，加快发展多层次资本市场，推进股票发行注册制改革，规范发展债券市场。同年 3 月 25 日，李克强总理主持召开国务院常务会议指出：“加快多层次股权市场建设，鼓励市场化并购重组，完善退市制度，促进上市公司提高效益，增强持续回报投资者能力。”2014 年 5 月 9 日，国务院印发《关于进一步促进资本市场健康发展的若干意见》，"加快建设多渠道、广覆盖、严监管、高效率的股权市场"，将区域性股权市场纳入多层次资本市场体系。党的二十大报告中指出，深化金融体制改革，建设现代中央银行制度，加强和完善现代金融监管。这对拓展企业融资渠道，建立多层次资本市场，弥补金融体系短板具有重要指导意义，为新时代中国特色社会主义市场经济的金融建设指明了方向。

多层次资本市场的本质是风险的分层管理。对于融资主体而言，企业的资产规模、行业类型、发展阶段、财务状况不同，其发行在外的证券化资本具有不同的风险特征；对于投资主体而言，专业水平、投资能力、风险承受能力和风险偏好等方面具有较大差异。最大限度地满足投融资需求不能单纯依靠降低法定条件来实现，只能通过构建多层次市场体系，对风险进行分层管理，来扩大资本市场的适应范围。2018 年 11 月 5 日，习近平总书记在首届中国国际进口博览会开幕式上宣布在上海证券交易所设立科创板并试点注册制。随着 2019 年 6 月 13 日科创板正式开板，现阶段我国已建成主板市场、科创板市场、创业板市场、新三板市场、区域性股权交易市场等具有中国特色的多层次资本市场。

我国资本市场经过 30 多年的发展探索，已经成为全球领先的市场，并建立了证券市场"穿透式监管"等一系列获得国际社会认同和肯定的监管制度，向全世界贡献了中国智慧和中国方案。在资本市场对外开放过程中，要坚定制度自信，坚持符合我国国情、保护投资者利益的监管制度，建设现代化的、既富有全球竞争力、又具有中国特色的多层次资本市场，为全面建成社会主义现代化强国做出新的更大的贡献。

（四）学习和运用事物发展是曲折性与前进性相统一的观点分析问题

人类社会发展的总趋势是前进的、上升的，而道路是曲折的、迂回的，是前进性和曲折性的统一，这是一切事物发展的总趋势。在历史发展过程中，新事物否定旧事物，不是对旧事物的简单抛弃，而是有所抛弃、有所发扬，有所否定、有所肯定，即辩证的否定。旧事物中积极的东西作为新事物的要素而成为新事物的组成部分。特别是经过"肯定—否定—否定之否定"的一个周期之后，第三阶段的事物集中了前两个阶段事物各自的积极因素，成为更高级、更完善的东西。因此，事物发展的总趋势是前进的、上升的。然而，由于矛盾双方斗争此消彼长或此长彼消的复杂性，由于人们认识不可避免的局限性和反复性，决定了事物的前进运动并不是直线的，而是曲折的、迂回的，表现为波浪式发展、螺旋式上升。

毛泽东曾说："革命的道路，同世界上一切事物活动的道路一样，总是曲折的，不是笔直的。"我们需要用发展的观点去分析问题，要有创新精神，破除墨守成规、安于现状的旧观念，取其精华，弃其糟粕，促进新事物的成长，又要勇敢接受发展过程中的挫折与考验，不断克服前进道路上的各种困难。

我国资本市场的发展和中概股海外上市、退市回归的发展趋势充分反映了发展是曲折性与前进性相统一的。我国资本市场经过 30 多年的发展探索，已建成主板市场、科创板市场、创业板市场、新三板市场、区域性股权交易市场等具有中国特色的多层次资本市场，并试点科创板股票发行使用注册制，这对拓展企业融资渠道，弥补金融体系短板具有重要现实意义。而中概股海外上市、退市回归的发展趋势一方面反映了我国监管层对待中概股回归的态度从支持与鼓励，到沉默，再到"不欢迎"，进而再到明朗清晰；另一方面也反映我国资本市场相关监管政策得到了健全和完善。

三、案例使用说明

（一）教学用途与教学目标

1. 教学用途

本案例为分析型案例，适用于本科生财务管理课程中“筹资管理”的知识点的教学和培训。

2. 教学目标

（1）知识层面

理解概念：筹资管理。

掌握理论：筹资概述、筹资目的、筹资方式。

（2）能力层面

系统思维能力：老师对筹资管理的概念，筹资目的与原则、筹资方式和其他相关理论进行讲解，帮助学生全面掌握各种筹资方式的优缺点和使用情况。

判断实践能力：根据案例材料，设置2~3个由浅入深、由知识到能力的问题，通过解答问题，帮助学生形成“理论到实践、实践到理论”的思维方式，使学生能结合宏观政策、市场环境等外部因素和企业发展战略、财务风险、资本结构等内部因素进行分析，善用相关的理论知识，提出合理解决方案，帮助企业选择适宜的筹资方式并有效地进行筹资组合，从而降低资金成本，提高资金使用效益。

（3）素质层面

形成专业意识：培养学生运用物质和意识辩证关系原理进行筹资管理，运用唯物辩证法的联系观和方法论进行筹资方式选择，运用事物发展是曲折性与前进性相统一的观点分析问题，了解建立具有中国特色的多层次资本市场在新时代中国特色社会主义市场经济的金融建设中发挥的重要作用，能够自觉地把思政元素与财务管理专业理论结合起来进行筹资管理，养成关注时事政治、热点问题、宏观经济形势及金融监管政策的学习习惯。

提高职业素养：培养学生积极投身社会主义现代化强国建设，让学生在日常生活中和以后的职业生涯中树立辩证思维，运用唯物辩证法的联系观和方法论、事物发展的总趋势原理和方法论分析解决实际问题。

（二）案例讨论的准备工作

1. 学生需要预习筹资管理的相关理论和知识，对不同筹资方式有一个初步认识。

2. 了解企业筹资管理的概念、各种筹资方式的特点。

3. 搜集我国多层次资本市场相关资料，了解不同的资本市场有何特点。

（三）案例分析要点

1. 启发思考题

（1）结合案例，请运用物质和意识辩证关系原理分析案例企业的筹资目的。

（2）结合案例，请运用唯物辩证法的联系观和方法论评价不同类型的筹资方式。

（3）结合案例，请运用事物发展是曲折性与前进性相统一的观点分析我国资本市场的发展和中概股海外上市、退市回归的发展趋势。

2. 分析思路

思考题（1）、思考题（2）是基于“筹资管理”的知识点而提出的；思考题（3）作为拓展性知识点，由授课教师根据授课需要自行选择带领学生延伸学习。

（1）运用物质和意识辩证关系原理剖析案例企业的筹资目的。

理论知识点：筹资目的。

企业筹资就是企业根据其生产经营、对外投资以及调整资本结构的需要，通过一定的筹资渠道，采取适当的筹资方式，经济有效地筹措资金的过程。资金筹集是企业生产经营活动的前提条件，也是企业再生产顺利进行的保证。企业筹资目的通常有满足生产经营的需要、满足对外投资的需要、满足调整资本结构的需要，等等。案例企业主要是通过发行股票进行筹资，案例企业进行了5次跨资本市场上市，每次发行股票的目的不同，具体如表2所示。

表2　案例企业发行股票筹资目的

上市企业	上市时间	资本市场	筹资目的
药明康德	2007.08.09	美国纽约证券交易所	药品安全评估中心建设、外延并购、新药生产厂扩建
药明康德子公司合全药业	2015.04.03	新三板	扩大产能
拆分药明康德的生物药研发及生产服务部门组建药明生物	2017.06.13	香港联交所主板	业务拓展、偿还银行融资及营运资金
药明康德	2018.05.07	上海证券交易所	安全评价中心和实验室扩建、总部基地及分析诊断服务研发中心建设，补充运营资金
药明康德	2018.12.13	香港联交所主板	扩大规模建设、外延并购、投资布局大健康生态圈建设、开发前沿科技、偿还银行贷款、补充运营资金

（2）运用唯物辩证法的联系观和方法论剖析案例企业筹资方式。

理论知识点：筹资方式

筹资方式是指企业筹集资金所采用的具体形式。筹资方式可以分为短期筹资的方式和长期筹资的方式。短期的筹资方式主要包括商业信用、短期借款、短期融资券、应付费用等。长期的筹资方式主要包括吸收直接投资、发行股票、发行债券、长期借款、融资租赁等。每一种筹资方式具有各自特有的优点和缺点（见表3），需要企业认识筹资方式的种类和特点，因地制宜地选择有利于企业的筹资方式并有效地进行筹资组合，从而降低资金成本，提高资金使用效益。

表3　各种筹资方式及其优缺点

筹资方式	优点	缺点
商业信用	①伴随商品交易而产生，无须正式办理筹资手续。 ②与银行借款相比，限制条件较少。 ③如果没有现金折扣，以及使用不带息商业汇票，商业信用筹资不负担成本	①信用期限一般较短。 ②如果放弃现金折扣，则要付出较高的成本。 ③展延付款期会影响企业信誉
短期借款	①相比于长期借款，筹资效率较高。 ②筹资的弹性较大，便于企业灵活安排	①短期内要归还，筹资风险高。 ②实际利率较高，尤其是在补偿性余额和附加利率的情形下
短期融资券	①融资成本较低，利率通常低于银行同期贷款利率。 ②筹资数额比较大。 ③发行短期融资券可以提高企业信誉和知名度	①不能展期，持有人较分散。 ②有发行成本，资金需求量需要满足一定数额才比较经济。 ③限制条件比较严格
应付费用	伴随企业生产经营活动自然产生，可供企业在一定期限无条件占用，是免费的短期资金来源	拖欠应付费用可能会给企业带来损失
吸收直接投资	①能够提高企业的资信和借款能力。 ②能使企业尽快形成生产能力，将产品迅速推向市场。 ③有助于企业之间强强联合，优势互补。 ④与负债筹资相比，不存在还本付息的压力，财务风险小	①资金成本较高。 ②容易分散企业控制权。 ③筹资范围小，不能面向大众筹资。 ④不以股票为媒介，产权关系有时不够明晰，不便于转让
发行普通股	①具有永久性，无到期日，不须归还。 ②没有固定的股利负担，给公司带来的财务负担较小。 ③能够反映公司的实力，可作为其他方式筹资的基础，增强公司的举债能力。 ④由于普通股的预期收益较高并可一定程度地抵销通货膨胀的影响，因此普通股筹资容易吸收资金	①普通股的资本成本较高。 ②会增加新股东，这可能会分散公司的控制权。 ③上市公司需要承担较大的信息披露成本，间接增加了保护公司商业秘密的难度
发行优先股	①财务上灵活机动。 ②财务风险小。 ③不减少普通股票收益和控制权	①优先股票筹资的资金成本较高。 ②股利支付的固定性
发行债券	①债权筹资的范围广、金额大。 ②具有长期性和稳定性。 ③具有财务杠杆作用	①财务风险大。 ②限制性条款多，资金使用缺乏灵活性
长期借款	①融资速度快。 ②借款弹性大。 ③可以发挥财务杠杆作用。 ④有助于保守企业财务秘密	①限制条件多。 ②融资数量有限。 ③财务风险高
融资租赁	①减轻购置设备的现金流量压力。 ②可以降低资产折旧的风险。 ③筹资的限制条件少。 ④融资速度快	①资本成本较高。 ②形成企业的财务负担

在本案例中，案例企业主要采用发行股票的筹资方式。药明康德作为一家处于成长期的医药研发企业，急需资金进行产能拓建、业务拓展、外延并购及开发前沿科技，因此，债务融资一方面无法满足数额较大的资金需求，另一方面需要定期还本付息，企业面临的财务风险较高。因此通过股权融资满足生产经营、对外投资的需要是其结合发展趋势并经多方考虑的结果。

那么选择在何地上市，本案例为我们呈现了非常具有研究意义的情况。起初，药明康德赴美上市并非偶然，这与国内资本市场监管政策、国家产业政策，以及投融资政策等宏观政策环境密切相关。由于国内资本市场初创期市场不成熟，一大批新兴企业无法实现国内上市，又急需资金与资本的支持，因而它们只能寻求海外上市。随后，由于美股市场投资者过于关注短期业绩，药明康德实施大型战略投资就比较困难，再加上国内多层次资本市场建设逐步健全，药明康德私有化回归。

药明康德私有化回归的路径向我们展示了“一拆三”回归上市的方式。最初，药明康德要回归中国市场，需要在短时间内获得投资者的认可，在证监会未开放“绿色通道”前短期内上市 A 股是不现实的，由于新三板准入门槛低，申报流程短，选择拆分规模较小的合全药业在新三板上市是较为灵活且适宜的选择。而随后药明生物登陆港股则出于两个原因，一是当时药明康德回归 A 股，无论是上市主体条件还是上市政策环境均不满足最佳条件；二是拆分旗下大分子生物药部门创建药明生物登陆港股是出于其业务细分的战略布局，同时登陆港股能够提升药明康德的国际知名度。接着药明康德通过 IPO 上市，一是得到我国对“‘四新’‘独角兽’企业上市即报即审”的政策支持，二是采用借壳上市或仅靠合全药业挂牌新三板无法达到主板 IPO 的名誉效应。接着，药明康德迅速筹划 H 股发行，也有两方面的原因。第一，是为了弥补资本遇冷，“A+H”股双融资平台将提供强有力的资本支持；第二，相对于较为封闭的 A 股股市，长远看港股开放程度更胜一筹，药明康德的 CRO 业务主要面向国际市场，采用“A+H”股的模式能够重塑其国际形象，提升国际声誉，提高海外投资者对其认可度，吸引更多海外客户合作，推促企业全球业务发展。通过“一拆三”回归上市，药明康德还大幅度提升了其市值，可谓“名利双收”。

（3）拓展：运用事物发展是曲折性与前进性相统一的观点对我国资本市场的发展和中概股海外上市、退市回归的发展趋势进行分析。

说明：思考题（3）知识点不在本科生财务管理课程的教学大纲中，属于拓展性知识点，由授课教师根据授课需要自行选择带领学生延伸学习。

教学建议：知识点“中国资本市场体系”属于具有中国特色社会主义的中国智慧和中国方案，建议授课教师引导学生采用分组收集资料的方式进行分享学习，掌握程度为了解。知识点“中概股海外上市、退市回归的发展趋势”理解难度较高，由授课教师根据学生能力和课程授课安排自行选择是否作为教学内容。

理论知识点：中国资本市场体系（见表 4）、中概股海外上市、退市回归的发展趋势。

表4　我国多层次资本市场体系及上市条件

板块	主板	科创板	创业板	新三板
设立时间	1990.12	2019.07	2009.09	2013.12
发行审查	核准制	注册制	注册制	核准制
经营年限	持续经营大于3年	持续经营大于3年	持续经营大于3年	满两年
盈利要求	最近三个会计年度净利润为正，且累计超过3 000万元；最近三个会计年度经营活动产生的现金流量净额累计超过5 000万元，或者最近三个会计年度营业收入累计超过3亿元	连续两年营利，净利润累计不少于400万元；或最近一年营利，营业收入不少于2 000万元；或市值不少于2亿元，最近一年营业收入不少于2 000万元，最近两年经营性活动产生的现金流净额累计不少于200万元；或市值不少于3亿元，最近一年营业收入不少于2 000万元；或市值不少于6亿元，总资产不少于6 000万元，净资产不少于4 000万元	最近两年连续营利，净利润累计不少于1 000万元；或最近一年营利，最近一年营业收入不少于5 000万元	具有经营能力
资产要求	最近一期末无形资产占净资产比例不高于20%，最近一期末不存在未弥补亏损		最近一期末净资产不少于2 000万元，且不存在未弥补亏损	无限制
股本要求	发行前总股本不少于3 000万股	发行后股本总额不低于人民币3 000万元；公开发行的股份达到公司股份总数的25%以上；公司股本总额超过人民币4亿元的，公开发行股份的比例为10%以上	发行后股本总额不少于3 000万股	无限制
实际控制人	最近三年内未发生变更	最近两年内未发生变更	最近两年内未发生变更	无限制
涨跌幅	10%	20%	20%	无限制

我国资本市场经过30多年的发展探索，已建成主板市场、科创板市场、创业板市场、新三板市场、区域性股权交易市场等具有中国特色的多层次资本市场，向全世界贡献了中国智慧和中国方案。在资本市场对外开放过程中，我们要坚定制度自信，坚持符合我国国情、保护投资者利益的监管制度，建设现代化的、既富有全球竞争力又具有中国特色的多层次资本市场，为全面建成社会主义现代化强国做出新的更大的贡献。

在20世纪末到21世纪初的几十年间，一大批中国创业、创新型企业远赴海外证券市场上市，并非偶然现象。这与当时国内资本市场监管政策、国家产业政策，以及投融资政策等宏观政策环境密切相关。国内资本市场初创期的不成熟，使得一大批新兴企业无法实现国内上市。然而这些企业的发展又急需资金与资本的支持，寻求海外上市更多是无奈的选择。在党的十八大以后，国家在推动经济转型升级与金融变革方面提出了诸多政策设想，并将部分政策落地实施。2015 年 9 月，《国务院关于加快构建大众创业万众创新支撑平台的指导意见》发布，提出了中国在经济发展新常态下，实现新旧发展动能转换的国家新战略。在此背景下，海外中概股逐步选择回归国内资本市场，并将在国内的发展作为战略性选择。然而，伴随中概股回归热潮，部分资质较差、发展前景不明朗的企业浑水摸鱼，回归我国资本市场也引发了一些负面影响，从而引起监管机构的关注。在 2017 年证券期货监管工作会议上，证券最高监管层关于“在美国上市不回来，一样是服务国家战略”的表态，使得中概股回归上市政策逐渐收紧。近年来，经历了中概股回归政策短暂的寒冬，证监会等监管机构对待中概股回归我国资本市场的态度愈加开放与包容。2018 年 2 月，证监会发行部表示，对包括生物科技、云计算、人工智能、高端制造在内的四大新经济领域的“独角兽”企业开通 IPO“绿色通道”，符合相关规定者即报即审，不用排队。同年 3 月，证监会表示将尽快出台中国存托凭证制度（CDR），进而推动中概股企业回归 A 股上市，2023 年 2 月，《存托凭证发行与交易管理办法（试行）》公布，明朗的政策形势又重新让计划回归我国资本市场的中概股看到希望。从支持与鼓励，到沉默，再到“不欢迎”，进而再到明朗清晰，这也反映着伴随新时代中国特色社会主义市场经济的发展，我国资本市场相关监管政策逐步得到健全和完善。

（四）教学组织方式

建议用本案例完成“筹资管理”全部知识点的教学，不再安排教师理论讲授的时间。一般安排 3 个课时（120 分钟）。案例的教学组织安排如表 5 所示。

表 5　案例的教学组织安排

学习阶段	学习内容	时间限制	学习目标
课前	要求学生分组，并预习课本知识，搜集相关资料	提前 2 天	熟悉案例背景，分组搜集我国多层次资本市场资料
课中	教师展示有关筹资概述、筹资目的和原则，筹资方式的相关理论和案例	40 分钟	进一步熟悉案例背景
	分组讨论，当堂完成案例分析报告	30 分钟	结合理论分析问题，将小组案例分析报告成绩作为小组成员的一次平时成绩
	随机抽取 3 个小组发言	每组 5 分钟	结合理论分析问题，要求概述理论依据，结合具体问题分析
	随机抽取 3 个小组分享搜集到的资本市场相关资料	每组 5 分钟	分享交流，了解具有中国特色的多层次资本市场体系
	引导全班进一步讨论，并进行归纳总结，将思政元素与财务管理理论进行结合，引导学生学会运用财务管理理论知识、唯物辩证法的联系观和方法论解决现实问题	20 分钟	归纳用到的关键理论、知识点，并对各组表现做一个简单的点评

表5（续）

学习阶段	学习内容	时间限制	学习目标
课后	请学生继续复习筹资管理内容与方法，下次课用 5 分钟进行回归提问		增进记忆，巩固知识

（五）总结

企业生产经营活动要想取得成功，资金筹集必然是其前提条件和保障。企业需要根据其生产经营、对外投资以及调整资本结构的需要，运用唯物辩证法的联系观和方法论并结合宏观经济环境和实际情况进行分析，从而采取适当的筹资方式，经济有效地筹措资金。

四、参考文献

［1］马英华，王秋霞. 财务管理［M］. 北京：人民邮电出版社，2016.

［2］《马克思主义与社会科学方法论》编写组. 马克思主义与社会科学方法论［M］. 北京：高等教育出版社，2018.

［3］《马克思主义基本原理概论》编写组. 马克思主义基本原理概论［M］. 北京：高等教育出版社，2018.

［4］张立洲，乔加伟. 海外中概股回归于上市之路［M］. 北京：中信出版社，2017.

［5］US Securities and Exchange Commission. PROSPECTUS[EB/OL].(2007-08-08)[2023-01-03].https://www.sec.gov/Archives/edgar/data/1403132/000119312507177145/d424b4. html.

［6］全国中小企业股份转让系统. 关于同意上海合全药业股份有限公司股票在全国中小企业股份转让系统挂牌的函[EB/OL].(2015-02-12)[2023-01-15].http://www.neeq.com.cn/disclosure/2015/2015-02-27/1425026714_923450. pdf.

［7］合全药业. 股票发行情况报告书[EB/OL].(2015-08-24)[2023-01-15].http://www.neeq.com.cn/disclosure/2015/2015-10-15/1444898768_108036. pdf.

［8］US Securities and Exchange Commission. CERTIFICATION AND NOTICE OF TERMINATION OF REGISTRATION[EB/OL].(2015-12-21)[2023-01-16].https://sec.report/Document/0001193125-15-408300.

［9］药明康德. 首次公开发行股票招股说明书[EB/OL].(2018-04-23)[2023-01-16].https://static.wuxiapptec.com/d0/20190417/d019601225ba7562. pdf.

［10］药明生物. 招股说明书[EB/OL].(2007-05-31)[2023-01-16].https://doc.irasia.com/listco/hk/wuxibiologics/listingdoc/cl170531. pdf.

［11］药明康德. 招股说明书[EB/OL].(2018-12-03)[2023-01-17].https://static.wuxiapptec.com/58/20190121/58b064d90fc4f99c.pdf.

［12］全国中小企业股份转让系统. 关于上海合全药业股份有限公司股票终止挂牌的公告[EB/OL].(2019-06-24)[2023-01-17].http://www.neeq.com.cn/uploads/1/file/public/201906/20190625174350_qqtict61y6. pdf.

[13] 合全药业. 关于公司股票恢复转让的公告[EB/OL].(2019-04-08)[2023-01-18].http://www.neeq.com.cn/disclosure/2019/2019-04-08/1554720166_926737.pdf.

[14] 列宁. 列宁选集 [M]. 北京：人民出版社，1995.

[15] 毛泽东. 毛泽东选集 [M]. 北京：人民出版社，1991.

[16] 新华社. 政府工作报告[EB/OL].(2014-03-14)[2023-01-18].http://www.gov.cn/guowuyuan/2014-03/14/content_2638989.htm.

[17] 人民网. 李克强主持召开国务院常务会议[EB/OL].(2014-03-25)[2023-01-19].http://cpc.people.com.cn/n/2014/0325/c64094-24734805.html.

[18] 人民网. 习近平在中国共产党第十九次全国代表大会上的报告[EB/OL].(2018-11-05)[2023-01-20].http://cpc.people.com.cn/n1/2017/1028/c64094-29613660.html.

[19] 新华社. 习近平在首届中国国际进口博览会开幕式上的主旨演讲[EB/OL].(2018-11-05)[2023-01-20].http://cpc.people.com.cn/n1/2018/1105/c64094-30382600.html.

[20] 第一财经. 药明康德拟借壳 A 股 市值或成医药第一股[EB/OL].(2016-07-05)[2023-01-20].https://www.yicai.com/news/5038228.html.

[21] 澎湃新闻. 深交所总经理：要对“独角兽”企业在深交所上市开设绿色通道[EB/OL].(2018-03-05)[2023-01-20].https://www.thepaper.cn/newsDetail_forward_2018553.

万科集团的财务战略转型探析

杨　柳

一、案例正文

万科企业股份有限公司成立于1984年，1991年成为深圳证券交易所第二家上市公司。与制造业相比，房地产开发行业存货变现的时间更长，受到宏观环境和政策的影响更多，经营风险也更大。2006年以前，万科奉行“专注于住宅开发，通过资产高速周转来获得超额回报”的战略。2014年万科把“三好住宅供应商”的定位延展为“城市配套服务商”，2016年公司首次跻身《财富》“世界500强排行榜”并位列榜单第356位，2020年位列榜单第208位。2018年万科将定位进一步升级为“城乡建设与生活服务商”。万科始终坚持为普通人提供好产品、好服务。在住房领域，公司始终坚持住房的居住属性，坚持“为普通人盖好房子，盖有人用的房子”，在巩固住宅开发和物业服务固有优势的基础上，其业务已延伸至商业、长租公寓、物流仓储、冰雪度假、教育等领域。万科积极采用“5+2+X”工业化技术体系在该项目中为减少环境污染与节能减排方面做出了贡献。2019年，万科新开工业化项目面积占比达到85.83%；在全国52个城市落地垃圾分类项目，包含住宅社区378个、商业写字楼263个、零废弃办公项目52个。2021年3月2日，中国交通建设集团有限公司（以下简称“中交集团”）与万科企业股份有限公司（以下简称“万科集团”）在深圳签署战略合作协议。根据协议内容，达成战略合作后，双方将遵循“资源共享、优势互补、平等互利、市场主导”的原则，以建立长期性、战略性的业务合作关系和促进双方业务共同发展为目的，在全产业链条上开展合作。

（一）盈利能力——快速转换战略思路

由表1和图1的盈利能力指标我们可以看到，万科主营业务利润率、资产报酬率、净资产收益率和销售毛利率在2008年发生下跌，2009年跌至谷底，2010年又发生反转，达到顶峰。主要原因是，万科在2008年之后，迅速恢复“拿地模式”，各项盈利能力指标也显示着其高速的发展。但是，万科在2015年的主营业务有利润率和销售毛利率指标再一次跌至谷底，而净资产收益率和资产报酬率指标于2014年再一次跌至谷底，并在后一年逐渐回升。主要是由于2015年万科陷入股权事件进而影响了公司的整体运营。掀起这一风波的原因是姚振华领衔的深圳市钜盛华股份有限公司及其一致行动人，截至2015年12月31日其持有万科集团24.6%的股份，超过华润股份有限公司及其附属公司持有万科集团股份的9%，一跃成为万科的第一大股东。2016—2019年万科的主营业务利润率持续上升，从20.27%上升至27.3%，说明万科产品附加值不断升高，主营业务市场竞争力强，发展潜力大，获利水平高。

表 1　2006—2020 年万科盈利能力指标

盈利能力指标/%	2020 年	2019 年	2018 年	2017 年	2016 年	2015 年	2014 年	2013 年	2012 年	2011 年	2010 年	2009 年	2008 年	2007 年	2006 年
主营业务利润率	22. 75	27. 3	29. 7	25. 98	20. 27	20. 16	20. 95	22. 95	25. 97	28. 94	29. 61	22. 02	27. 94	30. 41	27. 33
净资产收益率	18. 49	20. 67	21. 68	21. 14	18. 53	18. 09	17. 86	19. 66	19. 66	18. 17	16. 47	14. 26	12. 65	16. 55	14. 48
资产报酬率	3. 41	3. 41	3. 43	3. 35	3. 58	4. 41	3. 96	3. 96	4. 29	4. 09	4. 31	4. 95	4. 19	5. 62	5. 33
销售毛利率	—	—	37. 48	34. 1	29. 41	29. 35	29. 94	31. 47	36. 56	39. 78	40. 7	29. 39	39	41. 99	37. 24

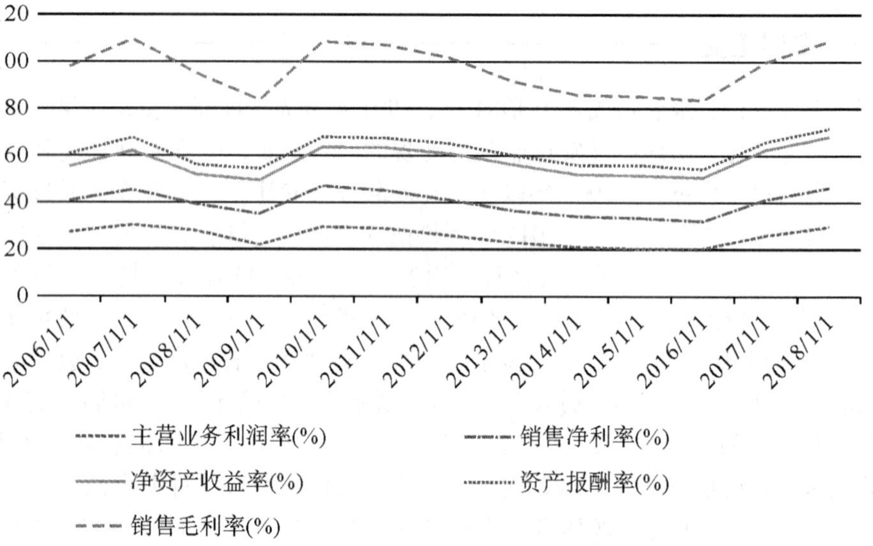

图 1　2006—2020 年万科盈利能力变化趋势

（二）融资方式——优化债务结构，提高财务风险的防范能力

2015 年后，万科的盈利能力指标持续上升，其中原因之一是万科在融资方面也积极尝试。由表 2 可知，2015—2020 年万科的流动比率控制在 1. 2 左右，速动比率控制在 0. 5 左右，资产负债率控制在 80%左右，说明万科具有一定的偿债压力。2015 年将不动产资源转化成流动性较强的可供投资的证券或股票等，推出了我国第一只公募 REITs。2016 年，国内首单地产供应链金融 ABS 在深圳证券交易所获得批准，它是以万科供应链为基础发行的，总金额近人民币 60 亿元。另外，万科集团通过公司债券、超短期融资券、中期票据等融资工具持续优化债务结构、降低融资成本，提升公司对财务风险的防范能力。截至 2019 年年底，万科集团净负债率为 33. 9%。截至报告期末，万科集团有息负债合计 2 578. 5 亿元，占总资产的比例为 14. 9%，有息负债以中长期负债为主。

表 2　2015—2020 年万科偿债能力指标

偿债能力指标/%	2020 年	2019 年	2018 年	2017 年	2016 年	2015 年
流动比率	1. 17	1. 13	1. 15	1. 2	1. 24	1. 3
速动比率	0. 41	0. 43	0. 49	0. 5	0. 44	0. 43
资产负债率	81. 28	84. 36	84. 59	83. 98	80. 54	77. 7

（三）激励机制——项目跟投制度

企业最核心的管理问题是，一定要把公司的组织绩效和部门的费用、员工的收入联动起来。这样一来，最重要的是将核心员工的收入提高。2017 年 6 月 30 日，郁亮在万科 2016 年股东大会表示，万科项目跟投制度是一个约束激励机制，并不是福利机制。它是把项目做成独立的项目公司，万科提供部分资金，外部资金与内部资金跟投。项目公司不在母体公司里面分股权，而是在二级公司里面。每个项目万科出一部分钱，外部融一部分资，另外公司内部跟投，三方资金一起投这个项目。

二、案例的思政元素

本案例的思政元素主要有：

（一）深化供给侧结构性改革

企业必须在国家法律法规允许的范围内选择投资项目，紧跟国家产业政策，坚持供给侧结构性改革，选择科学的投资决策方法，通过规范严谨的流程对投资项目进行事前可行性分析、定性和定量分析、投资过程管理和事后评价分析。

建设现代化经济体系，必须把发展经济的着力点放在实体经济上，把提高供给体系质量作为主攻方向，显著增强我国经济质量优势。加快建设制造强国，加快发展先进制造业，推动互联网、大数据、人工智能和实体经济深度融合，在中高端消费、创新引领、绿色低碳、共享经济、现代供应链、人力资本服务等领域培育新增长点、形成新动能。支持传统产业优化升级，加快发展现代服务业，瞄准国际标准提高水平。促进我国产业迈向全球价值链中高端，培育若干世界级先进制造业集群。加强水利、铁路、公路、水运、航空、管道、电网、信息、物流等基础设施网络建设。坚持去产能、去库存、去杠杆、降成本、补短板，优化存量资源配置，扩大优质增量供给，实现供需动态平衡。激发和保护企业家精神，鼓励更多社会主体投身创新创业。建设知识型、技能型、创新型劳动者大军，弘扬劳模精神和工匠精神，营造劳动光荣的社会风尚和精益求精的敬业风气。

2015 年以来，在房屋供需体系产生很大变化的环境下，一线城市和多数重要城市房产价格飞速攀升，大部分原因是来自投机和投资需要，由此造成的房地产泡沫危害值得我们关注。一些房地产开发商意识到房市向好，对投机者投其所好，大肆开发新盘，更有甚者，部分无良商家加杠杆热炒地价、捂盘不售，这些房企在短暂的房市繁荣里可以赚到利润，但从长期来看，它们不可能发展出自己的品牌和忠实的顾客，不利于企业长期发展。万科作为房地产行业的领头羊，在政策领导下坚持发展路线，成为行业榜样。

万科对总部重新规划进行定位，由专业化向战略型总部转型，即总部进行集团战略方面的决策，总部对区域中心实行的是战略管理，区域中心对一线城市实行的仍然是操作型管理。由此万科对各分支单位实行了投资决策、财务管理、资金管理、策划设计和人事方面的集权管理，而在其他方面主要扮演的是服务者的角色。万科所有的权力都集中在总部，但下属公司也并不是全然受上一级指挥，而是根据发展的需要和职能的种类划分，有些部门总部集权的程度极高，比如财务管理部门、资金管理部门、规划设计部门等；而其他职能部门，包括营销企划部门、工程管理部门等。资金管理方面，万科实行集权型的管理机构，董事会下设审计委员会、投资与决策委员会，在集团总部设立财务部、战略与投资部、资金中心。在供给侧结构性改革降成本要求下，万科集团在改革中的战略调整非常迅速，很快适应了市场发展方向，愈加重视规模与效益的平衡发展。

国家统计局公布的数据表明，2019 年我国 GDP 现价总量为 986 515 亿元，比初步核算数减少了 4 350 亿元；按不变价格计算，比上年增长 6%，比初步核算数下降 0.1 个百分点，这一增长速度，与发达国家比还是处于较高水平。据国家统计局统计，2020 年我国 70 个大中城市房屋销售价格上涨 7.6%，其中新建商品住宅价格上涨 8.2%，二手住宅价格上涨 7.4%房屋租赁价格上涨 2.6%。随着房屋租赁和售价的增加，同期房地产业的融资金额也在增长，在全国范围内的房地产的施工建筑面积也在逐年增长，当前中国楼市较大的问题是库存高。

从万科目前的发展趋势来看，还是会有比较长期的上涨空间。中期则有加速上涨趋势。

（二）推进绿色发展，加快建立绿色生产和消费的法律制度和政策导向，建立健全绿色低碳循环发展的经济体系

构建市场导向的绿色技术创新体系，发展绿色金融，壮大节能环保产业、清洁生产产业、清洁能源产业。推进能源生产和消费革命，构建清洁低碳、安全高效的能源体系。推进资源全面节约和循环利用，实施国家节水行动，降低能耗、物耗，实现生产系统和生活系统循环链接。倡导简约适度、绿色低碳的生活方式，反对奢侈浪费和不合理消费，开展创建节约型机关、绿色家庭、绿色学校、绿色社区和绿色出行等行动。着力解决突出环境问题，坚持全民共治、源头防治，持续实施大气污染防治行动，打赢蓝天保卫战。加快水污染防治，实施流域环境和近岸海域综合治理。强化土壤污染管控和修复，加强农业面源污染防治，开展农村人居环境整治行动。加强固体废弃物和垃圾处置。提高污染排放标准，强化排污者责任，健全环保信用评价、信息强制性披露、严惩重罚等制度。构建政府为主导、企业为主体、社会组织和公众共同参与的环境治理体系。积极参与全球环境治理，落实减排承诺。

万科集团一直坚持在推广建筑信息模型（BIM）建筑信息化技术的应用，该技术可以提高图纸质量、降低现场施工的变更需要。在设计 BIM 的同时，致力于开发新型的工程管理平台，并且正在努力将该平台技术投入东莞建筑研究中心基地植物园等项目中应用，试图实时采集在施工过程中，工人、工时、工序、工效和成本这些数据。在自有项目中，尝试发展能源管理系统的使用，对各种设备的实际运行状况和能耗情况进行实时采集，以采集的真实数据为基础，能够更加高效地为节能工作的进行做指导，努力实现真正的绿色节能，在以后的项目中能够作为样本起到指导作用。并且，绿色建筑的发展也是万科近年持续关注项目。党的十九大报告中指出，要像对待生命一样对待生态环境，形成绿色发展方式和生活方式，建设美丽中国。截止到 2020 年 9 月底，万科的“5+2+X”工业化技术体系逐渐成熟并继续改进升级，在全国各地得到大量推广应用，采用五件套工艺，将传统的施工周期减少了 15%~30%。同时在绿色节能减排方面，万科采用的铝合金模板可以循环反复利用，通过采用标准化设计，一套模板规范施工可翻转使用 300 次以上，且拆模后现场无任何垃圾，实现了减少环境污

染与节能减排的社会经济效益。根据笔者在万科某项目（建筑面积约 16 万平方米）的测算，采用万科“5+2+X”工业化技术体系在该项目中为减少环境污染与节能减排方面做出的贡献包括：节约标准煤约 320 吨、木材约 160 立方米、施工用水 5.4 万吨，减少施工垃圾约 160 吨，与传统施工方式相比，能耗减少约 20%。

（三）相对稳定与合理流动

辩证唯物主义在肯定物质运动的同时，也承认静止的存在，动中有静，静中有动；运动是绝对的，静止是相对的。

这一辩证关系完全适应人才的合理流动与相对稳定。一个地区、一个部门、一个单位，既需要有相对稳定的人才群体，又需要通过人才的合理流动更好地发挥人才效益。在人才的相对稳定中促进人才的合理流动，通过人才的合理流动保持人才的相对稳定，不仅是各地区、各部门、各单位在人才流动问题上应持的正确态度，也是各类人才媒介部门应把握的基本观点。在工作中要注意防止两种片面的、错误的倾向：一是否认运动的绝对性，片面夸大相对静止的作用，禁锢和制约人才的合理流动；二是否认静止的存在，否认事物质的稳定性，不注意人才群体的合理配置。

党的十八大以来，党中央高度重视人才工作，强调“要真诚关心人才、爱护人才、成就人才”。而早在古时，《礼记·大学》中即有言：“古之欲明明德于天下者，先治其国；欲治其国者，先齐其家；欲齐其家者，先修其身；欲修其身者，先正其心；欲正其心者，先诚其意；欲诚其意者，先致其知，致知在格物。物格而后知至，知至而后意诚，意诚而后心正，心正而后身修，身修而后家齐，家齐而后国治，国治而后天下平。”体现了古人极为智慧的人才思想。

“正”爱国报国“心”，则国兴也。“正心”即端正思想。“天下兴亡，匹夫有责”，个人命运与国家命运息息相关，人才唯有时刻保持爱国情、报国志，才能不断奋发图强，振兴中华民族。一要政治过硬，要紧密围绕在以习近平同志为核心的党中央，牢固树立“四个意识”，坚定“四个自信”，练就政治思想的坚固“防火墙”；二要爱国奉献，要深植爱国思想，把爱国奉献的热情转化为创新创造的不竭动力，不断推动自身拼搏进取，激发更多潜能，实现更大创造，以此全面建成社会主义现代化强国，实现中华民族伟大复兴中国梦。

在企业人力资本的管理上，最根本的是如何巩固现有的人力资本，然后才是如何对其进行激励以提升价值。如果企业没有给予管理层合适的薪资报酬，这些人很有可能会为追求更好的待遇而离开企业，甚至可能会变成企业的直接竞争对手，这将对企业自身的发展产生不利影响。由此可见，为了更好地留住对于企业而言宝贵的人力资源，企业需要向人才提供与其付出相匹配的薪资待遇。通常情况下，企业员工的薪酬待遇包括工资和奖金，然而，如果一个企业吸引人才的方式仅仅是发放高额的工资以及年终奖，一方面可能引发公众的过度关注，另一方面也将使得现金流的流出量较大。管理层股票期权激励的实质是让渡企业的经济利益，以这种方式实现留住既有人才的同时积极吸纳新的优秀人才加入企业的目标。同时，企业在制订股权激励计划时应该考虑加入一定的限制性条款用以约束被激励人员可能发生的离职行为，例如针对管理人员制定最低服务年限要求，若其提前离开企业，则取消已经给予的激励期权，从而使其谨慎考虑离职行为。

（四）依靠居安思危的政治清醒和勇于斗争的奋进姿态打开事业发展新天地

习近平总书记在学习贯彻党的二十大精神研讨班开班式上强调，推进中国式现代化“必须增强忧患意识，坚持底线思维，居安思危、未雨绸缪，敢于斗争、善于斗争，通过顽强斗争打开事业发展新天地”。这一论述贯穿着习近平新时代中国特色社会主义思想的世界观和方法论，深刻阐明了以中国式现代化全面推进中华民族伟大复兴必须牢牢把握的重大原则，具有很强的政治性、思想性、战略性、针对性。我们必须完整、系统、深刻地理解把握忧患意识和斗争精神，准备经受风高浪急甚至惊涛骇浪的重大考验，全力战胜前进道路上各种困难和挑战，推动中国式现代化航船劈波斩浪、一往无前。

保持战略清醒，把握斗争方向，对各种风险挑战做到胸中有数。当前，推进中国式现代化面临不少深层次矛盾躲不开、绕不过，来自外部的打压遏制随时可能升级，进入战略机遇和风险挑战并存、不确定难预料因素增多的时期。习近平总书记强调：“要增强战略的前瞻性，准确把握事物发展的必然趋势，敏锐洞悉前进道路上可能出现的机遇和挑战，以科学的战略预见未来、引领未来。”这就要求我们强化忧患意识和底线思维，增强对形势的充分认知、对风险考验的高度警醒，以及对斗争长期性、艰巨性、复杂性的深刻把握。新征程上，必须把谋事和谋势、谋当下和谋未来统一起来，增强机遇意识和风险意识，善于从一般事务中发现问题，善于从倾向性、苗头性问题中抓住端倪，善于从错综复杂的矛盾关系中把握逻辑，用大概率思维应对小概率事件，牢牢守住不发生系统性风险的底线，切实增强工作的原则性、系统性、预见性、创造性。

保持战略主动，增强斗争本领，打好化险为夷、转危为机的主动战。推进中国式现代化需要勇气，更要讲求策略方法、考验能力本领。在各种重大斗争中，我们要学会运用马克思主义唯物辩证法来指导实践，坚持增强忧患意识和保持战略定力相统一、坚持战略判断和战术决断相统一、坚持斗争过程和斗争实效相统一。要时刻保持如履薄冰的谨慎、见叶知秋的敏锐，抓主要矛盾、抓矛盾的主要方面，坚持有理有利有节，合理选择斗争方式、把握斗争火候，在原则问题上寸步不让，在策略问题上灵活机动。要把握时、度、效，根据形势需要及时调整斗争策略，把战略的原则性和策略的灵活性有机结合起来，灵活机动、随机应变、临机决断，在因地制宜、因势而动、顺势而为中把握战略主动。领导干部要培养草摇叶响知鹿过、松风一起知虎来、一叶易色而知天下秋的见微知著能力，经受严格的思想淬炼、政治历练、实践锻炼、专业训练，在复杂严峻的斗争中经风雨、见世面、壮筋骨、长才干。

三、案例使用说明

（一）教学用途与教学目标

1. 教学用途

本案例为分析型案例，适用于本科生财务管理课程中“营运资金管理”“委托代理理论”的知识点的教学和培训。

2. 教学目标

（1）知识层面

理解概念：营运资金管理、委托代理理论。

掌握理论：营运资金管理模式、委托代理理论内容及方法。

（2）能力层面

系统思维能力：老师通过对营运资金管理及委托代理理论的概念，代理方法、委托代理内容和其他相关理论的讲解，帮助学生形成运用委托代理理论分析股权激励制度如何通过长期的股权激励机制，使得企业经营者与所有者的利益趋同，降低企业的代理成本，使得所有者的利益最大。

判断实践能力：根据案例材料，设置两个由浅入深、由知识到能力的问题，通过解答问题，帮助学生形成“理论到实践、实践到理论”的思维方式，使学生能根据企业实际情况采用不同理论方法进行财务管理中分析搜集信息与资料，善用相关的理论知识，提出合理解决方案。

（3）素质层面

形成专业意识：物质决定意识，意识具有能动作用的唯物主义观点、运用辩证唯物主义世界观和方法论解决问题、必须坚持走中国特色自主创新道路和树立绿色发展理念在财务管理专业理论学习和我国市场经济发展中的重要作用，能自觉把思政元素与财务管理专业理论结合起来进行预测分析，养成关注时事政治、宏观经济形势、热点问题及经济管理政策的学习习惯。

提高职业素养：培养学生积极投身创新型社会建设，让学生在日常生活中和疫后的职业生涯中树立辩证思维，学习和运用辩证唯物主义世界观和方法论解决问题。

（二）案例讨论的准备工作

1. 学生需要预习“营运资金管理”的相关理论和知识，同时对不同委托代理理论内容和方法有一个初步认识。

2. 了解企业委托代理的概念、委托代理的程序。

（三）案例分析要点

1. 启发思考题

（1）结合案例，请结合供给侧结构性改革的背景，讨论万科集团是通过哪些方式迅速找准战略目标进行改革的。

（2）结合案例，请结合多元化战略背景，讨论万科集团是如何通过哪些方式实现目标的。

（3）结合案例，请运用辩证唯物主义世界观和方法论解决委托代理理论中股权激励制度存在的问题。

2. 分析思路

三个思考题是基于财务管理课程中“营运资金管理”“委托代理理论”知识点而提出的。

（1）结合案例，请结合供给侧结构性改革的背景，万科集团是运用什么模式进行营运资金管理的。

理论知识点：营运资金管理。

引导学生运用一切从实际出发，实事求是原理进行分析营运资金管理模式。参考答案如下：

融资管理。万科集团的融资资金结构中融资渠道大部分的资金来源为多元化的方式。融资步骤分别为：内部融资、发行债券、发行股票。企业在发行可转换公司债券的同时，还与国际房地产投资银行（HI）合作，探索“双重结构项目贷款”融资创新模式。同时还取得了与新加坡政府产业投资基金的合作机会。

现金管理。万科集团有着严苛的现金管理，这一点在大中城市中表现得尤为明显。通过制订现金计划与现金流动管理相结合，对企业内部现金进行管控，并定期编制年度资金计划和季度资金计划规范资金管理。

投资管理。万科集团的投资管理主要集中在这几个层面：资金实行专户储存、专款专用；专门聘请外部审计师进行资金审计；主要的投资集中于土地资源的购置。

资金收支计划管理。通过资金结算中心，万科管理层监督股份公司及各子公司的资金预算依据整体发展规划及下年度经营计划进行各单位资金预算的编制工作，保证下属公司与集团公司的整体资金计划目标一致。责任人根据资金计划，通过统一的支付平台进行筹资与付款管理，有效控制收支。主要概括为：量入为出、整体平衡、精益求精、实事求是、严格执行。

（2）结合案例，请结合多元化战略背景，讨论万科集团是如何通过哪些方式实现目标的。

拓展多元化业务。力求改变、创新发展、寻求更有创造性的企业价值是万科多年发展的经验总结，也是当前阶段的发展突破口。万科从之前的“房屋建造销售产品商”，到现在的“城市配套服务商”，皆是时代与趋势引导下的变革要求。当前阶段，万科集团的目标是脱离传统住宅地产开发企业形象，通过多元化项目的实施构建新业务模式。正在进行中的业务模块包括建造养老公寓、商业地产、老旧小区改造和推进产城融合、建造长租公寓、介入装修等，改变传统居住环境；通过并购重组布局物流业，塑造物流业新格局。

开启轻资产模式，抵御房地产市场波动风险。万科转型发展，开启了一种新型发展模式——轻资产模式，通过与核心业务房地产形成的有效协同作用，创新发展其他相关产业。围绕房地产拓展商业、物流业等项目，可以为多元化发展提供更广阔的空间及有力支持。

（3）运用辩证唯物主义世界观和方法论剖析企业应采用哪些合理的方式避免长期筹资方式的缺点。

理论知识点：委托代理理论。

激励方案存在盈余管理的空间。被激励的管理人员作为一个理性的自然人，不可能不为自己的个人利益着想。为了能够通过激励计划获取最多的个人财富，管理人员存在进行利润操作的主观可能。同时，管理人员与企业股东之间的信息不对称问题使得管理人员实施利润操作行为具备外部可能。由此可见，股权激励执行过程中管理人员极有可能实施机会主义行为。

业绩考核方式无法客观评价管理层贡献。万科集团作为行业龙头企业，也深受行业变动的影响。在万科集团所实施的股权激励计划的5年有效期内，存在着太多不确定因素，如果这几年房地产泡沫消失、房价崩盘，万科集团必定会受到巨大的影响。而激励对象对此却无法把控，只能任由行情变化。管理学中的SMART原则对目标的设置强调“可以达到的”和“具有相关性”，即目标应该是有希望达成的，并与自身的努力程度密切相连。但房地产行业受经济形势和政府调控政策的影响太大，公司业绩的变化并不能完全反映管理层的贡献的程度。

激励方案行权成本过高，影响管理层认购热情。在此次激励计划中，管理人员获得了在未来特定时期以行权价格购入企业股票的权利。同时，《上市公司股权激励管理办法》明确要求，管理人员在行权时无法从万科集团获得任何形式的补贴。此外，对于实现考核条件之后所获得的股票期权，不仅认购需要大量资金，还需要立刻缴纳不少税款。国家税务总局最新颁布的规定中要求，针对股权激励方案实施后允许即刻行权的税务处理，企业应按照行权时售出股票的公允价值与激励对象实际支付价款的差额计入当期企业工资薪金支出，并予以税前扣除。由此可知，管理人员在行权日就被要求缴税，但在行权日管理人员不可能立马减持，所谓的收益并未真正实现。这时候的收税对管理人员来说是一笔较大的负担。

（四）教学组织方式

建议用本案例完成“营运资金管理”全部知识点的教学，不再安排教师理论讲授的时间。一般安排 2 个课时（80 分钟）。案例的教学组织安排如表 3 所示。

表 3　案例的教学组织安排

学习阶段	学习内容	时间限制	学习目标
课前	要求学生分组，并预习课本知识	提前 2 天	熟悉案例背景
课中	教师展示有关长期筹资概念、动机、长期筹资方式及其优缺点的相关理论和案例	5 分钟	进一步熟悉案例背景
	分组讨论，当堂完成案例分析报告	30 分钟	结合理论分析问题，将小组案例分析报告成绩作为小组成员的一次平时成绩
	随机抽取 4 个小组发言	每组 5 分钟	结合理论分析问题，要求概述理论依据，结合具体问题分析
	引导全班进一步讨论，并进行归纳总结，将思政元素与财务管理理论的结合。引导学生学会运用财务管理理论知识解决现实问题	25 分钟	归纳用到的关键理论，并对各组表现做一个简单的点评
课后	请学生继续复习营运管理模式，下次课用 5 分钟进行回归提问	—	增进记忆，巩固知识

（五）总结

本章对万科集团在多元化发展背景下营运资金管理的模式以及战略进行分析，依次阐述了万科集团现阶段所使用管理模式、管理策略等营运资金管理制度的优缺点。业务扩张使得企业资金需求量激增，多元化下资金配置无法满足投资需求，过于激进的筹资策略加大了偿债压力，企业也未能及时调整在新阶段的营运资金结构，与外部渠道成员的关系没有得到有效协调，这些都限制了万科集团的整体发展。股权激励制度能有效地解决委托代理问题，提升人力资本的价值，使公司更好地运营与发展。但这种方式对激励对象难以形成有效的激励，反而会造成公司业绩下滑、人才流失。因此，建立合理有效的股权激励制度，不仅能对公司的经营与发展起到巨大的帮助，而且可以促进公司治理结构与宏观市场环境的健全与完善。在学习和应用相关理论时，需要注意一切从实际出发，实事求是，选择合适企业发展的长期筹资方式，并运用辩证唯物主义世界观和方法论解决委托代理问题的问题。

四、参考文献

[1] 习近平. 决胜全面建成小康社会 夺取新时代中国特色社会主义伟大胜利：在中国共产党第十九次全国代表大会上的报告 [M]. 北京：人民出版社，2017.

[2] 习近平. 习近平谈治国理政：第一卷 [M]. 北京：外文出版社，2018.

[3] 习近平. 习近平谈治国理政：第二卷 [M]. 北京：外文出版社，2018.

[4] 胡殷越. 万科集团管理层股票期权激励案例分析 [D]. 哈尔滨：哈尔滨理工大学，2019.

[5] 于菲. 多元化发展战略下万科集团营运资金管理研究 [D]. 南昌：江西财经大学，2017.

[6] 谭宇昂，郭亮，周建民，等. 万科在智慧工地与建筑工业化建设中的实践探索 [J]. 住宅产业，2020 (9)：37-42.

从企业长期筹资行为看 HY 果汁如何从上市到被退市

刘晴怡

一、案例正文

2020 年年初，正值全中国人民为欢度春节做准备的时候，一家国民老牌企业被香港联合交易所发布通告取消其上市地位，黯然退出资本市场。这就是以往常常出现在春节餐桌上的“朋友”——HY 果汁。中国 HY 果汁集团有限公司（简称“HY 果汁”）曾是一代人的回忆，作为耳熟能详的国民果汁，其广告词“有汇源才叫过年”曾经占据了春节期间各大电视频道的黄金广告位。作为集团的核心产品，HY 果汁销量曾占据国内果汁市场的一半。而就是这一家企业，其市值一度高达百亿元，从 2007 年 2 月 23 日，以创下当年港交所最大规模 IPO 记录的姿态，变成现在资不抵债、面临多起法律诉讼、高管频频离职等状况。本案例将从其筹资行为的角度进行分析，看看 HY 果汁是怎样一步步走到现在的局面的。

（一）前期有效的资本运作助力 HY 果汁站稳国内市场

据其官网资料，HY 果汁成立于 1992 年，正值中国改革开放的关键时期，创始人朱新礼辞职办厂，利用前几年作为村主任带领村民们种植葡萄攒下来的积蓄，买了一家负债 1 000 多万元的水果罐头厂，这就是 HY 果汁的前身。当时，国内的果汁市场尚属空白，而国外的果汁需求相对较大，朱新礼计划将村民们的水果加工成浓缩果汁再出口国外。为此朱新礼找到了德国的一家企业，通过“补偿贸易”的方式，引进了先进的生产线。

早期的资金注入无法满足 HY 果汁发展速度的需要。随着国外的销售进一步扩大，HY 果汁计划进军国内市场，进一步扩大其产能及销售，加快占据国内的果汁市场。为此，HY 果汁与德隆集团联手，共同出资成立北京汇源食品饮料有限公司。有了德隆集团的资金注入，HY 果汁大刀阔斧地建新厂，成立多个果汁生产基地，又通过高价购买央视的黄金广告位，进一步提升了国民认知度，至此 HY 果汁完成了全国范围内的产能布局。

（二）扩张期利用股权筹资的方式助力 HY 果汁上市

2006 年，刚从德隆集团手中高价买回股权的 HY 果汁，为了实现朱新礼制定下的发展战略，即大力发展上游产业、发展水果种植产业以保障 HY 果汁的供应和销售，计划拿出 35%的股权用于 2. 2 亿美元的融资。这次股权融资吸引了法国达能、美国华平基金、荷兰发展银行和香港惠理基金四家的注意力，随后五方完成了股权融资方案的签订。HY 果汁利用这笔资金大力发展上游企业，随后在多个省份布局水果种植产业，进一步整合产业链的上下游企业。

随后在 2007 年，为了进一步融资，HY 果汁选择在香港联合交易所挂牌上市，创下当年港交所最大规模 IPO 纪录，筹集资金 24 亿港元。HY 果汁继续利用股市资金大力投资建厂、开水果种植基地。其浓缩果汁产品占了国内近 45%的市场份额。HY 果汁也成了中国打通了果树种植、加工、销售的全产业链企业。

（三）发展期错估融资风险导致 HY 果汁吸收外资失败

成为上市公司的 HY 果汁，为了实现产能及战略转型，朱新礼计划通过卖出一部分 HY 果汁的业务，以确保企业的全部精力都放在水果种植上。与此同时，前期的大量扩张，HY 果汁收购了许多正在发展中的企业，资金消耗比较大。再加上新工厂利用率不高，闲置的产能导致 HY 果汁的资产负债率快速上升。汇源集团继续吸收外部资金的注入，以弥补其不断下滑的业绩。正在这个关键的时间点，2007 年，可口可乐公司主动找到了朱新礼，希望以每股 12.2 港元的价格，收购 HY 果汁的全部股份。HY 果汁看中了可口可乐强大的销售渠道，可口可乐也看中了 HY 果汁巨大的国内市场份额，双方均有意促成此次活动。为了满足可口可乐的收购需求，HY 果汁大幅缩减其销售渠道、辞退其销售人员。没想到的是，国内消费者普遍对这次收购活动持反对意见，认为外资收购行为不利于保护国内民族产业。最终在 2008 年 3 月，商务部以反垄断为由阻止了这次的收购计划。HY 果汁由于没有预料到外部法律法规的变化、国内舆论的反对，遭受了巨大的打击，进而加剧了其债务危机和资金短缺的风险，元气大伤。

（四）衰退期违规贷款导致 HY 果汁遭遇停牌警告

2009 年，中国果汁市场发展迅速，行业销售增长了近 9.5%，而 HY 果汁仅实现 0.9%的业绩增长。市场竞争的加剧、核心竞争力的弱化、家族型企业治理模式的弊端、产品结构的单一、过长的产业链布局，无一不在进一步削弱 HY 果汁的盈利能力，拖累其发展。HY 果汁的首次亏损出现在 2014 年，亏损金额 1.27 亿元，但是 HY 果汁的发展疲态从 2011 年就出现了。如图 1 所示，2011—2016 年 HY 果汁的扣非净利润连续六年均为负数。

为了解决现金流短缺的问题，HY 果汁只能通过不断出售旗下闲置资产的方式换取流动资金。上游企业战略布局需要巨额资金的投入，只能不断地通过上市公司 HY 果汁的业绩增长和经营性现金流作为支撑，持续为上游企业“输血”一步步加深其债务危机，如图 2 所示。2018 年 3 月，HY 果汁涉嫌违规向其关联企业贷款 42.82 亿元，且未经过董事会批准，也未履行信息披露义务。2018 年 4 月，HY 果汁开始了为期 3 年的停牌，并最终被香港联合交易所取消上市地位。

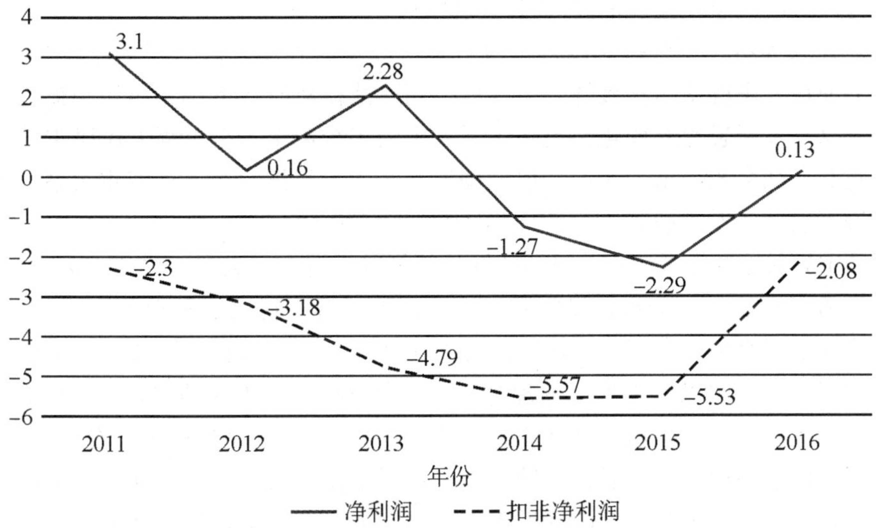

图 1　2011—2016 年 HY 果汁净利润与扣非净利润趋势（单位：亿元）

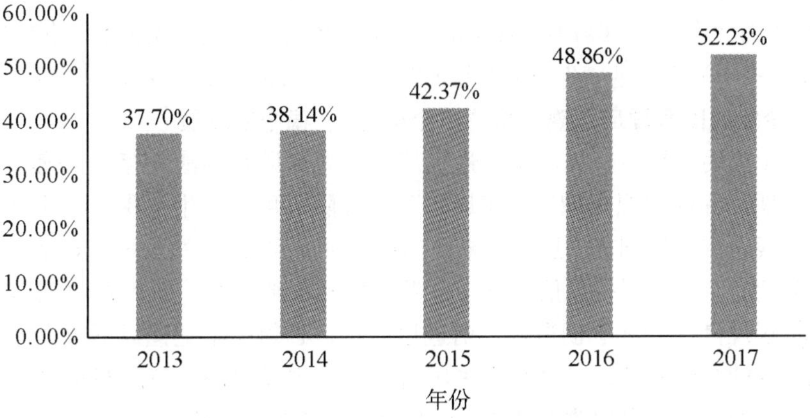

图 2　2013—2017 年 HY 果汁资产负债率变动趋势①

二、案例的思政元素

本案例的思政元素主要有：

（一）企业人力资源管理应坚持“全过程人民民主”的发展思想

党的十九届五中全会进一步明确了“十四五”时期我国经济社会发展的指导思想和必须遵循的重要原则，其中坚持以人民为中心的基本价值立场为发展提供了方向。“以人民为中心”的发展思想是习近平新时代中国特色社会主义思想的重要内容组成部分。

党的二十大明确提到，全过程人民民主是社会主义民主政治的本质属性，是最广泛、最真实、最管用的民主。必须坚定不移走中国特色社会主义政治发展道路，坚持

① 数据来源：HY 果汁历年年报数据整理。注：从 2018 年起，HY 果汁并未对外发布其年报数据，故数据收集只截止到 2017 年年底。

党的领导、人民当家作主、依法治国有机统一。

从“以人为本”到坚持“以人民为中心”的发展思想，再到“全过程人民民主”的变化，使得人民群众的积极性、主动性、创造性在新时代的现实境遇中被充分调动并激活。这一发展思想的变化，也突出了人民的多维需求。全过程人民民主就是以人民群众对和谐社会的需求为中心，协调国家与个人、集体与个人的双重关系，将整体与个体进行整合，形成创造与共享同步的社会发展状态。

回顾 HY 果汁的发展历程，早期的发展就依赖于群众的力量。早年作为村委主任，朱新礼带领着村里人一步步地发家致富。正是为了解决村民们种植的水果销售问题，朱新礼才买下了水果罐头厂，一直发展到现在的 HY 果汁。可以看出，HY 果汁的产生与发展都离不开其“以人为本”的理念。而后期，被资本裹挟的 HY 果汁在快速发展的过程中，逐步脱离了群众，脱离了企业实际。从上述资料阐述中可以看出，HY 果汁就是从可口可乐并购案失败后，开始一步步走下坡路，其中与朱新礼过于激进地辞退近一半销售人员、削减销售部门规模不无关系。失去了“人心”的 HY 果汁，不得不重新打造、恢复其销售渠道和销售部门。

在人力资源管理上，HY 果汁“任人唯亲”的情况比较明显，企业上市后所聘任的高级管理人员离职率较高，这与 HY 果汁家族型的财务管理模式不无关系。直到 2018 年的违规贷款事件，HY 果汁进一步损害了股东们的利益，最终导致失去了上市地位。

（二）企业风险管理应正确运用“五个坚持”、稳中求发展

党的二十大明确指出，我国发展进入战略机遇和风险挑战并存、不确定难预料因素增多的时期，各种“黑天鹅”“灰犀牛”事件随时可能发生。我们必须增强忧患意识，坚持底线思维，做到居安思危、未雨绸缪，准备经受风高浪急甚至惊涛骇浪的重大考验。对此，企业应保持自信果敢、自强不息的精神风貌，使得各项工作更好体现时代性、把握规律性，富于创造性。前进道路上，必须牢牢把握以下重大原则：一是坚持和加强党的全面领导；二是坚持中国特色社会主义道路；三是坚持以人民为中心的发展思想；四是坚持深化改革开放；五是坚持发扬斗争精神。

习近平总书记在《正确认识和把握中长期经济社会发展重大问题》中就提到，要增强机遇意识和风险意识，准确识变、科学应变、主动求变、勇于开顶风船，善于转危为安，努力实现更高质量、更有效率、更加公平、更可持续、更为安全的发展。

结合 HY 果汁四阶段的长期筹资行为可知，企业对其长期筹资方式的选择和运用要结合企业内外部实际及未来的发展需求。不同的长期筹资方式适用的条件不同，其产生的融资风险的表现形式也不一样，对企业财务管理的影响也不同。从 2008 年开始，HY 果汁无论是未来的发展战略制定，还是筹资方式的选择，都没有站在企业实际的角度上进行充分的评估和分析。同时面对着国内果汁类饮品市场的细分、行业竞争者的增加、消费者需求场景的变化，HY 果汁仍然坚持原有的生产经营模式，单一的产品无法持续为 HY 果汁提供现金流，最终导致 HY 果汁不断通过银行贷款的方式填补其他板块的资金短缺，持续盈利能力一步步弱化。

（三）企业经营理念应遵循党的全面依法治国理念

党的二十大着重强调了全面依法治国的重要性，习近平总书记提到全面依法治国是国家治理的一场深刻革命，关系党执政兴国，关系人民幸福安康，关系党和国家长治久安。必须更好发挥法治固根本、稳预期、利长远的保障作用，在法治轨道上全面建设社会主义现代化国家。

从党的十九大到党的二十大，全面依法治国一直是不变的主题和党的工作重点。坚持全面依法治国，是中国特色社会主义国家制度和国家治理体系的显著优势。中国企业在向社会主义市场经济体制转变的过程中，也需要做到经营合法合规。在国家的经济发展中，政府等监管机关需要结合国家全面依法治国理念，加强市场内的经济监管。

HY 果汁作为国民老牌企业，在享受市场红利的同时，也应当遵循相应的法律法规。从上市公司的角度，HY 果汁要遵循《中华人民共和国公司法》《中华人民共和国证券法》《中华人民共和国会计法》《中华人民共和国反垄断法》等一系列其他与企业经济管理活动相关的法律法规。然而，无论是 42.82 亿元的违规贷款、未按规定时限公布其年报、不合理地辞退内部销售人员、企业内部治理结构不符合内部控制要求等，无一不说明了 HY 果汁在经营合法合规上存在较大的问题。

三、案例使用说明

（一）教学用途与教学目标

1. 教学用途

本案例为分析型案例，适用于本科生财务管理课程中“长期筹资方式”的知识点的教学和培训。

2. 教学目标

（1）知识层面

理解概念：长期筹资方式。

掌握理论：资本市场下不同的长期筹资方式；长期筹资方式的种类及各自的优缺点；上市交易的有关规定。

（2）能力层面

系统思维能力：老师先对长期筹资方式的相关概述、不同情况下长期筹资方式的选择要点和其各自优缺点进行介绍，帮助学生掌握长期筹资方式选择的方法、不同筹资方式的优缺点等知识点。

判断实践能力：根据案例材料，设置两个由浅入深、由知识到能力的问题，通过解答问题，帮助学生形成“理论到实践、实践到理论”的思维方式，使学生能根据企业实际情况找出、选择合适的长期融资方式，并对其筹资风险进行评估和分析，提出完善建议。

（3）素质层面

基于高质量人才培养的终身学习意识：引导学生正确认识到作为财会人才，持续不断开展专业理论学习，对未来我国市场经济发展的重要作用，能自觉地把思政元素与财务管理专业理论结合起来分析长期筹资方式，养成关注时事政治、宏观经济形势、热点问题及经济管理政策的学习习惯。

基于风险导向的财商教育：普及金融财务基本知识，引导形成理性消费观，树立正确人生观和金钱观。

基于共同富裕的大局观：将“合作共赢”“共同富裕”“合理分配”等理念融入财

务管理高质量人才培养的目标体系中，让学生正确理解“企业价值最大化”理念，树立整体的大局观。

（二）案例讨论的准备工作

第一，学生需要预习长期筹资方式的相关理论和知识点，同时对企业不同运营模式、不同企业类型下、不同发展阶段中长期筹资方式的选择有一个初步认识。

第二，了解企业长期筹资方式的重要性和目的。

（三）案例分析要点

1. 启发思考题

（1）结合案例，请结合“全过程人民民主”理念，探讨企业如何在考虑利益相关者的利益层面上评估和选择长期筹资方式，如何实现合作共赢。

（2）结合案例，请结合全面依法治国理念，判断企业在选择长期筹资方式时应该如何考虑其合法合规性。

（3）结合案例，请运用“五个坚持”理论开展长期筹资方式的分析和选择，讨论如何实现企业高质量发展。

2. 分析思路

三个思考题，是基于财务管理课程中“长期筹资方式的概述、不同长期筹资方式对比”知识点而提出的。

（1）请结合“全过程人民民主”理念，探讨企业如何在考虑利益相关者的利益层面上评估和选择长期筹资方式，如何实现合作共赢。

理论知识点：不同长期筹资方式对利益相关者的影响。

吸收直接投资指企业吸收国家、法人、个人以及外商以货币、实物、无形资产等形式出资形成企业资金的一种筹资方式。各个投资者和企业共同投资、共同经营、共担风险、共享利润。

股份有限公司可以通过向投资者发行股票筹集资金，分为发行普通股和优先股两种方式。其中，普通股的投资者承担相对较高的投资风险，故相应地要求有较高的投资报酬率；优先股的投资者享受固定的股息，不随公司业绩好坏而波动，与普通股相比，相对风险较小，收益和决策参与权有限。

发行公司债券指的是由非金融性质的企业发行的债券，其发行目的是筹集长期建设资金，一般都有特定用途。公司发行债券，应当委托其有资格的信用评级机构进行信用评级和跟踪评级，这在一定程度上可以帮助债券投资人，特别是帮助中小投资者消除由于信息不对称带来的投资风险，从而更好地度量违约风险及进行投资决策。

长期借款指的是企业向银行或其他金融机构借入偿还期限较长的资金。银行可以通过对借款企业提出一些有助于保证贷款按时足额偿还的条件，以降低其投资风险，包括一般性保护条款、例行性保护条款和特殊性保护条款。

不同筹资方式的选择都对企业的利益相关者产生一定的影响，例如公司上市发行股票，有助于提升初始投资人的利益；利用债券或其他长期借款用于公司的长期投资项目，有可能导致资金的短缺从而无法按时足额偿还债务人；公司经营方式的改变、高层管理人员的变更、不切合实际的战略布局，不利于企业的持续盈利能力的增强，从而损害各方投资人和债务人的权益；不合理的资金挪用有损中小投资人的权益等。

2020 年 1 月 31 日，HY 果汁发布了有关违规贷款事件信息的调查报告。报告中显示，HY 果汁通过 4 家集团内公司的 9 个银行账户分 66 次转账给 4 家关联公司。根据双方签署的协议，HY 果汁共向北京 HY 果汁饮料提供 42.82 亿元的短期贷款，年化利率 10%。这一举动无疑损害了其投资人和债务人的权益。

无论是何种长期筹资方式，若想保障利益相关者的权益，核心在于有效的企业经营管理。随着 HY 果汁的不断发展，家族管理的固有局限性也随之凸显。长期家族内部经营管理模式导致企业管理层缺乏相应的制约和监督性，也导致外来的职业经理人很难发挥自身的优势。仅 2019 年，HY 果汁在一个多月内就出现多名高管接连辞职，频繁的人事变动进一步导致 HY 果汁的持续经营能力受损。业绩的下滑必然损害了投资人的权益。

（2）请结合全面依法治国理念判断企业在选择长期筹资方式时应该如何考虑其合法合规性。

理论知识点：不同长期筹资方式的特点及法规监管。

不同的长期筹资方式涉及的法规监管不一样。以股票上市为例，公司公开发行的股票进入证券交易所买卖（股票上市），须受严格的条件限制。《中华人民共和国证券法》明确国家鼓励符合产业政策并符合上市条件的公司股票上市交易。上市公司具有下列情形之一的，由证券交易所决定暂停其股票上市交易：

①公司股本总额、股权分布等发生变化不再具备上市条件；

②公司不按照规定公开其财务状况，或者对财务会计报告作虚假记载，可能误导投资者；

③公司有重大违法行为；

④公司最近三年连续亏损；

⑤证券交易所上市规则规定的其他情形。

上市公司有下列情形之一的，由证券交易所决定终止其股票上市交易：

①公司股本总额、股权分布等发生变化不再具备上市条件，在证券交易所规定的期限内仍不能达到上市条件；

②公司不按照规定公开其财务状况，或者对财务会计报告作虚假记载，且拒绝纠正；

③公司最近三年连续亏损，在其后一个年度内未能恢复盈利；

④公司解散或被宣告破产；

⑤证券交易所上市规则规定的其他情形。

结合 HY 果汁的案例分析，HY 果汁从 2011 年开始，已经连续六年扣非净利润为负数，且在 2018 年出现了违规贷款事件，均满足条件，被证券交易所暂停股票上市交易。随后 2018 年之后未能按照规定公开其财务状况，在连续被停牌交易两年后，终止上市交易。

（3）请运用“五个坚持”理论开展长期筹资方式的分析和选择，如何实现企业高质量发展。

理论知识点：不同长期筹资方式的优缺点。

按企业所取得资金权益特性的不同，长期筹资可分为两大类，即股权筹资和债务筹资。其中股权筹资包括吸收直接投资、发行普通股和留存收益；债务筹资包括银行借款、发行公司债券和融资租赁。两种方式的优缺点如表1所示。

表1 股权筹资和债务筹资的优缺点对比

筹资方式	优点	缺点	使用情况
股权筹资	1. 是企业稳定的资本基础； 2. 是企业良好的信誉基础 3. 财务风险较小	1. 资本成本负担较重； 2. 控制权变更可能影响企业长期稳定发展； 3. 信息沟通与披露成本较大	比较适用于企业创世初期和快速发展急需大量资金的时间点
债务筹资	1. 筹资速度较快； 2. 筹资弹性较大； 3. 资本成本负担较轻； 4. 可以利用财务杠杆； 5. 稳定公司的控制权	1. 不能形成企业稳定的资本基础； 2. 财务风险较大； 3. 筹资数额有限	比较适用于特定的筹资目的或企业利用其财务杠杆提升企业价值

结合HY果汁的案例，早期HY果汁采用股权筹资的方式以获取企业的快速发展，是符合当时企业的实际情况的。但由于没有合理地评估筹资风险、错误地判断国内消费者对直接吸收外商投资的排斥和抵触心理，以及没有预估到国家《中华人民共和国反垄断法》，导致其不但无法利用股权筹资方式筹集资金，反而加剧了其债务危机和资金短缺的风险。HY果汁随后并未将注意力放回自己的主营业务上，仍然希望通过股权筹资或其他项目筹资的方式获取资金以维持其上游产业链的布局。随着资金紧缺局面一步步地出现，HY果汁大量使用银行贷款等方式用于项目投资，使得自身的资产负债率不断升高。根据HY果汁2017年未经过审计的中报数据，HY果汁的总负债超过110亿元，其中近100亿元都是属于银行借款、融资租赁、公司债券，利息负担非常大。

（四）教学组织方式

建议用本案例完成“长期筹资方式”全部知识点的教学，不再安排教师理论讲授的时间。一般安排3个课时（120分钟）。案例的教学组织安排如表2所示。

表2 案例的教学组织安排

学习阶段	学习内容	时间限制	学习目标
课前	要求学生分组，并预习课本知识	提前2天	熟悉案例背景
课中	教师展示有关长期筹资方式的概念、不同筹资方式的特点、优缺点和各自适用条件的相关理论和案例	40分钟	进一步熟悉案例背景
	分组讨论，当堂完成案例分析报告	30分钟	结合理论分析问题，将小组案例分析报告成绩作为小组成员的一次平时成绩
	随机抽取4个小组发言	每组5分钟	结合理论分析问题，要求概述理论依据，结合具体问题分析
	引导全班进一步讨论，并进行归纳总结，将思政元素与财务管理理论的结合。引导学生学会运用财务管理理论知识解决现实问题	30分钟	归纳用到的关键理论，并对各组表现做一个简单的点评

表2(续)

学习阶段	学习内容	时间限制	学习目标
课后	请学生继续复习长期筹资方式，下次课用5分钟进行回归提问	—	增进记忆，巩固知识

四、参考文献

[1] 习近平. 习近平谈治国理政：第一卷［M］. 北京：外文出版社，2018.

[2] 习近平. 习近平谈治国理政：第二卷［M］. 北京：外文出版社，2018.

[3] 汇源果汁2011—2016年年度报告[EB/OL].巨潮网咨询网. http://www.cninfo.com.cn/new/index.

[4] 李丹丹，张波. 三维视角下的企业营运资金管理绩效分析：以汇源果汁为例［J］. 商业会计，2019，(22)：31-36.

[5] 刘自强. 汇源果汁债务危机的背后：企业多元化经营的思考［J］. 经济纵横，2020（18）：13-14.

百亿级市场化债转股助力中国铝业去杠杆

理　诗

一、案例正文

（一）公司简介

1. 中国铝业简介

中国铝业股份有限公司（下文简称“中国铝业”）成立于2001年，是一家三地上市的有色金属行业的龙头企业，综合实力位居全球铝行业前列，是中国铝行业集铝土矿、煤炭等资源勘探开采以及氧化铝、原铝和铝合金产品生产、销售等于一体的大型生产经营企业。共有18家全资子公司，21家控股子公司，在全国17个省、自治区和直辖市中都有分部。在2020年《财富》世界500强排行榜中，中国铝业位居第217名，中国企业500强中排名第56位。

2. 我国铝行业发展简介

铝是仅次于钢铁的第二大金属材料，得到广泛的应用，涉及航空航天、交通运输、包装、建筑、电力、机械、化工、电子设备等众多行业，在国民经济中占据非常重要的地位。铝的供需和价格与全球和中国宏观经济的变化关联度非常高。2006年以来，受宏观经济背景及政策影响，国内大量企业竞相涌入铝行业，铝生产产能急剧扩大，氧化铝和铝材产能分别由2006年的1 324万吨、834万吨增长到了2016年的6 091万吨、5 796万吨，分别占全球产能的48.8%、54.5%，造成产能严重过剩和异常激烈的市场竞争。在供给严重大于需求的背景下，并受国际、国内宏观经济下行影响，自国际金融危机后，铝市场价格一路下行，到2015年年底，铝价格最低时降到12 167元/吨，价格与成本严重倒挂，造成全行业亏损。2016年以来，受到国家经济增长趋稳及供给侧结构性改革等政策的影响，铝价格在探底后逐步回升。根据国泰安统计数据，2016年国内铝均价为12 617元/吨，同比上涨3.4%；2017年国内铝均价为13 997元/吨，同比上涨10.94%。

3. 中国铝业实施市场化债转股的原因

（1）国家政策支持

近年来，中国经济发展出现了“三期叠加”的阶段性特征，即中国经济增长速度换挡期、结构调整阵痛期、前期刺激政策消化期同时出现。在此压力下，我国国民经济总体运行较为平稳，2019年GDP增速为6.1%，居民收入不断增长。与此同时，我国非金融企业杠杆率也随着GDP增长而不断攀升。根据中国社科院发布的中国杠杆率报告，2019年年末我国非金融企业部门杠杆率延续上升势头，上涨到151.3%。这意味着目前中国非金融企业部门杠杆率已经超越了美国和日本，在绝对水平上甚至高于金融危机时期的美国（70%）和泡沫破裂期的日本（147.4%）。

供给侧结构性改革实施后，根据“三去一降一补”的要求，企业以能够持续健康发展为发展目标。因此，降低非金融企业，尤其是国有企业杠杆率成为一项重要任务。2016 年 10 月，国务院出台了《国务院关于积极稳妥降低企业杠杆率的意见》，对通过债转股方案降低企业杠杆率进行了重要战略部署和制度安排，提出要遵循市场化、法治化原则，发挥市场的主导作用，由此市场化债转股正式开启。

（2）有色金属行业的周期性

中国铝业所属的有色金属行业受其产品价格波动影响很大，行业的周期性成为中国铝业债转股一个很好的契机。新一轮的债转股政策明确鼓励发展态势良好却遭遇周期性经营困难的企业积极开展债转股。中国铝业旗下四家债转股的子公司都符合这个要求，从而完全符合债转股的政策的要求。除此之外，铝行业在经历了金融危机的冲击后，近年来全球铝市场供需关系显著改善，价格逐步回升，促进了整个行业发展。

（3）中国铝业杠杆率较高，财务风险较大

受宏观经济、行业竞争和公司治理等问题的影响，2017 年中国铝业市场化债转股实施前，资产负债率高达 72.22%，远高于同行业平均杠杆率 51.32%，亏损严重，而后企业利用非经常性损益弥补亏损也没有真正意义上缓解企业的经营困境。

（二）中国铝业市场化债转股方案

债转股，即债权转化为股权，债转股后债权人的身份转化为股东，企业由原来的还本付息转化为按股分红。市场化债转股是我国在供给侧结构性改革背景下，为了实现经济稳步高质量发展而提出的。市场化债转股是债转股的一种形式，是当下我国企业采用的较多的债转股方式，主要是为了达成供给侧结构性改革背景下企业稳妥去杠杆的目的。供给侧结构性改革背景下的市场化性质的债转股，结合当下行业产能过剩问题，以降低企业债务负担为契机，缓解供需矛盾，促进国有企业改革，促进企业长期稳定发展。

中国铝业进行市场化债转股分为两个阶段完成，具体采用了债权直接转股权和现金增资偿还贷款两种方式。

第一阶段，中国铝业以自身四家优质非上市全资子公司为标的企业，引入战略投资者实施市场化债转股。2017 年 12 月，中国铝业引入八家金融投资者，采取“现金增资标的公司偿还贷款”和“直接以债权转为标的公司股权”两种方式向标的公司增资 126 亿元。四家标的企业分别为中铝矿业、包头铝业、中铝山东、中州铝业。第一步完成后，上述四家标的公司的杠杆率分别从债转股前的 90.95%、70.05%、56.10%、56.54%下降到 25.99%、53.92%、29.01%和 25.90%。

第二阶段，中国铝业母公司层面向交易对方发行股份购买资产。中国铝业以非公开发行股份购买战略投资者持有的标的企业的股权，完成之后，标的企业成为上市公司中国铝业的全资子公司，机构投资者成为上市公司中国铝业母公司的股东。第二步于 2019 年 2 月完成。

（三）中国铝业市场化债转股实施效果

中国铝业债转股的公告日为 2017 年 10 月 27 日，处于 2017 年第三季度，因此以这一天为基准区分债转股前后，市场化债股权效果的对比区间为 2016 年 1 月 1 日至 2019 年 12 月 31 日，此区间内主要财务指标变动情况请见表 1。

表 1　2016—2019 年中国铝业主要财务指标对比

财务指标	2016. 12. 31	2017. 9. 30	2017. 12. 31	2018. 12. 31	2019. 12. 31
流动比率/%	80	67	76	79	70
速动比率/%	59	45	53	51	42
流动负债/总负债/%	61. 67	68. 63	66. 83	56. 11	52. 26
资产负债率/%	70. 76	72. 22	67. 27	66. 31	65. 20
总资产净利率/%	0. 66	1. 17	1. 21	0. 80	0. 74
净资产收益率/%	1. 06	4. 09	3. 49	1. 66	1. 56
营业净利率/%	0. 87	1. 59	1. 31	0. 89	0. 78
归属净利润/亿元	3. 68	1. 36	14. 1	8. 31	8. 51

由表 1 可知，就短期偿债能力来说，流动比率与速动比率在债转股之后，分别稳定在 0. 7 与 0. 5 左右，短期偿债能力有所提高。债转股的目的主要是去杠杆，降低资产负债率。债转股之后中国铝业资产负债率降至 65%左右，低于央企均值。流动负债占负债总额百分比由债转股前的 68. 63%逐年下降，说明中国铝业通过市场化债转股，有效降低了流动负债给企业带来的集中还款压力及财务风险。在进行债转股之后，战略投资者增资入股，所有者权益的增加以及参与债转股的四家子公司负债率下降，有效减轻了负债压力，偿债能力在明显改善。

2017 年上半年中国铝业尚未开始进行债转股，当时国内电解铝、氧化铝整体价格偏高。原材料成本不断上涨，加上供给侧结构性改革的实施，中国铝业的成本不断上涨，总资产利润率和净资产收益率有所降低。2017 年债转股之后，为了应对成本的提高，中国铝业科学营销跑赢大市，采购物流助推降本，实现了主营业务利润率不断提高的增长趋势。从 2016 年的 0. 87%增长到 2018 年的 1. 31%，实现了较大增长，而 2018 年和 2019 年有所回落。

综上分析，从短期来看，中国铝业实施市场化债转股后，企业过高的负债压力得到了一定程度的缓解，增加了净资产，营利能力虽不如偿债能力提升明显，但也在实施市场化债转股第一阶段后得到短暂的提升。

二、案例的思政元素

（一）坚持加强党对经济工作的集中统一领导，以新时代中国特色社会主义经济思想为指导

党的十八大以来，以习近平同志为核心的党中央观大势、谋全局、干实事，坚持稳中求进工作总基调，成功驾驭了我国经济发展大局，我国经济实力再上新台阶，社会主义现代化事业沿着正确方向胜利前进。这些成就的取得，根本在于坚持党中央对经济工作的集中统一领导，在于习近平新时代中国特色社会主义经济思想的科学指导。党的领导是中国特色社会主义最本质的特征，是中国特色社会主义制度的最大优势。

加强党对经济工作的集中统一领导，有利于集思广益、凝聚共识，有利于调动各方、形成合力。

为推进供给侧结构性改革，推动宏观产业结构性升级调整，实现我国经济高质量发展，国家发改委牵头建立“国家积极稳妥降低企业杠杆率工作部际联席会议办公室”，负责协调相关机构遵循市场化、法治化、有序开展市场化债转股，鼓励多元主体共同参与市场化债转股，充分发挥各自优势，促进企业降杠杆和深化改革，提高债转股质量和效率。

（二）助力化解企业重大风险，推动国有企业高质量发展

“十四五”时期是我国开启全面建设社会主义现代化国家新征程、向第二个百年奋斗目标进军的第一个五年，必须立足新发展阶段、贯彻新发展理念、构建新发展格局、推动高质量发展。习近平总书记指出：“坚持底线思维，增强忧患意识，提高防控能力，着力防范化解重大风险”。及时洞察、准确把握、有效应对各种风险挑战，是企业生存下来、发展壮大的必要条件。在《中共中央、国务院关于深化国有企业改革的指导意见》提出的主要目标中，增强国有经济抗风险能力是一项重要内容。当前，世界百年未有之大变局和世纪疫情相互叠加，全球经济不稳定性不确定性增强，给国有企业的资金管理和风险防范体系带来了严峻考验。高杠杆是宏观经济和金融脆弱性的总根源。必须坚持结构性去杠杆的方向和思路，倒逼金融资源从低效率的产业和企业退出，打赢防范化解重大风险攻坚战，助力我国经济真正向高质量发展转变。

去杠杆过程本质上是经济对前期无序加杠杆过程的调整，完成自身结构的调整与优化。因此，去杠杆的过程同时是去除过剩产能的过程，二者相互配合才能达到最终目的。仅靠市场化债转股的方式去杠杆，只能在一定程度上减少企业负担的财务费用，降低财务风险。公司经营风险与财务风险是相依而产生和存在的。公司因为负债而产生了财务风险，债务资本的出现也相应增加了公司的经营风险。许多文献也从实证角度证明了企业的资本结构与企业的经营风险有关。一方面，金融机构在选择借贷时，更倾向于经营稳定的企业；另一方面，经营风险较高的企业由于其经营具有较大的波动性，导致企业必须以更高的负债水平来弥补经营带来的流动性短缺。因此，企业经营风险与财务风险相互依存相互影响，单纯地为了降低财务风险而去杠杆进而实施市场化债转股，只能在短时间内缓解企业面临的困境。

（三）贯彻习近平“三个把握”重要理念，坚持用全面的、长远的观点制定筹资决策

筹资战略必须在全面、充分分析企业当前内外部经济环境、考虑企业未来整体发展思路的基础上，对企业筹融资的数量、目标、结构、渠道和方式进行长期系统的谋划。全面的观点，是唯物辩证法的一个基本观点。它要求从整体上把握组成事物的方方面面，把握事物存在和发展的种种联系，把握事物对立统一的辩证关系。“不谋万世者，不足谋一时；不谋全局者，不足谋一域”。按照唯物辩证法，当前和长远的关系是统一的，长远利益由一个一个阶段性的利益组成，当前利益只有在长远利益中才有意义。

企业在制定融资决策时，应坚持长远的眼光看问题，既要根据企业财务风险和经营状况，又要着眼长远发展。

上市公司资金来源分为内源融资和外源融资，内源融资是在企业内部通过资金的管理分配形成折旧融资与保留融资，外源融资由股权融资与债券融资组成，并且根据融资期限的长短分为长期负债融资与短期负债融资。企业的融资结构一定程度上能够衡量企业融资风险，在企业的资产负债表上能够实际反映相应的融资结构变化，融资结构不仅仅代表资金的流动程度，在一定程度上，可能对不同融资环境产生不同的影响，经常通过调节融资行为优化产业结构，更好地为企业的资本流动提供时间与空间。企业融资结构能够对企业的长远发展产生极大的影响，在我国资本市场持续健全与完善的背景下，融资的方式、结构所能够产生的影响不断增大，能够深入地影响企业价值。

三、案例使用说明

（一）教学用途与教学目标

1. 教学用途

本案例为分析型案例，适用于本科生财务管理课程中“筹资决策”的知识点的教学和培训。

2. 教学目标

（1）知识层面

理解概念：资本成本、杠杆、风险、资本结构。

掌握理论：资本成本的估算、杠杆与风险的衡量、资本结构理论，资本结构决策。

（2）能力层面

要求学生了解资本成本的含义，掌握资本成本估算的基本方法，熟悉三个杠杆的含义和度量，掌握资本机构的基本理论以及目标资本机构确定的基本思路和方法。

（3）素质层面

引导学生深刻认识到习近平新时代中国特色社会主义思想在企业筹资活动中的重要指导作用；运用“高质量发展不只是一个经济要求，而是对经济社会发展方方面面的总要求”的观点分析筹资决策对企业总体风险、市场价值及未来发展的影响。

（二）案例讨论的准备工作

第一，学生需要预习筹资决策的相关理论和知识，了解资本成本、杠杆与风险、资本结构等概念。

第二，了解企业长期筹资的动机、长期筹资的原则。

（三）案例分析要点

1. 启发思考题

（1）结合案例，请以习近平新时代中国特色社会主义经济思想为指导，分析中国铝业通过市场化债转股调整资本结构的动因。

（2）结合案例，请结合党的二十大报告提出的“主动防范化解重大风险”，分析中国铝业实施的市场化债转股对企业总体风险的影响。

（3）结合案例，请运用全面的、长远的观点，分析企业融资决策对企业价值的影响。

2. 分析思路

（1）以习近平新时代中国特色社会主义经济思想为指导，分析中国铝业通过市场化债转股调整资本结构的动因。

党的十八大以来，党对经济发展规律性认识进一步深化，明确提出“我们经济已由高速增长阶段转向高质量发展阶段”的重要论断，表明我国经济发展的环境、条件、任务、要求等发生了一系列新变化。推进供给侧结构性改革，是在我国经济阶段性特征的基础上调整经济结构、转变经济发展方式的治本良方，是培育增长新动力、形成新优势、实现创新引领发展的必然要求，是当前和今后一个时期经济发展和经济工作的主线，也是推动经济高质量发展的主线。

在供给侧结构性改革的背景下，“去杠杆”被列为五个重要任务之一。企业高杠杆一方面加重了企业负担，抑制企业发展；另一方面，企业资产泡沫化，以其为接触构建的资金链条极易断裂，引发系统性风险。

在行业发展环境面临转型升级和自身高杠杆率风险背景下，中国铝业作为一个具有行业代表性的公司积极响应国家调整结构，勇于承担供给侧结构性改革的责任和义务，在进行了一系列降杠杆、去产能措施的论证分析后，决定以债转股为切入点，首先达到降杠杆的目的，同时将有效产能充分利用、低效产能搬迁转移，完成供给侧结构性改革的重要任务。

（2）请结合党的二十大报告提出的“主动防范化解风险”，分析中国铝业实施的市场化债转股对企业总体风险的影响。

党的二十大报告指出“全党必须坚定信心、锐意进取，主动识变应变求变，主动防范化解风险，不断夺取全面建设社会主义现代化国家新胜利”。国有企业应将防范化解风险作为贯彻落实党的二十大精神重要举措之一，坚持底线思维，坚持预防为主，做好风险识别，制定应对举措，以党的二十大精神引领推进国资国企改革发展。

为了解决企业面临的重大风险和财务困境，去杠杆成为某些企业的一种必然选择，而去杠杆财务的重要实现形式就是债转股。实际上，去杠杆的本质就是去风险，而企业面临的风险并不是债务本身形成的，而是由企业的经营困境造成的。如果企业的经营困境不能得到改变，那么即使无杠杆从而进行债转股也不能从根本上缓解企业面临的总体风险。当我国宏观经济进入新常态，面临稳中有变、变中有忧的情况下，过去高负债经营的企业的经营状况趋坏，资产变现能力减弱，面临到期还本付息的巨大压力。要解决企业的债务风险问题，企业应在调整筹资规模和筹资结构、保持合理的债务规模和债务期限结构的同时，改善企业经营状况和盈利能力，从根本上保障企业可持续发展。

（3）请运用唯物辩证法分析企业融资决策对企业价值的影响。

唯物辩证法主张用联系、发展、全面的观点看问题。它要求人们在观察和分析问题时，要从事物之间的相互联系和相互作用入手，不能只看到一个个孤立的事物；要把事物的现状与它的过去和将来联系起来考察；既要看到事物位置的移动和数量的增减，更要看到事物根本性质的变化和发展；在分析事物发展的原因时，要着重抓住事物发展的内部矛盾（内因），又不忽视事物发展的外部矛盾（外因）。

现有文献研究表明，企业的融资结构和融资决策影响企业的市场价值和未来发展潜力。在税收不为零的情况下，由于负债有抵税作用，企业通过债务融资可以减少企业资本成本，增加企业的价值。从净收入的角度分析，负债可降低企业的资本成本，提高企业的价值。在一定程度上，权益资本成本的上升不会完全消除低资金成本率的债务融资所带来的利益，因此，加权平均资本成本仍然下降，企业总价值上升。然而，当财务杠杆过度使用时，债务的利息均税前支付所形成的抵税无法抵消权益成本的上升，加权平均资本成本上升，债务成本也在增加。企业为取得财务杠杆利益而过度负债筹资时，当超过临界值时将加大企业的经营风险，并给普通股利润变动带来的风险。因此，企业在制定融资决策时，应全面衡量融资结构、财务杠杆与企业价值之间的相互关系，根据企业未来发展战略，确定合理的财务杠杆水平，制定相应的融资决策。

（四）教学组织方式

由于筹资决策知识点较多且难度较大，先安排教师理论讲授的时间，再开展案例分析。

案例分析课时：2 课时（80 分钟）

案例教学组织安排如表 2 所示。

表 2　案例的教学组织安排

学习阶段	学习内容	时间限制	学习目标
课前	要求学生复习筹资决策的相关知识点和理论	提前 2 天	巩固本章知识点
	要求学生分析，提前阅读案例资料		熟悉案例背景
课中	教师回顾资本成本、杠杆、资本结构的相关理论和案例	5 分钟	进一步熟悉案例背景
	分组讨论，当堂完成案例分析报告	30 分钟	结合理论分析问题，小组案例分析报告作为一次平时成绩
	随机抽取 4 个小组发言	每组 5 分钟	结合理论分析问题，要求概述理论依据，结合具体问题分析
	引导全班进一步讨论，并进行归纳总结，将思政元素与财务管理理论的结合。引导学生学会运用财务管理理论知识解决现实问题	25 分钟	归纳用到的关键理论，并对各组表现做一个简单的点评
课后	请学生继续复习长期筹资方式，下次课用 5 分钟进行回归提问	—	增进记忆，巩固知识

（五）总结

通过本案例的学习，学生能了解资本成本的含义，掌握资本成本估算的基本方法，熟悉三个杠杆的含义和度量，掌握资本机构的基本理论以及目标资本机构确定的基本思路和方法。引导学生深刻认识到习近平新时代中国特色社会主义思想在企业筹资活动中的重要指导作用；运用唯物辩证法之普遍联系的、全面的、发展的观点分析筹资决策对企业总体风险、市场价值及未来发展的影响。

四、参考文献

[1] 郭东，左美琪. 市场化债转股的动因及财务影响研究：以中国铝业为例 [J]. 纳税，2019，13 (20)：218.

[2] 洪银兴，刘伟，高培勇，等. "习近平新时代中国特色社会主义经济思想"笔谈 [J]. 中国社会科学，2018 (9)：4-73，204-205.

[3] 胡玲，张志宏. 市场融资结构、现金持有与企业价值 [J]. 会计之友，2017 (16)：35-40.

[4] 刘伟. 习近平新时代中国特色社会主义经济思想的内在逻辑 [J]. 经济研究，2018，53 (5)：4-13.

[5] 习近平. 习近平谈治国理政：第一卷 [M]. 北京：外文出版社，2018.

[6] 习近平. 习近平谈治国理政：第二卷 [M]. 北京：外文出版社，2018.

[7] 谢志华，吕泽龙. 去杠杆与债转股 [J]. 财务与会计，2019 (5)：8-12.

老牌玻璃企业的倒闭

——失败的企业项目投资

杨　柳

一、案例正文

投资，广义地说是指企业为了在未来取得收益而发生的投入财力的行为。它包括用于机器、设备、厂房的购建与更新改造等生产性资产的投资，简称项目投资，也包括购买债券、股票等有价证券的投资和其他类型的投资。项目投资是以特定项目为对象，直接与新建项目或更新改造项目有关的长期投资行为。投资是企业可持续增长的源泉和动力，正确合理地运用投资理论可以维护和促进企业的发展，错误的投资决策则可能导致企业面临破产的风险。

江苏 HER 集团有限公司（以下简称“HER”）成立于 20 世纪 80 年代初，经过几十年的发展，已然成为中国最大的民营玻璃企业之一。作为白手起家的民营企业，HER 在这几十年里为发展张家港地方经济和富裕周边百姓立下汗马功劳。由于其主要产能集中在玻璃需求最为多元化、需求体量最大的华东地区，鼎盛时期，它的走向一度成为中国玻璃市场定价的风向标。

HER 作为国内大型浮法玻璃企业，曾拥有 8 000 多名员工，90 多亿元资产以及 20 多条浮法生产线（其中包括江苏张家港本部 10 条，山东巨野 4 条，广东江门 3 条，河北迁安 2 条，辽宁大连 1 条）。自 1997 年起，HER 的玻璃销量就连续 13 年成为全国之首，其平板玻璃生产规模在 2010 年也跻身全球前五。HER 只生产高级超白和高级高透玻璃，具备 2～22 毫米浮法玻璃的生产能力。先后在我国获得“中国驰名商标”和“国家免检产品”等荣誉称号，且得到多方管理体系的安全认证。至此，HER 成为我国其他玻璃企业争相学习模仿的对象。

但 2014 年，玻璃行业陷入了“三重门”的微利时代——上游掀价格战、中游利润萎缩、下游订单锐减。在房地产行业黄金期已过、需求一路下滑的境况下，玻璃行业依然快速扩张，导致产能严重过剩，行业普遍处于亏损状态。2014 年由于资金的压力，HER 冷修了广东江门日产量为 400 吨的一条生产线，随后江苏本部的一线、二线、八线也遭到了冷修，这四条线的冷修让 HER 能够勉强维持生存。但到了 2015 年，HER 的情况继续恶化，分别于 2015 年 3 月和 2015 年 10 月相继关闭了还在生产的 5 条线。在这样一个情况下，HER 于 2015 年 10 月 19 日宣布全线停产清算，解雇所有员工，并且对外公布了破产公告。

在 2014 年以前，以产能规模计算，HER 是中国排名前十的玻璃企业，但是却在一年的时间里退出了玻璃产业的历史舞台。

但 HER 的倒闭绝不是简单的行业产能过剩、利润率下降导致的问题，其更多的是反映了行业龙头寻求格局突破，但项目投资屡屡亏损，最终调整结构失败的问题。

HER 刚成立的 20 世纪 80 年代初，正是全国各行业快速发展阶段，建材行业更是发展最快的行业之一，连续的扩张和市场的不停回报造就了 HER 的辉煌。然而兴尽悲来，在 HER 取得了“大跃进”式的发展后，企业开始试图寻求多元化的发展，但每次投资都以失败告终。

比如，在金晶投入超白玻璃后，HER 也大力研投超白玻璃，结果耗时耗力耗钱，最终把还没成熟的产品投放到市场，造成投诉不断，给品牌造成了很大的损失。投入超白玻璃失败后，HER 没有选择及时止损，而是不停地调整原料、燃料以求降低生产成本，但石油、焦煤、焦粉等原料来回换，反而造成其超白玻璃的质量非常不稳定，最终残次率越来越高，要求越来越低，投诉也越来越多。

自产自用也是 HER 投资战略中的一部分，但 HER 耗资 2 亿元大力研投的地板产品在研发成功后也只是召开了一次产品发布会，随后就销声匿迹了。

HER 还在石化项目中大举投入资金，3 年投入了近 30 亿元，该项目完全没有“造血”功能，HER 还要不停地为其“输血”，这是 HER 破产的首要原因。除此之外，HER 在这几年中投资的旅游项目等其他所有项目也全都亏损。

巨大的公司规模、庞大的员工数量和旗下众多的子公司这时候反而成为 HER 转型升级、走出困境的障碍和背负不起的包袱。

二、案例的思政元素

本案例的思政元素主要有：

（一）审时度势，树立正确的投资价值观和风险价值观

现代社会是一个充满风险的社会，企业投资决策的情况很可能将直接影响到企业的后续发展，所以对于项目投资更要加强风险防范意识。企业采取科学、合理的措施可以减少承担的投资风险，如提高财务风险防范与控制意识、科学周密地对投资项目进行分析、建立规范的财务决策机制、完善风险控制制度，规范财务管理基础工作等，从而加强对投资活动的管理，增加企业效益。

习近平总书记指出：“要增强机遇意识和风险意识，准确识变、科学应变、主动求变，勇于开顶风船，善于转危为机，努力实现更高质量、更有效率、更加公平、更可持续、更为安全的发展”。案例教学，引导学生们树立正确的投资价值观念和风险价值观念，提高学生们的投资风险意识，重视对未来风险的把控能力，实现隐性教育与显性教育的有机融合。

（二）培养底线思维，降低投资风险

习近平总书记在学习贯彻党的二十大精神研讨班开班式上强调，推进中国式现代化“必须增强忧患意识，坚持底线思维，居安思危、未雨绸缪，敢于斗争、善于斗争，通过顽强斗争打开事业发展新天地”。这一论述贯穿习近平新时代中国特色社会主义思想的世界观和方法论，深刻阐明了以中国式现代化全面推进中华民族伟大复兴必须牢牢把握的重大原则，具有很强的政治性、思想性、战略性、针对性。我们必须完整、

系统、深刻理解把握忧患意识和斗争精神，准备经受风高浪急甚至惊涛骇浪的重大考验，全力战胜前进道路上各种困难和挑战，推动中国式现代化航船劈波斩浪、一往无前。所谓底线思维，是指从可能出现的最坏情况出发，调动一切积极因素使事物朝着预期目标发展的一种思维方法。习近平总书记指出，在面对问题时要从坏处准备，争取最好的结果，即“既要看到有利的一面、又要看到不利的一面。形势有利时，要善于看到潜伏着的不利因素，做好应对不利因素的准备；形势不利时，要善于把握蕴藏着的转机，坚定扭转不利局面的信心”。

对企业投资决策而言，在一开始就考虑到最坏的可能性，并结合最坏的情况分析、评估项目可以大大降低企业投资风险，而盲目乐观或过度自信都有可能导致企业做出不当的决策。

（三）保障“三严三实”有效落实，引导企业管理走可持续发展道路

2014 年，习近平总书记在中华人民共和国第十二届全国人民代表大会第二次会议安徽代表团参加审议时提到“既严以修身、严以用权、严以律己，又谋事要实、创业要实、做人要实”的重要论述。

投资是企业可持续增长的源泉和动力。正确合理地运用投资理论可以维护和促进企业的发展，错误的投资决策则可能导致企业面临破产的风险。从企业管理工作来看，企业管理者对投资决策起着决定性作用，因此“三严三实”对企业也具有重要的指导意义，将不断引导企业管理工作走向可持续发展道路。

要保障“三严三实”的有效落实，企业领导者需要做到经营理念为利润最大化，企业经营为民众利益最大化服务，要考虑全体员工利益、全消费者利益以及全社会利益的最大化，而不是只考虑本身利益。同时，领导者还要具备企业伦理和产业道德，即企业领导者必须持有正确的世界观、关怀民众、重视企业道德以及产业道德的理念。

（四）加强社会主义核心价值观教育，诚信投资塑造良好形象

诚信是建立社会主义和谐社会的内在要求，企业在经营过程中必须保持最大限度的诚意，交易双方都应恪守信用，而不应欺骗和隐瞒。诚信是市场经济的基础，市场经济也必然走向诚信经济，市场化改革与企业诚信建设这两个过程应该是互相影响、互相促进的。诚信的投资已成为企业未来竞争的一个重要方面，企业的非诚信行为必然会使企业形象受损，而诚信会让企业在消费者心目中树立良好的信誉和口碑，从而创造企业的服务优势。

这对学生们的社会文明意识和公民责任意识培育都起着潜移默化的作用，教育学生们诚信立身、诚信做人、诚信创业，从而提高学生们的思想道德修养。

（五）务必谦虚谨慎，防止经验主义

党的二十大报告把谦虚谨慎、艰苦奋斗作为“三个务必”中的一条，既体现我们党一以贯之坚持的优良作风，更彰显我们党在新时代新征程上继续完成艰巨使命任务的历史清醒。

谨慎性也被称为稳健性，是会计核算中的重要原则，“宁可预计可能的损失，不可预计可能的收益”，是管理者对于不确定性的一个审慎反应。在减轻代理冲突、避免诉讼风险中起着积极作用，有助于预警和化解风险，也是建立社会主义市场经济的客观要求。在讲述基本原理时，应注重培养学生谨慎、务实的品格，强调做事未雨绸缪，提高人生抗风险能力。

三、案例使用说明

（一）教学用途与教学目标

1. 教学用途

本案例为分析型案例，适用于本科生财务管理课程中“项目投资决策”知识点的教学和培训。

2. 教学目标

（1）知识层面

理解概念：项目投资；项目投资决策评价方法。

掌握理论：项目投资决策评价方法及其程序。

（2）能力层面

系统思维能力：通过老师对项目投资的概念，项目投资类型及其程序和其他相关理论的讲解，帮助学生掌握科学、系统、全面分析企业项目投资决策对企业收益和风险的影响。

判断实践能力：根据案例材料，设置三个由浅入深、由知识到能力的问题，通过解答问题，帮助学生形成“理论到实践、实践到理论”的思维方式，使学生能根据企业项目投资决策中存在的问题搜集信息与资料，善用相关的理论知识，提出合理的建议和解决方案。

（3）素质层面

形成专业意识：认识到风险意识和底线思维在财务管理专业理论学习和我国市场经济发展中的重要作用，能自觉地把思政元素与财务管理专业理论结合起来分析企业项目投资决策问题，养成关注时事政治、宏观经济形势、热点问题及经济管理政策的学习习惯。

提高职业素养：培养学生积极投身创新型社会建设，让学生在日常生活中和以后的职业生涯中加强诚信意识。

（二）案例讨论的准备工作

1. 学生需要预习项目投资决策的相关理论和知识，同时对企业项目决策的类型和程序有一个初步认识。

2. 了解企业项目投资的评价方法和程序。

（三）案例分析要点

1. 启发思考题

（1）结合案例，请运用底线思维和诚信意识分析计算企业项目投资的现金流量时需要考虑哪些问题。

（2）结合案例，请运用风险意识和底线思维的原理分析，如何判断一个项目投资是否可行。

（3）结合案例，请运用风险意识和“三严三实”理论分析，做出不当的企业项目投资决策会对企业造成什么影响。

2. 分析思路

三个思考题是基于“项目投资决策”知识点而提出的。

（1）结合案例，请运用底线思维和诚信意识分析计算企业项目投资的现金流量时需要考虑哪些问题。

理论知识点：投资项目的程序。

引导学生运用底线思维和诚信意识分析项目投资决策相关问题。参考答案如下：

在确定项目投资的现金流量时，应遵循的基本原则是：只有增量现金流量才是与投资项目相关的现金流量。增量现金流量，是指由于接受或放弃某个投资项目所引起的现金变动部分。由于采纳某个投资方案引起的现金流入增加额才是该方案的现金流入，同理，某个投资方案引起的现金流出增加额才是该方案的现金流出。为了正确计算投资项目的增量现金流量，要注意以下几个问题：

第一，沉没成本。

沉没成本是过去发生的支出，而不是新增成本。这一成本是由于过去的决策所引起的，对企业当前的投资决策不产生任何影响。例如，某企业在两年前购置的某设备原价 10 万元，估计可使用五年，无残值，按直线法计提折旧，目前账面净值为 6 万元。由于科学技术的进步，该设备已被淘汰，在这种情况下，账面净值 6 万元就属于沉落成本。所以，企业在投资决策时要考虑的是当前的投资是否有利可图，而不是过去已花掉了多少钱。

在超白玻璃已经投诉不断，给品牌造成巨大损失后，HER 应该考虑到当下的不利形势，做好最坏的打算，不要仅仅考虑沉没成本，应选择及时止损，而不是继续降低生产成本，导致投诉也越来越多。

第二，机会成本。

在投资决策中，如果选择了某一投资项目，就会放弃其他投资项目，其他投资机会可能取得的收益就是本项目的机会成本。机会成本不是实际发生的支出或费用，而是一种潜在的放弃的收益。例如，一笔现金用来购买股票就不能存入银行，那么存入银行的利息收入就是股票投资的机会成本。如果某企业有一个闲置的仓库，准备用来改建职工活动中心，但将仓库出租每年可得租金收入 2 万元，则这租金收入就是改建活动中心的机会成本。机会成本作为丧失的收益，离开被放弃的投资机会就无从计量。在投资决策过程中考虑机会成本，有利于全面分析评价所面临的各个投资机会，以便选择经济上最为有利的投资项目。

第三，对公司其他业务的影响。

一个项目建成后，该项目无论是成功还是失败，都会对公司的其他部门和产品产生影响。而对于已经有多年历史的老牌企业来说，一旦 HER 的企业诚信受到损害，企业其他产品的销售也势必受到影响，这些影响所引起的现金流量变化应计入项目现金流量。

第四，对净营运资金的影响。

一个新项目投产后，存货和应收账款等流动资产的需求随之增加，同时应付账款等流动负债也会增加，这些与项目相关的新增流动资产与流动负债的差额即净营运资金应计入项目现金流量。

（2）结合案例，请运用风险意识和底线思维的原理分析。如何判断一个项目投资是否可行。

理论知识点：项目投资决策评价指标与应用。

引导学生运用风险意识和底线思维分析项目投资决策相关问题。参考答案如下：

为了客观、科学地分析评价投资方案是否可行，一般应使用不同的指标、从不同的侧面或角度反映投资方案的内涵。项目投资决策评价指标是衡量和比较投资项目可行性并据以进行方案决策的定量化标准与尺度，它是由一系列综合反映投资效益、投入产出关系的量化指标构成的。

项目投资决策评价指标根据是否考虑资金的时间价值，可分为非贴现指标和贴现指标两大类。非贴现指标也称为静态指标，即没有考虑资金时间价值因素的指标，主要包括总投资收益率、投资回收期等指标。贴现指标也称为动态指标，即考虑资金时间价值因素的指标，主要包括净现值、净现值率、现值指数、内含报酬率等指标。

一个项目投资是否可行，还需要从不同角度进行评价。从技术角度看，要看项目采用的技术是否先进，目前的技术水平是否能满足项目的需要；从生产角度看，要看实施项目的原材料、动力供应是否充足，企业的各种装备能否满足该项目投产后生产的需要；从财务角度看，主要是预测项目投资各年的现金净流量，分析投资项目的收益和风险，从经济上论证项目投资的可行性，因此，企业必须从最坏的情况出发，采用各种数量指标对项目投资方案进行分析评估，充分考虑潜伏的不利因素，以减少投资风险。

（3）结合案例，请运用风险意识和“三严三实”理论分析，做出不当的企业项目投资决策会对企业造成什么影响。

理论知识点：项目投资决策评价指标与应用。

引导学生运用风险意识和“三严三实”理论原理分析项目投资决策相关问题。参考答案如下：

一是对公司经营业绩的影响。

公司的经营业绩高低取决于很多因素，其中包括公司的兼并收购、相关项目的投资以及投资项目的决策等，但企业管理层尤其是决策者往往不能做到“既严以修身、严以用权、严以律己，又谋事要实、创业要实、做人要实”，决策者在做决策时往往会由于自身原因或者外界环境，产生过度自信、认知偏差等心理特征，甚至在面对失败时也优柔寡断，不敢取舍。这使得他们的决策具有非理性，站在长远的角度，必定会在未来造成企业的经营业绩产生更大的损失。

二是对公司财务目标的影响。

企业的本质无非创造价值，而获取利润、创造财富则是企业的根本宗旨。如果一个企业不能以经济利益为目的，那它显然不可能获得长远发展。企业投资的目的是在未来获得相应的投资收益，但有时管理者可能缺少应有的风险意识，会过度高估自己的能力，或将企业的职能和目标过于夸大，制造出一些不切合实际的目标，从而忽视了企业创造价值的第一目的，这必然会阻碍公司价值最大化的实现。管理者对企业目标认知的非理性很容易扭曲企业的决策行为，导致相应的非理性投资，最终不仅浪费了企业宝贵的资源和机会，还会让企业遭受更多的损失。

三是对公司内部治理的影响。

公司的内部治理主要是对管理者的行为进行约束，使得管理者做出的决策更有利于公司价值的最大化，一套完整的公司内部治理可以对企业组织方式、控制机制、利益分配等方面进行有效的安排，对公司的运作能力以及竞争力有着至关重要的作用。虽然每家公司都致力于设计出一套良好的激励与约束机制，但如果管理者处于非理性的状态，这些机制也就起不到应有的作用，使得公司内部治理机制失效，最终导致公司遭受损失。

（四）教学组织方式

建议用本案例完成“项目投资决策”全部知识点的教学，不再安排教师讲授的时间。一般安排 2 个课时（80 分钟）。案例的教学组织安排如表 1 所示。

表 1　案例的教学组织安排

学习阶段	学习内容	时间限制	学习目标
课前	要求学生分组，并预习课本知识	提前 2 天	熟悉案例背景
课中	教师展示有关项目投资决策概念、程序及其评价方法的相关理论和案例	5 分钟	进一步熟悉案例背景
	分组讨论，当堂完成案例分析报告	30 分钟	结合理论分析问题，将小组案例分析报告成绩作为小组成员的一次平时成绩
	随机抽取 4 个小组发言	每组 5 分钟	结合理论分析问题，要求概述理论依据，结合具体问题分析
	引导全班进一步讨论，并进行归纳总结，将思政元素与财务管理理论的结合，引导学生学会运用财务管理理论知识解决现实问题	25 分钟	归纳用到的关键理论，并对各组表现做一个简单的点评
课后	请学生继续复习项目投资决策，下次课用 5 分钟进行回归提问	—	增进记忆，巩固知识

（五）总结

不可否认，投资决策是公司理财决策中非常重要的一个部分，它是企业实现目标的基本前提，同时对企业的生存状况、发展规模都有着至关重要的影响，如果决策者因非理性而做出盲目、错误的投资决策，就会导致企业遭受损失。所以，公司应该设立有效的内部监督、制衡机制，使管理者正确地认识投资风险，做出合理的决策，同时，在我国的大多数公司，董事会和管理者其实都缺乏对财务知识的了解和对财务知识重要性的认识，应为公司管理者开展财务方面的课程和培训，以加强他们对财务理论知识的了解。

四、参考文献

［1］习近平. 习近平谈治国理政：第一卷［M］. 北京：外文出版社，2018.
［2］习近平. 习近平谈治国理政：第二卷［M］. 北京：外文出版社，2018.
［3］韩震. 社会主义核心价值观新论［M］. 北京：中国人民大学出版社，2014.
［4］蓝辉旋. 终极控制股权结构对公司财务行为和公司业绩的影响研究［D］. 成都：西南交通大学，2013.
［5］伍如昕. 企业经营决策中的非理性［M］. 上海：上海交通大学出版社，2013.

白药买股——YN白药的证券投资

韩卫华

一、案例正文

（一）公司简介

YN白药创制于1902年，中国驰名商标，是享誉中外的中华老字号品牌。自1971年建厂后，于1993年作为云南首家上市公司在深交所上市，2010年开始实施“新白药、大健康”产业战略，从中成药企业逐步发展成为我国大健康产业领军企业之一，名列首批国家创新型企业。经过近几年的混合所有制改革后，2019年起，云南省人民政府国有资产监督管理委员会以25.14%的股权成为上市公司第一大股东。现在，YN白药（000538.SZ）主要从事药品（以中成药为主）的研发、生产经营及外购药品的批发零售，产品畅销国内、东南亚，逐渐进入欧美日等发达国家，有数亿人次使用过公司产品。

YN白药入选福布斯全球企业2 000强、亚洲最佳上市公司50强，在2020年《财富》中国500强排行榜上，YN白药按营业收入排名第327位；按净利润，YN白药以41.84亿元排名第二，利润率为14.1%，排名第3。

YN白药集团主要分为药品、健康品、中药资源和医药物流四大板块。药品方面，YN白药创可贴、YN白药气雾剂、YN白药膏等产品继续占据中国市场同类产品销量第一；健康品方面，2018年YN白药牙膏产品销售位居同类产品全国市场份额第二、民族品牌第一；中药资源产品方面，以冻干和超细粉技术为代表的豹七三七已成为云南省内高品质三七的代表 。在INTERBRAND、胡润、BRANDZ等发布的中国品牌价值排行榜中，YN白药持续稳居行业第一。

（二）YN白药的证券投资活动

作为一家从事实业而非专业从事金融投资的公司，YN白药在二级市场的活动可谓是相当活跃。从2014年起，YN白药开始进行证券投资；2015年公司制定了证券投资管理制度，并在2018年、2020年两次根据深交所2018年颁布的《深圳证券交易所上市公司规范运作指引》的要求和公司章程进行修订，明确了公司进行证券投资的内部控制制度、权限设置、投资决策机制、内部审批流程、操作流程、风险监控机制等事项。

其中，对证券投资的权限设置明确规定，证券投资需提交董事会审议，审议标准如表1所示。

表 1　上市公司风险投资审议标准

所属板块	董事会	股东大会
深主板（证券投资）	证券投资总额占公司最近一期经审计净资产 10%以上且绝对金额超过 1 000 万元人民币的	证券投资总额占公司最近一期经审计净资产 50%以上且绝对金额超过 5 000 万元人民币的； 根据公司章程规定应当审议的

1. 证券投资的目的

根据公司证券投资管理制度的规定，在确保日常经营、满足经营性资金需求和资金安全的情况下，使用公司闲置自有资金开展投资行为，在风险可测、可控、可承受的前提下从事证券投资，不挤占公司运营和项目建设资金，在董事会和股东大会批准的投资总额内适当配置证券投资产品及数量，有利于提高公司的收益及资金使用效率。

2. 证券投资的种类

YN 白药在其证券投资管理制度中明确，证券投资是指包括新股配售或者申购、证券回购、股票及存托凭证投资、债券投资、委托理财以及深圳证券交易所认定的其他投资行为。其中，委托理财是指公司委托银行、信托、证券、基金、期货、保险资产管理机构、金融资产投资公司、私募基金管理人等专业理财机构对其财产进行投资和管理或者购买相关理财产品的行为。

3. 证券投资活动概述

YN 白药很早就开始进行证券投资。2014 年，公司拿出 4. 36 亿元用于二级市场小试身手，之后逐年上升，2017—2018 年，投资的证券资产达到总资产的 24%。到 2020 年年末，YN 白药在二级市场的投资以公允价值计入资产负债表的就达 112. 29 亿元（交易性金融资产），占 2020 年公司总资产的比重近 20%，虽比重较前几年有所下降，但 2020 年的交易性金融资产总额已是 2014 年的 25. 7 倍。

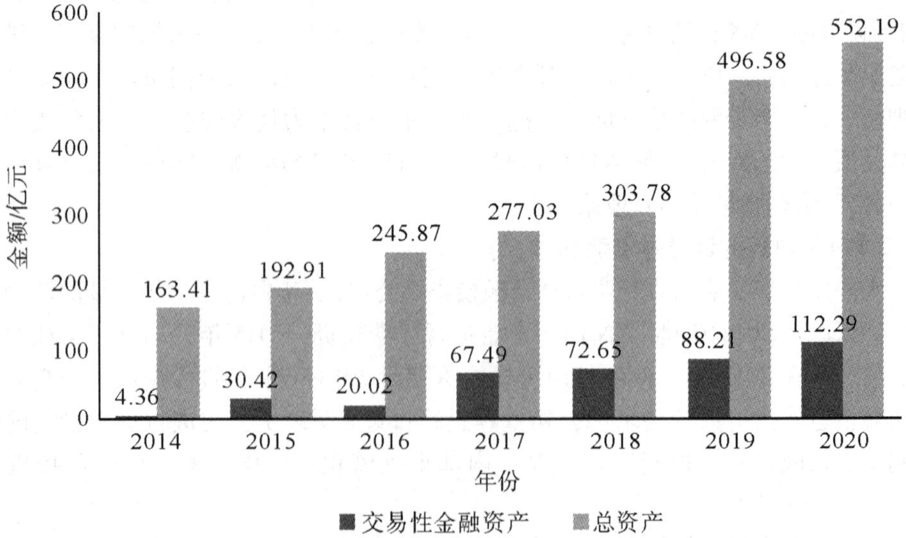

图 1　YN 白药总资产与交易性金融资产（2014—2020 年）

资料来源：Wind。

4. 2019—2020 年证券投资情况

2019 年伊始，我国股票市场出现了一波上涨行情，上证综指从年初的 2 493 点涨至3 090点仅用了 3 个月的时间，赚钱效应吸引了大批投资者入场炒股。据中国证券登记结算有限责任公司的数据，2021 年 3 月我国证券市场投资者数量增长 247. 74 万，同比增长 31%。新增投资者中，自然人投资者为 247. 37 万，非自然人投资者为 0. 37 万。截至 3 月底，我国证券市场投资者数量已超过 1. 839 亿，其中自然人数量 1. 835 亿，非自然人数量为 42. 80 万。

许多上市公司与众多散户一样，都想从股市中分一杯羹，YN 白药也不例外，证券投资也更为主动积极。2019 年、2020 年公司在二级市场，期末的证券资产分别为 88. 21 亿元和 112. 29 亿元（见表 2），比上年同期分别增长 21%、27. 3%。

表 2　YN 白药 2019—2020 年以公允价值计量交易性金融资产变动

单位：万元

年份	期初数	本期公允价值变动损益	本期购买金额	本期出售金额	其他变动	期末数
2019	2 309 909. 7	39 392	630 699. 9	2 041 727. 6	-56 159. 6	882 114. 4
2020	882 114. 4	230 727. 5	762 321. 9	752 289. 6	0	1 122 874. 3

YN 白药的证券持仓情况可从这两年公司年报和季报的披露中一见端倪。

2019 年 YN 白药证券投资主要集中在债券（见表 3）。公司投资的前十大证券中，有 6 只债券型基金和 4 只股票，其中，九州通与 YN 白药同属医药行业，红塔证券与 YN 白药同出一省，因股东有重合属于关联方，雅各臣和中国抗体都是相关医药产业。YN 白药购入的这两家公司股票归属于“其他非流动金融资产”，表明公司对这两家股票投资的目的不只是单纯地追求证券投资收益。

表 3　YN 白药 2019 年证券投资情况（前十大证券）　单位：万元

序号	证券代码	证券简称	最初投资成本	期初账面价值	本期公允价值变动损益	本期购买金额	本期出售金额	报告期损益	期末账面价值
1	SH600998	九洲通	30 679. 48	39 782	-1 164	2 503. 29	2 565. 45	-1 164	38 555. 86
2	HK02633	雅各臣科研制药	26 373. 9	30 316. 5	498. 31	—	—	1 039. 99	30 814. 83
3	SH601236	红塔证券	11 423. 47	16 296. 3	41 650. 54	—	—	41 650. 5	57 946. 83
4	HK03681	中国抗体	35 411. 98	—	-18 724. 83	35 087. 3	—	-18 725	16 362. 47
5	004736. OF	富国鼎利纯债债券	199 999. 8	10 447. 1	2 476. 23	189 999. 9	—	2 476. 23	202 923. 2
6	270043	广发年年红债券	100 000. 15	102 582	-1 203. 3	—	—	2 896. 69	101 379
7	004705. OF	南方祥元 A	10 046. 07	9 999. 95	46. 12	—	—	488. 93	10 046. 07
8	004920. OF	富国强利纯债债券	21 099. 04	—	1 099. 05	20 000	—	1 397. 56	21 099. 04
9	004705. OF	博时聚源纯债债券	18 752. 3	20 507	-1 754. 65	—	—	703. 95	18 752. 3
10	SW8334	乐瑞强债 20 号	10 435. 3	9 271. 53	1 163. 78	—	—	1 163. 78	10 435. 31

可见，2019 年，YN 白药的证券投资以稳扎稳打的债券投资为主，证券投资的账面价值 88 亿元，债券型基金就占到了将近一半，如图 2 所示。

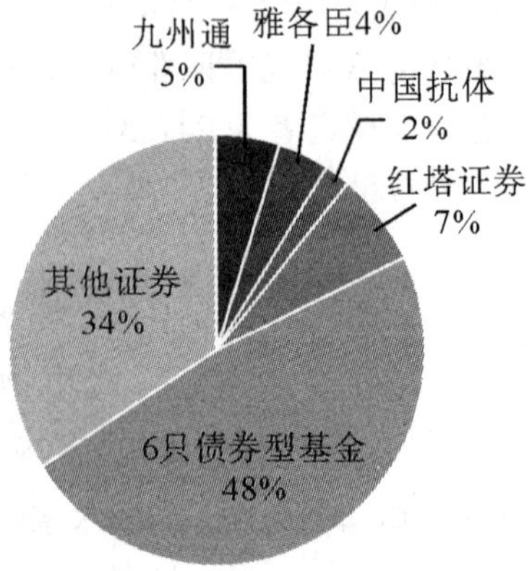

图 2　YN 白药 2019 期末证券投资账面价值（以公允价值计量的证券）

此外，图 2 中还不包括银行理财。YN 白药拨出 29 亿元用于委托理财，其中的 21 亿元在多家银行理财产品中实行滚动投资，年化收益率在 3. 53%~4. 35%，到年底依然持有。

也许是不满足于债券投资、委托理财带来的收益，2020 年，YN 白药一改之前的证券投资风格，将理财产品全部出清，原先重仓的债券型基金也已经从公布的 10 大证券榜（表 4）上消失，取而代之的炙手可热的科技股、明星股，就连同属医药行业的九州通也被出售，换成了备受资本市场追捧的恒瑞医疗。一年之中，公司卖掉了持有多年的红塔证券，当期获利 2. 4 亿元，又花费 47. 8 亿元，在香港和内地的股票市场上将腾讯、小米、恒瑞医药、贵州茅台、伊利股份、中国生物等股票收入囊中，其中 8. 68 亿元投资了腾讯，16. 31 亿元购买了小米，食品饮料行业的龙头股贵州茅台和伊利股份也受到 YN 白药的青睐。公司在第三季度以 6. 32 亿元购入贵州茅台，几个月后以 7. 17 亿元出售，短短几个月单只股票获利 8 674 万元，高抛低吸的操作令一众散户羡慕不已（图 3）。小米的股价更是扶摇直上，到 2020 年年底，小米的股票资产以公允价值计 31. 48 亿元，已经占到 YN 白药所有证券投资的 29%（图 4），甚至占到了公司总资产的 5. 6%。

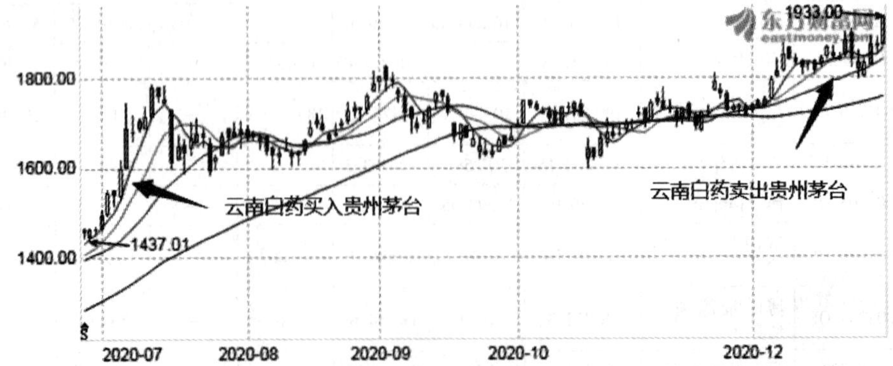

图 3　贵州茅台股价走势图

表 4　YN 白药 2020 年证券投资情况（前十大证券）　　　　单位：万元

序号	证券代码	证券简称	最初投资成本	期初账面价值	本期公允价值变动损益	本期购买金额	本期出售金额	报告期损益	期末账面价值
1	SH600998	九洲通	30 679. 48	38 555. 9	12 310. 8		50 866. 62	12 583. 7	
2	HK02633	雅各臣科研制药	26 373. 9	30 814. 8	-11 457			-11 026	19 357. 7
3	SH601236	红塔证券	11 423. 47	57 946. 8	23 800. 1		81 746. 95	24 271. 3	
4	HK03681	中国抗体	35 411. 98	16 362. 5	3 614. 45			3 614. 45	19 976. 93
5	HK00700	腾讯控股	86 875. 1		-1 134. 9	86 875. 1		-1 134. 9	85 740. 2
6	HK01810	小米集团	163 180		151 655	163 180		151 655	314 834. 6
7	SH600276	恒瑞医药	42 563. 3		4 788. 5	42 563. 3		4 788. 5	47 351. 8
8	SH600519	贵州茅台	63 224. 6		8 484. 76	63 224. 6	71 709. 3	8 484. 76	
9	SH600887	伊利股份	88 717			88 717		0	18 752. 3
10	HK01177	中国生物	34 200. 9		-10 748	34 200. 9		-10 621	23 453. 4

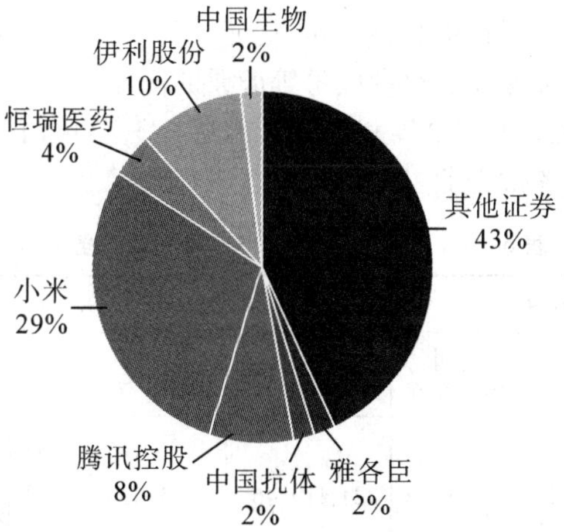

图 4　YN 白药 2020 期末证券投资账面价值（以公允价值计量的证券）

除了以公允价值计量的股票等证券，年初 YN 白药还有以账面价值计量的各种金融机构理财产品，2020 年金额最高时达 100 亿元，大多期限较短，属其他流动资产，年末都已陆续到期，而且没有继续进行委托理财。

表 5　YN 白药 2020 年第三季度委托理财　　　　单位：万元

受托机构	受托机构类型	产品类型	金额	资金来源	起始日期	终止日期	资金投向	报酬确定方式	参考年化收益率	是否经过法定程序	未来是否还有委托理财计划
A 银行	银行	银行理财产品	530 000	自有资金	2020. 06. 01	2020. 10. 15	银行理财资金池	到期还本付息	4. 65%	是	是
合计	530 000	—	—	—	—	—	—	—	—	—	—

2020 年 7 月，YN 白药拟以自有资金人民币 1 亿元购买关联方红塔证券为公司定制的理财产品，即红塔证券红金 8 号，属固定收益类单一资产管理计划，期限为 2 年，

资金循环使用，投资范围为国内依法发行的债券、货币市场工具以及公募基金，具体包括：①交易所、银行间上市交易的国债、地方政府债、中央银行票据、企业债券、公司债券（含非公开发行公司债券、可转换公司债券和可交换公司债券）、各类金融债、银行间市场交易商协会注册发行的各类债务融资工具［超短期融资券、短期融资券、中期票据（含永续中票、可续期中票）、集合票据、非公开定向融资工具］、资产证券化产品；货币市场工具，包括现金、银行存款、协议存款或大额存单、同业存单、短期债券逆回购等；②债券型基金；③本计划可参与债券回购业务①。

到2020年年末，理财产品的余额为零。

5. 小结

（1）收益伴随着风险

2019年YN白药的产生投资收益14.7亿元，占当年利润总额的31.11%，剔除权益法核算的长期股权投资收益和处置长期股权投资产生的投资收益后，证券投资带来的收益有4.48亿元，占利润总额的9.47%。年化投资收益率约6%。不满足于此的白药集团2020年在二级市场频繁出手扫货白马股，虽然腾讯、中国医药等个股有亏损，但整体证券投资还是赚到了投资收益2.44亿元，其中贵州茅台就贡献了8 674万元。2019年年末，得益于小米集团、伊利股份等股票的优异表现，交易性金融资产公允价值动损益高达22.4亿元，占到全年利润总额的近1/3，YN白药也因此被股民戏称为2020年最会炒股的国资参股企业。

表6　YN白药2019—2020年非主营业务分析

项目	2019		2020		形成原因说明	是否具有可持续性
	金额/万元	占利润总额比例/%	金额/万元	占利润总额比例/%		
投资收益②	44 801.50	9.47	24 419.46	3.59	只含交易性金融资产持有和处置的收益以及公司委托理财收益	否
公允价值变动损益	22 683.56	4.80	224 036.86	32.94	公司持有的证券、基金单位净值变化产生	否

数据来源：节选自YN白药2019年、2020年年度报告。

然而，将公司的巨额资产置于潜在的市场波动之下，也意味着巨大的风险。2020年的第三季度报中披露，本期持有的交易性金融资产价值波动引起公允价值变动收益暴涨997.15%。很明显，这样的收益不具有可持续性。

必须提到的是，2020年年末的22.4亿元的收益只是账面浮盈。2021年一开始，股市大跌不已，即使业绩优良的白马股也难以避免。贵州茅台的股价宽幅震荡，每股最高2 627元、最低1 657元（2021年7月30日），幸而公司早已将其获利了结，免受巨幅波动带来过山车似的心跳；而其他依然持仓的股票就没那么幸运了，比如伊利、腾讯

① 摘自2020年YN白药《关于拟以自有资金向关联方购买理财产品的公告》。

② 投资收益，是指已剔除权益法核算的长期股权投资收益、处置长期股权投资产生的投资收益、以摊余成本计量的金融资产终止确认收益。

和小米，香港上市的小米集团从年初时的每股33元跌到26元（2021年4月7日）。从YN白药2021年第一季度的季报可知，依然持仓的小米、伊利和恒瑞市值都大幅缩水，其中的恒瑞医疗从2020年年底的盈利4 800万元变成了亏损3 400万元。

（2）证券投资日趋多元化，风险偏好上升

过去几年，YN白药证券投资的范围在不断扩大，一步步地将证券投资的标的范围，从一开始的保本理财、货币基金、债券基金等，逐步扩大到了股票、股权以及股票资管计划等。

众所周知，保本理财、货币基金、债券等品种风险小、收益低，其中理财的收益据公司披露仅为3.5%~4.35%，货币基金、债券等根据行业平均水平分别为5%和7%，但资金的安全是相对有保障的。

2019年年中，YN白药投资的前十大证券中债券基金就多达6只，投资风格稳健甚至是偏向保守。然而，2020年，公司画风突变，不再拿资金做理财，债券基金的投资占比也急剧下降，更多的是参与风险较高的二级市场股票交易，追逐热门的科技股、明星股、题材股，并加大了买入卖出的操作频率，显示出YN白药对风险的容忍度在增加。

虽然高风险意味着预期高收益，从2020年年底来看，投资成绩不错，贵州茅台才几个月就为公司带来13%的收益。但预期收益也意味着不确定性，较高的风险偏好是否对公司长远有利还值得商榷。

（3）投资多元化与主营业务的关系

YN白药近年来市场扩张不断放缓，主业的发展一直被人诟病，如图5所示。

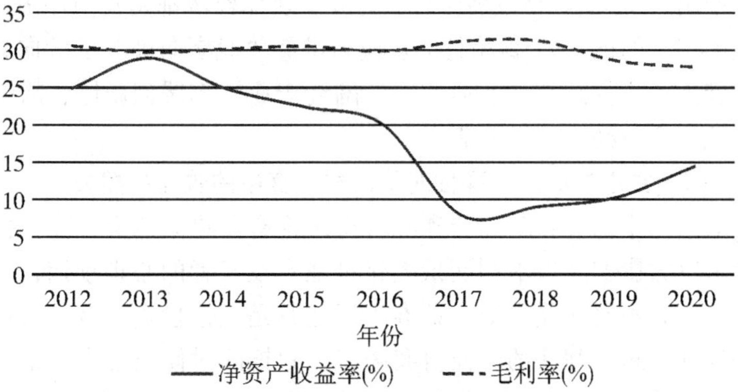

图5 YN白药历年净资产收益率和毛利率（扣非/加权）

YN白药的综合毛利率过去几年也一直处于下降趋势。2020年，YN白药的毛利率为27.75%，相比于2019年下降0.81个百分点，相比于2017年下降了近4个百分点。毛利率的下降，暗示其产品竞争力下降。

有股东质疑，白药混改后带来战略资金，有着巨大资金优势，为何不利用其优势，多投入研发，大力发展主业，减少股票证券投资，回归到主业快速增长道路上来。

公司辩称，各类证券投资，是坚持审慎投资的原则，在确保日常经营和资金安全的情况下使用公司闲置自有资金开展的投资行为，不会影响公司主营业务的正常开展”。但增长缓慢的主业难以说服股东，与在二级市场几十亿元的大手笔投入相比，

2020 年，YN 白药在研发的投入仅为 1.8 亿元，占营业收入的 0.55%。

因此，需要把握好证券投资与主营业务的关系。公司也在回应外界时称，在持续做好原有业务板块的同时，充分借助混改带来的战略资金，以自主创新、整合重组为支撑，以项目为抓手，以新产品引进和医学研究中心构建为突破，精选赛道及时切入，将继续加大力度进行优选并购标的，储备一批国内外项目，并继续加强与专业产业基金的合作，推动公司发展为创新技术驱动的医药企业。

二、案例的思政元素

本案例的思政元素主要有：

（一）坚持把发展经济的着力点放在实体经济上，避免虚拟经济过度膨胀

与由成本和技术支撑定价的物质价格系统不同，虚拟经济中的资产，如证券，其价格是以资本化定价方式为基础的一套特定的价格体系。虚拟经济依赖于实体经济，若发展不足会抑制实体经济。然而，一些企业将本应围绕主业投资的大量资金投入股市、房市炒作，以图赚快钱、大钱，给国民经济运行带来风险。YN 白药本身是一家传统医药制造企业，以药品、健康品、中药资源、医药流通四大业务为主，公司没有在以 YN 白药为主的药品、口腔护理为主的健康品和以省内中药材资源为依托的三七系列等 B 端产品上持续深耕，却将大量资金投入股市，为虚拟经济添了一把柴火，也给公司的未来发展留下隐患。

实体经济是现代化产业体系的根基，是一国经济的压舱石。党的二十大报告强调，“坚持把发展经济的着力点放在实体经济上”。经济发展到任何时候都不能脱实向虚，习近平总书记指出，“不论经济发展到什么时候，实体经济都是我国经济发展、在国际经济竞争中赢得主动的根基。”传统行业也应当避免“脱实向虚”的倾向，要把实体经济作为发展的着力点，找到新的发展路径，围绕产业链部署创新链、围绕创新链布局产业链，才能筑牢实体经济发展根基。

（二）保持积极健康的心理，理性对待证券投资中的收益和损失

心理健康对个人幸福、家庭和谐和社会稳定都有着重大意义。证券投资会给投资者心理健康带来巨大影响。追求利润最大化是证券投资者的心理预期，一般人们都期望获得愉快的体验，不愿接受失败。证券市场尤其是股票投资，最大特点之一就是起伏不定，价格暴涨暴跌，赚钱的时候自我膨胀，亏钱的时候灰心丧气是几乎所有证券投资者的必经的心路历程。在“贪婪”和“恐惧”之间摇摆，投资者的心理、生理都受到很大的消极影响，突然的刺激或者不良情绪的累积甚至会使投资者做出一些极端行为，伤害的不仅是个人健康，还会波及家庭稳定和社会安宁。

证券投资者应当树立正确的人生观和价值观，提高自己的心理素质和对抗挫折的能力，理性看待市场的涨跌，暴涨时保持清醒，亏损时也要懂得调节心理压力，保持心态的平衡，以积极健康的精神面貌对待工作和生活。同时，正视和规避人性的弱点可能造成的风险，正确对待证券投资中的收益和风险。

（三）用唯物辩证法之对立统一原理看待风险与收益的关系

对立统一规律是唯物辩证法的实质和核心，它解释了事物普遍联系的根本内容和永恒发展的内在动力。

矛盾同一性和斗争性相互联结和制约的原理，要求我们在分析和解决矛盾时，必须从对立中把握同一，同一中把握对立，这是辩证认识的实质所在。同一性和斗争性相互制约原理是我们认识世界和改造世界的有力工具。

从财务学的角度来说，风险是指资产未来实际收益相对预期收益变动的可能性和变动幅度，收益是指风险收益，指投资者因冒风险进行投资而获得超过时间价值的那部分收益，具有不确定性。因此，风险中包含了“危险”和“机会”双重含义，可能会给投资者带来超出预期的收益，也可能带来超出预期的损失。即使是被认为零风险的国债投资，零风险也只是相对的，国债也有利率风险。

证券投资中，风险和收益两者相互作用、相互影响，是相互对立又相互统一的。两者呈负相关，想要取得投资收益，必然面临投资损失的不确定性，且高收益，高风险；低收益，低风险。同时，风险与收益又是统一的：收益与风险本为一体，相伴而生，形影相随，收益以风险为代价，风险用收益来补偿。因此，在证券投资中，必须用全面的、一分为二的观点看待问题，只看收益忽略风险，或者因为风险而裹足不前不敢投资，都是不正确的。

（四）坚持马克思主义的“两点论”和“重点论”的统一，认识系统性风险和非系统性风险

坚持两点论，就是在认识复杂事物的发展过程时，既要看到主要矛盾，又不忽略次要矛盾，也就是“全面论”；在认识某一矛盾时，既要看到矛盾的主要方面，又不忽略矛盾的次要方面。如果只看到主要矛盾和矛盾的主要方面，忽略了次要矛盾和矛盾的次要方面，就会犯“一点论”的错误。

坚持重点论，就是在认识复杂事物的发展过程时，要着重抓住主要矛盾；在研究某一矛盾时，要着重把握矛盾的主要方面。如果主次不分，不抓重点，平均使用力量，就会导致“均稳衡论”。

两点论和重点论是互相包含、内在统一的。坚持两点论和重点论的统一，就是看问题、办事情既要全面，又要善于抓重点。

市场环境是复杂的，投资者在进行证券投资时，通常不会将所有资金投资于一种证券，而是同时持有多种证券，这种方式就是投资组合，它能降低风险，在同样水平的风险上能提高预期收益。证券组合的风险可以分为系统性风险和非系统性风险，系统性风险是国家政治形势的变化、宏观经济形势的变化、国家经济政策的调整等，是不能被投资组合分散的风险；非系统性风险是个别公司发生的特定事件，如公司新产品研发失败、管理不善、失去重要客户、资金链断裂等，可以通过投资组合分散掉。所以，投资者除了要关心手中持有的证券是否出现重大事件这样的非系统性风险，更应当关心的是每一项证券风险的系统性风险，这才应当是主要矛盾，非系统性风险是次要矛盾。

坚持两点论和重点论的统一意味着：首先，要全面地看待风险，既看到系统性风险也不忽略个股的风险；其次，要善于抓住重点，明确系统性风险是主要矛盾；最后，又要看清矛盾的主要方面。系统性风险用贝塔系数衡量，反映的是一只股票相对于整个市场收益率变动的敏感程度。每一项证券的系统性风险是不一样的，只有全面认清风险，才有可能使投资组合达到预期收益。

（五）践行总体国家安全观，深刻理解系统性风险对国家金融安全的意义

党的十八大以来，以习近平同志为核心的党中央高度重视国家安全工作，对统筹发展和安全作出一系列重要战略部署。金融是国家重要的核心竞争力，金融安全是国家安全的重要组成部分，容不得丝毫疏忽懈怠。2017 年 4 月下旬，习近平总书记在主持中央政治局会议就维护国家金融安全进行集体学习时强调，金融安全是经济平稳健康发展的重要基础，要把防控金融风险放到更加重要的位置，牢牢守住不发生系统性风险的底线。同年在党的十九大报告又再次强调了“健全金融监管体系，守住不发生系统性金融风险的底线。”这是习近平新时代中国特色社会主义思想在金融领域的根本要求。

牢牢守住不发生系统性风险的底线，充分说明了系统性风险对国家安全的重要性。非系统性风险和系统性风险，分别由不同主体采取不同方式加以防范和化解。其中，非系统性风险，是个别、区域风险，可以通过风险分散而化解，责任主体在微观主体，主要通过及时释放的市场化方式防范和化解，避免个别、区域风险的过度累积从而引发可能的系统性风险。系统性风险不能被分散化解，相比非系统性风险，它影响深远、破坏力巨大，微观主体只能被动承担并获取风险收益，其责任主体在宏观管理部门，主要通过政策、制度和体制机制的设计和变革，通过监管及其协调来实现。需要不断完善证券市场防风险长效机制，坚守金融服务实体经济的本分，切实维护国家金融安全。

（六）以主观能动性和客观规律性的辩证关系进行证券投资

正确处理客观规律性和主观能动性的辩证关系，要求我们要一切从实际出发，最根本的就是要从物质世界固有的规律出发，遵循客观规律，正确处理客观规律性和主观能动性的辩证关系，坚持主观能动性与客观规律性的辩证统一。

市场规律是客观的，在证券投资中，市场风险是客观存在的，不以人的意志为转移，但并不代表人类在规律面前无可奈何，人们应该自觉地认识和利用规律。特定投资的风险的大小是客观的，但投资者可以通过证券组合的方式达到风险和收益的最大化，投资者是否去冒险、承担多大的风险、怎样进行组合，是可以选择的，是主观决定的。

在证券投资中，夸大其中一面否认另外一面的情形都同时存在。有的人认为股市风云变幻无常，是否发财全靠运气，这就是否认了主观能动性；有的人热衷打探内幕消息、追逐风口、勇于“下重注”，忽略了市场的客观规律性。尊重客观规律是发挥主观能动性的基础和前提，投资者对市场风险的认识越全面、越深刻，才越能充分地发挥主观能动性。要想成功地进行投资，就要在遵循客观规律的前提下发挥主观能动性。

三、案例使用说明

（一）教学用途与教学目标

1. 教学用途

本分析型案例适用于本科生财务管理课程中“证券投资”的知识点的教学。

2. 教学目标

（1）知识层面

理解概念：证券投资的目的、证券投资种类、风险与收益的关系、期望收益率、

系统性风险与非系统性风险。

掌握理论：投资组合理论、投资组合的风险。

（2）能力层面

系统思维能力：老师通过对证券投资、证券种类、投资组合理论和其他相关理论进行讲解，帮助学生科学、系统、全面地理解证券投资中风险与收益的关系，理解在不同的风险偏好下进行证券投资决策的过程。

判断实践能力：根据案例材料，设置两至三个由浅入深、由知识到能力的问题，通过解答问题，帮助学生形成“理论到实践、实践到理论”的思维方式，使学生能根据投资者（包括企业和个人）的投资目的和不同的风险偏好，运用相关的理论知识进行投资活动。

（3）素质层面

学习该案例，学生能了解证券市场的波动，增强心理素质，提高抗挫折能力；能掌握证券投资领域的专业知识，而且学习并运用辩证唯物主义世界观和方法论看待事物，正确地对待投资风险，从而能认识到马克思主义基本原理并不是空中楼阁，而是能实实在在地应用在具体的专业领域，加深学生的政治思想素养；同时，也能使学生了解国情，增加对当前经济形势的了解，培养对经济热点的敏感度。

（二）案例分析要点

1. 启发思考题

（1）结合案例，运用唯物辩证法之对立统一原理看待风险与收益之间的关系。

（3）运用两点论和重点论分析投资组合对系统风险和非系统风险的分散作用。

（3）牢记“不忘初心方得始终”的教诲，结合案例，讨论个人及企业进行证券投资的目的。

2. 分析思路

三个思考题，是基于财务管理课程中“证券投资”知识点而提出的。

（1）结合案例，运用唯物辩证法之对立统一原理，看待风险和收益的关系。

理论知识点：风险与收益的定义、风险与收益的关系。

风险是指投资的未来实际收益相对预期收益变动的可能性和变动幅度，收益是指风险收益，指投资者因冒风险进行投资而获得的补偿，两者密不可分。

比较 YN 白药投资的各种证券品种，可以看出对立统一就是风险与收益的实质和核心。银行理财产品尤其是保本型理财产品的风险最低，收益也最低，年化收益率只有约 4%，且有一定的期限要求；债券的未来现金流相对固定，不受市场波动的影响，但流动性较差，风险低，相应的收益也低；相对而言，债券基金是债券投资的组合，流动性较好，比单一债券风险小同时又不降低预期收益，但整体收益还是远远比不上股票；股票价格受市场、投资者心理等多种因素影响，波动巨大，风险高，预期收益也高。所以，风险与收益是相伴相随、对立而又统一的。想获得高收益，就必须承担高风险，承担了高风险，就有获得高收益的可能性但并不是肯定的，对立和统一在一定时间、空间、条件下会互相转化。投资者应当根据自己的风险偏好选择不同的投资策略。

（2）结合案例，运用两点论和重点论分析系统风险和非系统风险在投资组合中的作用。

理论知识点：投资组合、系统风险、非系统风险。

引导学生运用马克思主义基本原理中的两点论和重点论，分析系统性风险和非系统性风险。分析思路如下：

在实际工作中，坚持两点论和重点论的统一具有重要意义。一是在看问题、办事情中既要全面把握，又要善于抓住重点，切忌平均使用力量，不分主次一把抓。二是对于事物要善于做矛盾分析，坚持两点论也就是坚持一分为二的矛盾分析法。

两点论告诉我们，要全面看待风险，包括系统和非系统性风险；重点论告诉我们，系统性风险应当是投资者关注的重点。

案例企业 YN 白药不断地抛售和买入不同种类的证券，投资组合前前后后包括了债券、银行理财、基金、股票等。在 2015 年的股灾当中，所有股票、债券都惊人暴跌、无一幸免，无法分散的系统性风险的巨大威力给所有投资者都上了一课；2021 年年初在股市的系统性下跌中大部分股票也中招，再次展现了投资组合在化解系统性风险中的局限；2020 年 YN 白药对中国生物和腾讯控股的投资都出现了亏损，但这亏损被其他股票的盈利所弥补，总体实现了正收益，说明投资组合很好地分散了个股的非系统性风险。

因此，证券投资决策时要坚持两点论和重点论的统一。首先，要全面地看待风险；其次，要善于抓住重点，明确系统性风险是主要矛盾；最后，还要看清矛盾的主要方面。每一项证券的系统性风险是不一样的，这才是投资者关注的重点。债券、银行理财的系统性风险就非常非常小，贝塔系数小到几乎可以忽略不计；而茅台、伊利等无论经济周期如何变化，人们的消费变动不大，所以食品饮料的系统性风险相对较低，贝塔系数小；新兴产业（如新能源、医美）市场潜力巨大、各种不确定因素也多，当市场有风吹草动时股价波动最剧烈，系统性风险最大，贝塔系数也最大。要使投资组合达到预期收益，须坚持两点论和重点论的统一，能使决策少走弯路。

（3）结合案例，讨论个人及企业进行证券投资的目的。

理论知识点：证券投资的目的。

引导学生牢记“不忘初心方得始终”的教诲，谨守证券投资的初衷。参考答案如下：

除了金融企业如保险、基金、理财公司、投资公司等，非金融实体企业进行证券投资的目的有：战略并购，或者打通上下游产业的需要，或者是为了有效利用公司暂时的闲置资金，提高资金的收益。

企业在生产经营过程中，一般都拥有一定数量的现金，以满足日常经营的需要，但是现金不能给企业带来收益，有时企业可能在较长时期内没有较高收益的主业项目投资，也会使资金闲置。因此，企业可以利用闲置资金进行证券投资以获取一定的收益，在公开市场上进行证券投资，而且操作简便、变现能力强，当企业发展需要资金时，可以出售证券随时变现。

然而，也正是因为证券投资比主营业务的投资相对而言容易操作、预期收益大，一些企业热衷于在股市中频繁操作、追涨杀跌，以所谓的“业务多元化”为由投资高风险股票甚至衍生金融产品，加杠杆炒股，甚至将融资拿到的钱用于炒股，违反了法律法规。而一些个人在进行证券投资时，也抱着“搏一把”的心理，把投资看成是赌博，违背了投资的初衷。

YN 白药的证券投资中，除了对雅各臣、中国抗体这两家医疗行业公司出于战略目的进行投资，投资其他的品种，理财产品、债券、茅台、小米等，都是出于提高短期收益的目的。公司一再强调，炒股的钱是自有资金、闲置资金，证券投资不影响公司的日常经营、不影响主营业务的发展规划。只有不忘初心，方得始终，才能实现公司的长远发展。

（四）教学组织方式

建议用本案例完成“证券投资”知识点的教学，不再安排教师理论讲授的时间。一般安排 2 个课时（80 分钟）。案例的教学组织安排如表 7 所示。

表 7　案例的教学组织安排

学习阶段	学习内容	时间限制	学习目标
课前	要求学生分组，并预习课本知识	提前 2 天	熟悉案例背景
课中	教师展示有关证券投资概念、目的案例	5 分钟	进一步熟悉案例背景
	分组讨论，当堂完成案例分析报告	30 分钟	结合理论分析问题，小组案例分析报告成绩作为小组成员的一次平时成绩
	随机抽取 4 个小组发言	每组 5 分钟	结合理论分析问题，要求概述理论依据，结合具体问题分析
	引导全班进一步讨论，并进行归纳总结，将思政元素与财务管理理论的结合。引导学生学会运用财务管理理论知识解决现实问题	25 分钟	归纳用到的关键理论，并对各组表现做一个简单的点评
课后	请学生继续复习证券投资，下次课用 5 分钟进行回归提问	—	增进记忆，巩固知识

（五）总结

通过证券投资，企业能有效利用闲置资金，提高资金的使用效率。但是，事物是对立统一的，证券投资给企业带来收益的同时，市场的巨幅波动也使股东承担了更多的风险。在进行证券投资时，需要注意运用辩证唯物主义的矛盾的同一性和斗争性正确看待风险和收益。风险当中有预期收益，预期收益也蕴含着风险，矛盾的同一性和斗争性是相互联结的。

证券的风险分为系统性风险和非系统性风险。系统性风险事关国家总体安全，对国家提出的“牢牢守住不发生系统性风险的底线”应有深刻认识。同时，在证券市场投资时，应当坚持两点论和重点论的统一，就是看问题、办事情既要全面，又要善于抓重点，对不能被分散的系统性风险和可以通过投资组合分散的非系统性风险，我们应当分清主流和支流，既要抓住主流、坚定信心，又不忽视支流，利用好证券投资组合解决存在的问题。

证券投资对非金融投资企业而言，它是一项非主营业务，一些实业企业除了追求投资收益之外，有时也会出于战略并购或打通上下游产业链的需要而进行证券投资，然而，一些企业忽略主业，热衷于在二级市场上追涨杀跌，追求“快钱”“易钱”，这无疑是短视的投资行为，使股东的资金承担巨大的市场风险巨大，偏离了企业的初心使命。因此，只有正确认识证券投资的目的并在实践中谨守原则，才能保证企业长远稳健的发展。

四、参考文献

[1] 习近平. 习近平新时代中国特色社会主义思想学习问答［M］. 北京：学习出版社，2021.

[2] 人民网. 习近平在中国共产党第十九次全国代表大会上的报告[EB/OL].(2017-10-28)[2012-01-05]. http://cpc.people.com.cn/n1/2017/1028/c64094-29613660.html.

[3] 郭泽光，田祥宇，袁春生，等. 财务管理学［M］. 大连：东北财经大学出版社，2018.

[4] 徐锐. 上市公司亲自炒股四大流派[EB/OL].(2020-11-17)[2022-12-13].https://xw.qq.com/cmsid/20201117A06V5F00.

[5] 卢文忠，刘云忠，鄢琼伟. 证券投资的心理学因素与心理健康［J］. 技术经济与管理研究，2000（1）：73-75.

[6] 王立峰. 云南白药押注新华都押错了？[EB/OL].(2021-04-06)[2022-12-15].https://www.jiemian.com/article/5909163.html.

RX 咖啡造假——证券投资需谨慎

唐宁华

一、案例正文

（一）瑞幸的发展背景

RX 咖啡公司总部位于厦门，截至 2019 年年底，直营门店数达到 4 507 家。RX 咖啡以“从咖啡开始，让瑞幸成为人们日常生活的一部分”为愿景，通过充分利用移动互联网和大数据技术的新零售模式，与各领域优质供应商深度合作，致力为客户提供高质量、高性价比、高便利性的产品。RX 咖啡是中国新零售咖啡的典型代表，致力成为中国领先的高质量咖啡品牌和专业化的咖啡服务提供商。RX 咖啡以优选的产品原料、精湛的咖啡工艺，创新的商业模式，领先的互联网技术，努力为广大消费者带来更高品质的咖啡消费新体验，推动咖啡文化在中国的普及和发展。经过多轮融资后，瑞幸拿到了十几亿美金的融资，其投资方中有君联资本、愉悦资本、大钲资本等。RX 咖啡经历了 18 个月的资本布局，于 2019 年 5 月 17 日，在美国纳斯达克成功上市，根据 2020 年 1 月 9 日收盘价计算，其市值超过 100 亿美元。虽然瑞幸成功上市但亏损也是显而易见的。其招股书显示，2019 年 1 季度，RX 咖啡营收为 4. 79 亿元，净亏损 5. 52 亿元；2018 年全年，RX 咖啡的营收为 8. 41 亿元，净亏损 16. 19 亿元，归属于公司股东及天使投资人的净亏损达 31. 90 亿元。按此计算，成立一年半亏损近 22 亿元，平均每天亏损 400 万元。

（二）瑞幸造假事件经过

2020 年 1 月 31 日，知名做空机构浑水公司声称，收到了一份长达 89 页的匿名做空报告，直指瑞幸数据造假。89 页的调查报告内容录制了 11 260 小时视频，共形成 981 天成功纪录和 851 天未成功纪录，合计为 1 832 天，出动了 92 名全职员工，1 418 名兼职员工，收集了 25 843 张消费小票。通过报告，浑水公司对瑞幸数据提出了质疑，首先，虚增商品销量和均客单价。瑞幸对单店产品的销量和咖啡单品售价造假，实际均价为 9. 97 元，报告均价为 11. 2 元。其次，虚假陈述广告投入。夸大了广告投入，金额与虚增的产品利润基本一致。最后，夸大了非咖啡占比。对外报告有 22%，实际只有 6%（这一点主要是为了增加整体的利润提高利润率）。浑水公司不仅对上述数据提出质疑，同时还认为其经营层管理出现问题并对瑞幸的商业模式全面否定。财务出现问题不可怕，只要经营有改善，浑水公司提到的问题都可以解决，最可怕的是经营改善很可能是一个漫长的过程（中国人喝咖啡习惯的养成），而瑞幸有可能撑不到那一天，最后为别人做了嫁衣。

以上消息曝出后，2020 年 4 月 2 日，美国多家律师事务所发布声明，提醒投资者，有关 RX 咖啡的集体诉讼即将到最后提交期限。加州的 GPM 律所、Schall 律所，纽约州的 Gross 律所、Faruqi 律所、Rosen 律所和 Pomerantz 律所等均表示，在 2019 年 11 月 13 日至 2020 年 1 月 31 日间购买过 RX 咖啡股票的投资者如果试图追回损失，可以与律所联系，2020 年 4 月 13 日是首席原告截止日期。

2020 年 4 月 2 日，因虚假交易额 22 亿元人民币，RX 咖啡盘前暴跌 85%。2020 年 4 月 4 日凌晨，RX 咖啡造假 22 亿元事件持续发酵，周五收盘，瑞幸股价再次大跌 15.94%，报 5.38 美元。2020 年 4 月 3 日，中国证监会高度关注 RX 咖啡财务造假事件，对该公司财务造假行为表示强烈的谴责。不管在何地上市，上市公司都应当严格遵守相关市场的法律和规则，真实准确完整地履行信息披露义务。中国证监会将按照国际证券监管合作的有关安排，依法对相关情况进行核查，坚决打击证券欺诈行为，切实保护投资者权益。2020 年 4 月 7 日，RX 咖啡宣布停牌，在完全满足纳斯达克要求补充的信息之前，交易将继续暂停。2020 年 4 月 19 日，瑞幸陷入至少 4 起集体诉讼。2020 年 7 月 31 日，证监会宣布，RX 咖啡财务造假调查处置工作取得了重要进展。调查显示，RX 咖啡境内运营主体及相关管理人员、相关第三方公司大规模虚构交易，虚增收入、成本、费用，虚假宣传等行为，违反了《中华人民共和国会计法反不正当竞争法》的相关规定。证监会表示，RX 咖啡境内关联的新三板挂牌公司神州优车股份有限公司、北京氢动益维科技股份有限公司信息披露违法行为，违反了我国证券法相关规定。财政部、国家市场监督管理总局、证监会将依法对 RX 咖啡境内运营主体及相关责任人、协助造假及帮助虚假宣传的多家第三方公司、两家新三板关联公司及相关责任人予以行政处罚。证监会信息显示，证监会已向涉案当事人送达行政处罚事先告知书。相关责任主体如涉嫌犯罪的，将依法移送公安司法机关进一步追责。

二、案例的思政元素

（一）坚持不忘初心、牢记使命

2017 年 10 月 18 日，习近平总书记在党的十九大报告中指出，弘扬马克思主义学风，推进“两学一做”学习教育常态化制度化，以县处级以上领导干部为重点，在全党开展“不忘初心、牢记使命”主题教育，用党的创新理论武装头脑，推动全党更加自觉地为实现新时代党的历史使命不懈奋斗。中国共产党人的初心和使命是习近平总书记在党的十九大报告中提到的一句话：“中国共产党人的初心和使命，就是为中国人民谋幸福，为中华民族谋复兴。”

坚持不忘初心、牢记使命的总要求为守初心、担使命，找差距、抓落实：

守初心，就是要牢记全心全意为人民服务的根本宗旨，以坚定的理想信念坚守初心，牢记人民对美好生活的向往就是我们的奋斗目标，时刻不忘我们党来自人民、根植人民，永远不能脱离群众、轻视群众、漠视群众疾苦。

担使命，就是要牢记我们党肩负的实现中华民族伟大复兴的历史使命，勇于担当负责，积极主动作为，保持斗争精神，敢于直面风险挑战，以坚韧不拔的意志和无私无畏的勇气战胜前进道路上的一切艰难险阻。

找差距，就是要对照习近平新时代中国特色社会主义思想和党中央决策部署，对照党章党规，对照人民群众新期待，对照先进典型、身边榜样，坚持高标准、严要求，有的放矢进行整改。

抓落实，就是要把习近平新时代中国特色社会主义思想转化为推进改革发展稳定和党的建设各项工作的实际行动，把初心使命变成党员干部锐意进取、开拓创新的精气神和埋头苦干、真抓实干的自觉行动，力戒形式主义、官僚主义，推动党的路线方针政策落地生根，推动解决人民群众反映强烈的突出问题，不断增强人民群众获得感、幸福感、安全感。

“守初心、担使命，找差距、抓落实”是一个相互联系的整体，要全面把握，贯穿主题教育全过程。

坚持不忘初心、牢记使命的根本任务是深入学习贯彻习近平新时代中国特色社会主义思想、锤炼忠诚干净担当的政治品格、团结带领全国各族人民为实现伟大梦想共同奋斗。

作为新时代的青年学生，要在坚持不忘初心、牢记使命深入学习贯彻习近平新时代中国特色社会主义思想，锤炼忠诚干净担当的政治品格，培养自己正确的价值观。利用坚持不忘初心、牢记使命的总要求正确地看待问题，牢记全心全意为人民服务的根本宗旨，以坚定的理想信念坚守初心。案例中 RX 咖啡的初心和使命是以“从咖啡开始，让瑞幸成为人们日常生活的一部分”为愿景，通过充分利用移动互联网和大数据技术的新零售模式，与各领域优质供应商深度合作，致力为客户提供高质量、高性价比、高便利性的产品。然而，其在实际发展过程中却出现了财务造假问题，这对所有青年学生都是一个很好的警示，特别是财务会计专业的学生，财务造假是绝对不能做的，要引以为戒，守住做人的底线初心。

（二）增强法治意识

法治意识是人们对法律发自内心地认可、崇尚、遵守和服从。中国共产党的十八届四中全会通过的《中共中央关于全面推进依法治国若干重大问题的决定》（以下简称《决定》），从党和国家事业发展全局的战略高度，对全面推进依法治国作出一系列新的重大部署，是指导新形势下全面推进依法治国的纲领性文件。《决定》提出了推动全社会树立法治意识的重大任务。推动全社会树立法治意识，增强全社会厉行法治的积极性和主动性，形成守法光荣、违法可耻的社会氛围，使全体人民都成为社会主义法治的忠实崇尚者、自觉遵守者、坚定捍卫者，对于全面推进依法治国、建设社会主义法治国家具有重要意义。

《决定》指出，要加强公民道德建设。法律是成文的道德，道德是内心的法律，二者相互依存、相互促进，具有天然的联系和共同的价值取向。推动全社会树立法治意识，必须加强公民道德建设，全面提高公民道德素质，使法治成为人们的道德追求。

坚持法治建设与道德建设相结合。全面提高公民道德素质。“国无德不兴，人无德不立”。一个国家的公民道德素质在一定程度上影响和制约着法治进程。要加强社会公德、职业道德、家庭美德、个人品德教育，深入实施公民道德建设工程，加强和改进思想政治工作，深化群众性精神文明创建活动，广泛开展志愿服务，推动学雷锋活动、学习宣传道德模范活动常态化，引导人们自觉履行法定义务、社会责任、家庭责任。广大党员干部要模范践行社会主义核心价值观，树立良好道德风尚，争做社会主义道德的示范者、诚信风尚的引领者、公平正义的维护者。

党的十八大明确提出法治是中国共产党治国理政的基本方式。党的十八大以来，以习近平同志为核心的党中央多次就全面推进依法治国、建设社会主义法治国家和培育全社会法治意识提出要求部署，并明确提出全面推进依法治国的总体布局、主要任务和总的要求，标志着中国共产党对社会主义法治建设规律的认识和把握达到了新高度和新境界。伴随着中国法治建设的推进，全社会的法治意识不断增强。

案例中，RX 咖啡境内运营主体及相关管理人员、相关第三方公司大规模虚构交易，虚增收入、成本、费用，虚假宣传等行为，违反了《中华人民共和国会计法反不正当竞争法》的相关规定。RX 咖啡境内关联的新三板挂牌公司神州优车股份有限公司、北京氢动益维科技股份有限公司信息披露违法行为，违反了《中华人民共和国证券法》相关规定。这是典型的法治意识淡薄的表现。推动全社会树立法治意识，依然是一项长期而艰巨的任务。

（三）诚信为本，不做假账

朱镕基同志曾强调“诚信为本，操守为重，遵循准则，不做假账”。诚信是一个道德范畴，是公民的第二个“身份证”，是日常行为的诚实和正式交流的信用的合称，即待人处事真诚、老实、讲信誉，一诺千金。社会主义核心价值观中，诚信即诚实守信，是人类社会千百年传承下来的道德传统，也是社会主义道德建设的重点内容，是为人之道，立身之本。它强调做人要诚实劳动、信守承诺、诚恳待人。党的二十大报告中也强调，弘扬诚信文化，健全诚信建设长效机制。

案例中，投资公司和大多数证券投资者，没有认识到事物的普遍联系规律，没有认识到 RX 咖啡在生产、销售过程中出现的造假问题。正如浑水公司报告显示的那样，首先，虚增商品销量和均客单价。瑞幸对单店产品的销量和咖啡单品售价造假，实际均价为 9.97 元，报告均价为 11.2 元。其次，虚假陈述广告投入。夸大了广告投入，金额与虚增的产品利润基本一致 。最后，夸大了非咖啡占比。这些现象已经说明了 RX 咖啡在造假，直到最后形成 22 亿元造假连锁反应。RX 咖啡没有以“诚信为本，操守为重，遵循准则，不做假账”为原则，最终造成公司造假事件败露，导致其估价下跌。

三、案例使用说明

（一）教学用途与教学目标

1. 教学用途

本案例为分析型案例，适用于本科生的财务管理课程中“证券投资管理”知识点的教学和培训。

2. 教学目标

（1）知识层面

理解概念：证券投资，股票投资。

掌握理论：证券投资的目的、种类、特点与估计方法。

（2）能力层面

系统思维能力：通过老师对证券投资概念、目的、种类、特点与估计方法的讲解，帮助学生形成科学、系统、全面分析证券投资的风险与收益率问题的思维判断能力。

判断能力：根据案例材料，引入坚持不忘初心、牢记使命；提高法治意识；诚信为本，不做假账等思政元素的基础上，结合证券投资存在的问题、风险设置三个由浅入深、由知识到能力的问题，通过解答问题，帮助学生构建一座“知识到实践，实践到知识”的桥梁，让学生能够提出初步解决方案，并能意识到影响证券投资决策的因素，了解股票发行、投资的意义。

（3）素质层面

形成专业意识：认识坚持不忘初心、牢记使命；提高法治意识；诚信为本，不做假账，在我国经济建设国家发展稳定中有重要指导意义，能自觉地把思政元素与财务管理相关理论结合起来分析国内经济政策发展的趋势和前景，养成关注时事政治、证券投资、热点问题及国家政策的学习习惯。

提高职业素养：培养学生形成正确的坚持不忘初心、牢记使命；提高法治意识；诚信为本，不做假账。引导学生正确认识世界和中国发展大势，正确认识时代责任和历史使命，用中国梦激扬青春梦。认识和把握坚持不忘初心、牢记使命，不断树立为共产主义远大理想，提高法治意识，提高诚信意识不做假账。教育和引导学生把远大抱负落实到实际行动中，使学生成为德才兼备、全面发展的人才。

（二）案例讨论的准备工作

第一，学生需要预习财务管理课程中证券投资管理的相关理论和知识，同时要对证券投资的目的、种类、特点、估价方法有一个初步的认识。

第二，了解影响证券投资决策的因素，明确股票投资的风险种类和内涵，掌握债券投资收益的计算方法，熟练掌握债券估价方法，并能运用这些方法进行债券投资分析、投资决策。

（三）案例分析要点

1. 启发思考题

（1）结合案例，请运用坚持不忘初心、牢记使命原理来剖析案例中投资者股票投资的特点。

（2）结合案例，请运用提高法治意识原则分析案例中 RX 咖啡、投资者的投资方法对你的影响和启发。

（3）结合案例，请分析如何用诚信为本，不做假账的思想去指导证券投资。

2. 分析思路

三个思考题，是基于“证券投资管理”知识点而提出的。

（1）结合案例，请运用社会主义核心价值观认识论原理来剖析案例中投资者股票投资的特点。

理论知识点：证券投资的目的、特点、意义。

参考答案如下：坚持不忘初心、牢记使命的总要求为守初心、担使命，找差距、抓落实。守初心，就是要牢记全心全意为人民服务的根本宗旨，以坚定的理想信念坚守初心，牢记人民对美好生活的向往就是我们的奋斗目标，时刻不忘我们党来自人民、根植人民，永远不能脱离群众、轻视群众、漠视群众疾苦。

担使命，就是要牢记我们党肩负的实现中华民族伟大复兴的历史使命，勇于担当负责，积极主动作为，保持斗争精神，敢于直面风险挑战，以坚韧不拔的意志和无私无畏的勇气战胜前进道路上的一切艰难险阻。

找差距，就是要对照习近平新时代中国特色社会主义思想和党中央决策部署，对照党章党规，对照人民群众新期待，对照先进典型、身边榜样，坚持高标准、严要求，有的放矢进行整改。

抓落实，就是要把习近平新时代中国特色社会主义思想转化为推进改革发展稳定和党的建设各项工作的实际行动，把初心使命变成党员干部锐意进取、开拓创新的精气神和埋头苦干、真抓实干的自觉行动，力戒形式主义、官僚主义，推动党的路线方针政策落地生根，推动解决人民群众反映强烈的突出问题，不断增强人民群众获得感、幸福感、安全感。

根据不忘初心、牢记使命原理，投资者要树立正确的证券投资价值观。那么先要了解证券投资的目的、特点、意义。案例中是证券投资中股票投资，股票投资的目的是获利，股票投资是权益性投资。股票的特点是股票投资的风险较大。投资者购买股票后，不能要求股份公司偿还本金，只能在市场上转让。股票投资的收益主要取决于股票发行公司的经营状况和股票市场行情。股票价格的起伏较大，股票价格受到多种因素影响，波动性极大，这一特点决定了股票市场具有极大的投机性，投资者既可以在这个市场上赚取高额利润，也可能会损失惨重，甚至血本无归。

案例中投资者没有树立正确的价值观念，只是为了挣钱忽略了瑞幸的造假问题，就忽略了证券市场中股票投资的特点，最终 RX 咖啡估价大跌，导致投资损失。

（2）结合案例，请运用提高法治意识原则分析案例中 RX 咖啡、投资者的投资方法对你的影响和启发。

理论知识点：证券投资的风险与报酬。

参考答案如下：

法治意识，法学术语，是人们对法律发自内心的认可、崇尚、遵守和服从。党的十八届四中全会通过的《中共中央关于全面推进依法治国若干重大问题的决定》（以下简称《决定》），从党和国家事业发展全局的战略高度，对全面推进依法治国作出一系列新的重大部署，是指导新形势下全面推进依法治国的纲领性文件。《决定》提出了推动全社会树立法治意识的重大任务。推动全社会树立法治意识，增强全社会厉行法治的积极性和主动性，形成守法光荣、违法可耻的社会氛围，使全体人民都成为社会主义法治的忠实崇尚者、自觉遵守者、坚定捍卫者，对于全面推进依法治国、建设社会主义法治国家具有重要意义。

《决定》指出，要加强公民道德建设。法律是成文的道德，道德是内心的法律，二者相互依存、相互促进，具有天然的联系和共同的价值取向。推动全社会树立法治意识，必须加强公民道德建设，全面提高公民道德素质，使法治成为人们的道德追求。

坚持法治建设与道德建设相结合。全面提高公民道德素质。“国无德不兴，人无德不立”。一个国家的公民道德素质在一定程度上影响和制约着法治进程。要加强社会公德、职业道德、家庭美德、个人品德教育，深入实施公民道德建设工程，加强和改进思想政治工作，深化群众性精神文明创建活动，广泛开展志愿服务，推动学雷锋活动、学习宣传道德模范活动常态化，引导人们自觉履行法定义务、社会责任、家庭责任。广大党员干部要模范践行社会主义核心价值观，树立良好道德风尚，争做社会主义道德的示范者、诚信风尚的引领者、公平正义的维护者。

党的十八大明确提出法治是中国共产党治国理政的基本方式。党的十八大以来，以习近平同志为核心的党中央多次就全面推进依法治国、建设社会主义法治国家和培育全社会法治意识提出要求部署，并明确提出全面推进依法治国的总体布局、主要任务和总的要求，标志着中国共产党对社会主义法治建设规律的认识和把握达到了新高度和新境界。伴随着中国法治建设的进程，全社会的法治意识不断增强。

案例中，RX 咖啡境内运营主体及相关管理人员、相关第三方公司大规模虚构交易，虚增收入、成本、费用，虚假宣传等行为，违反了《中华人民共和国会计法反不正当竞争法》的相关规定。RX 咖啡境内关联的新三板挂牌公司神州优车股份有限公司、北京氢动益维科技股份有限公司信息披露违法行为，违反了《中华人民共和国证券法》相关规定。这是典型的法治意识淡薄的表现。

投资者在进行投资时要增强法治意识，要根据股票的实际行情出发，分析公司的具体情况，做出决策，避免风险。案例中瑞幸公司政治意识不强，导致公司损失，同时是对投资者的不负责任。

（3）结合案例，请分析如何用诚信为本，不做假账的思想去指导证券投资？

理论知识点：证券投资分析。

参考答案如下：

社会主义核心价值观中，诚信即诚实守信，是人类社会千百年传承下来的道德传统，也是社会主义道德建设的重点内容，是为人之道，立身之本。它强调做人要诚实劳动、信守承诺、诚恳待人。党的二十大报告中也强调，弘扬诚信文化，健全诚信建设长效机制。

RX 咖啡没有以“诚信为本，操守为重，遵循准则，不做假账”为原则，最终造成公司造假事件败露，导致股价下跌。

案例中，投资公司和大多数证券投资者，没有认识到事物的普遍联系规律，没有认识到 RX 咖啡在生产、销售过程中出现的造假问题。

投资者应该要掌握 RX 咖啡的一些小事件，区分企业是否存在造假行为，如确定其是处于盈利状态还是持续亏损状态，理性进行投资。

（四）教学组织方式

建议用本案例完成“股票投资”全部知识点的教学，不再安排教师理论讲授的时间。一般安排 2 个课时（80 分钟）。案例的教学组织安排如表 1 所示。

表 1　案例的教学组织安排

学习阶段	学习内容	时间限制	学习目标
课前	要求学生分组，预习课本知识，了解证券投资中股票投资	提前 2 天	熟悉与案例相关理论

表1(续)

学习阶段	学习内容	时间限制	学习目标
课中	由教师展示案例 PPT 和与案例相关的 PPT 系列图片	10 分钟	熟悉案例
	由教师介绍与本案例相关的思政元素	10 分钟	让学生了解与本案例相关的思政理论
	分组讨论，要求学生运用思政元素分析案例，并在课堂上写出案例分析报告	20 分钟	让学生能够用理论分析问题，并把小组案例分析报告成绩作为小组成员的一次平时考核成绩
	抽三个小组发言	每组 5~6 分钟，控制在 20 分钟以内	锻炼学生对所要分析内容的归纳总结能力
	对各组表现和小组发言做一个简单点评，引导全班进一步讨论，并进行归纳总结，注意思政元素与财务管理理论的结合	20 分钟	让学生学会运用思政相关理论去剖析经济学的概念和理论，并启发学生如何找出解决现实问题的建议和对策
课后	请学生自行搜集其他案例，下次进行回顾提问	—	增进记忆，巩固知识

（五）总结

通过本次案例分析课程，首先，能够让学生用坚持不忘初心、牢记使命的价值观认识论原理来剖析案例中投资者股票投资的现象，正确理解股票投资的目的、意义、特点。其次，让学生增强法治意识，深刻理解股票投资的风险和收益。最后，通过案例分析，教导学生正确认识股票投资的风险，形成诚信为本的基本理念。在学习中不断提升学生的投资决策的敏锐度，锻炼学生对市场风险、投资失败的接受能力。避免盲目性，可以对自己的未来做出理性的抉择，不断提升自信心与心理素质具有重要的现实意义。

四、参考文献

[1] 新浪财经抗疫特别国债资金投向扩至 18 个领域 下周续发行 1 700 亿元[EB/OL]. (2020-06-24) [2023-01-15]. https://baijiahao.baidu.com/s?id=1670364753723955309&wfr=spider&for=pc.

[2] 于涵. 实事求是思想融入高校思想政治教育的着力点 [J]. 现代交际. 2020 (10): 154-155.

[3] 吴铭. 从普遍联系中把握事物的本质 [N]. 解放军报，2019-09-04 (7).

[4] 苏赛尔. 社会主义核心价值观引领下《证券投资》课程的教学探讨 [J]. 课程教育研究. 2018 (31): 217.

[5] 曹雄飞. 基于创新型人才培养的地方高校《证券投资学》立体式教学改革 [J]. 金融理论与教学. 2020 (2): 108-111.

[6] 陈玉菁. 财务管理 [M]. 北京：清华大学出版社. 2018.

存货管理模式助力李宁有限公司引领国潮文化

刘晴怡

一、案例正文

李宁有限公司为中国领先的体育品牌企业之一，以经营李宁品牌专业及休闲运动鞋、服装、器材和配件产品为主。集团总部位于北京，拥有品牌营销、研发、设计、制造、经销及零售业务。集团旗下除核心品牌李宁牌系列服饰产品外，还包括其他合资、联营的品牌体育产品，包括红双喜乒乓球、AIGLE（艾高）户外运动用品、Danskin 舞蹈和瑜伽市场健身产品及 Kason（凯胜）羽毛球产品。

李宁有限公司由我国体操运动员李宁于 1990 年创立，2004 年香港上市，发展迅速，整体市值及业绩飞速增长，之后在 2008 年北京奥运会上，凭借国家队队服赞助、李宁先生点燃火炬等一系列活动，顺利将李宁品牌推向世界。

然而正是从 2008 年后，李宁有限公司逐步从高速发展走向亏损，究其原因，正是战略定位偏差和存货管理不善等。近几年，随着公司营运资金管理模式、存货管理模式的不断调整，再加上“新国潮”运动的发起、国家对全民体育运动的支持，李宁有限公司正慢慢从低谷走出来。

作为服饰快消品行业企业，李宁有限公司的存货管理模式一直存在较大的问题，主要体现在：缺乏科学有效的采购计划导致存货压力大、存货周转天数过长增加存储成本、存货日常资金占用量过大、门店管理及物流调配体系不健全等方面。

近几年随着公司不断优化其生产、销售、存货管理模式，李宁有限公司的存货数量增加的同时，占总资产和流动资产的比例却在逐年下降。从表 1 中的数据可以看出，2019 年平均存货周转期已从 2016 年的 82 天缩减到 68 天，虽然这一数据与同类型企业仍不具备明显优势，但是可以看出李宁有限公司渠道式存货管理模式已见成效，在此影响下，毛利率从 2016 年的 46.2%增加到了 2019 年的 49.1%，2019 年经营活动现金流增加 110%达到了 35.03 亿元人民币，现金周期由 2018 年的 40 天缩短至 2019 年的 26 天。

表 1　李宁有限公司 2016—2019 年部分资产比较分析表

项目	2016 年	2017 年	2018 年	2019 年
存货/万元	96 542.2	110 253.8	123 974.1	140 725.7
应收账款/万元	137 025.4	113 803.4	92 889.5	68 660.6

表1(续)

项目	2016 年	2017 年	2018 年	2019 年
存货占总资产比例/%	14.23	15.06	14.41	11.22
存货占流动资产比例/%	20	21.57	19.80	16.48
平均存货周转期/天	82	80	78	68
平均应收账款周转期/天	64	52	36	21

数据来源：巨潮网．李宁有限公司 2016—2019 年年报数据整理。

注：因疫情影响，数据整理只截止到 2019 年度。

从 2016 年开始，李宁有限公司持续推进商品运营模式变革，建立长、短生命周期产品组合。通过销售预测、分段生产、供应链协同、延长畅销品销售周期、缩短滞销品供给等举措，进一步提升终端销售表现，加快存货周转速度。与此同时，李宁有限公司通过探究和摸索门店组货与消费者需求的匹配，强化单店订货的精准度，缩小产品和销售者之间的距离，进一步缩小存储成本。更进一步地，李宁有限公司建立了以畅销品为基础的长生命周期门店滚动补货平台，提高畅销产品的销售速度和销售周期，提高存货的使用效率。

二、案例的思政元素

本案例的思政元素主要有：

（一）增强文化自信、弘扬优秀传统文化是中国式现代化的内涵

文化可视为一个民族的血脉，是一个国家发展的精神载体。新时代以来，党和国家高度重视文化建设。党的二十大报告中明确提到，全面建设社会主义现代化国家，必须坚持中国特色社会主义文化发展道路，增强文化自信，围绕举旗帜、聚民心、育新人、兴文化、展形象建设社会主义文化强国，发展面向现代化、面向世界、面向未来的，民族的科学的大众的社会主义文化，激发全民族文化创新创造活力，增强实现中华民族伟大复兴的精神力量。

党的十八大报告明确指出："优秀传统文化是一个国家、一个民族传承和发展的根本，如果丢掉了，就割断了精神命脉"。中国特色的社会主义文化，是凝聚和激励全国各族人民的重要力量，是综合国力的重要标志。企业作为社会经济组织，在创造更多更好的物质产品满足社会和人民需要同时，应树立以社会主义核心价值观为导向的企业文化，开展以弘扬宣传中国梦、中国传统文化为导向的企业建设。

李宁有限公司的企业文化和价值观均体现了"梦想"，以此为导向，其在产品设计、生产、销售中都有中国传统文化、中国元素的体现。2019 年，李宁有限公司配合中华人民共和国成立 70 周年、世界军人运动会，以及杭州马拉松等热点话题进行多元化营销；携手中国首个大熊猫国际形象（阿璞），推出"垃圾分类"等关注社会热点的环保主题产品，表达"要潮也要环保"的态度；与《人民日报》发表联名产品，宣告"中国造，正当潮"精神，迎合当代年轻人个性主张的同时，传达社会主义核心价值观；与故宫共同推出联名款产品，进一步弘扬中国传统文化。

（二）坚持科教兴国战略、坚持创新是中国式现代化的必经之路

党的二十大报告明确提出，必须坚持科技是第一生产力、人才是第一资源、创新

是第一动力，深入实施科教兴国战略、人才强国战略、创新驱动发展战略，开辟发展新领域新赛道，不断塑造发展新动能新优势。习近平总书记强调坚持创新在我国现代化建设全局中的核心地位。完善党中央对科技工作统一领导的体制，健全新型举国体制，强化国家战略科技力量，优化配置创新资源，提升国家创新体系整体效能。

习近平总书记提出，实现高水平科技自立自强，是中国式现代化建设的关键。创新始终是一个国家、一个民族发展的重要力量。实施创新驱动发展战略，是应对发展环境变化、把握发展自主权、提高核心竞争力的必然选择。企业是科技和经济紧密结合的重要力量，应该成为技术创新决策、研发投入、科研组织、成果转化的主体。

李宁有限公司自主研发 SHELL 科技平台体系，基于消费者的核心功能诉求（干爽、防护、轻质、防风防水、灵活、束紧），将李宁鞋服共 80 多个科技按平台功能一一整合，有针对性地开展产品设计。当前，李宁公司拥有 100 多项国家级专利，使 SHELL 科技平台能够更好地帮助用户提升运动表现。

（三）推动制造业高质量发展是中国式现代化的体现

2021 年，习近平总书记在广西考察时谈到，制造业高质量发展是我国经济高质量发展的重中之重，建设社会主义现代化强国、发展壮大实体经济，都离不开制造业，要在推动产业优化升级上继续下功夫。党的二十大报告里也明确提出，坚持把发展经济的着力点放在实体经济上，推进新型工业化，加快建设制造强国、质量强国、航天强国、交通强国、网络强国、数字中国。

党的二十大报告强调，全党必须坚定信心、锐意进取，主动识变应变求变，主动防范化解风险。习近平总书记在学习贯彻党的二十大精神研讨班上发表重要讲话强调，推进中国式现代化，必然会遇到各种可以预料和难以预料的风险挑战，必须增强忧患意识，坚持底线思维。这就要求制造业企业必须牢牢掌握应对风险挑战的战略主动，不断深化对防范化解风险挑战规律的认识。同时，坚持问题导向和系统观念，着力破除制约加快构建新发展格局的主要矛盾和问题，全面深化改革，推进实践创新、制度创新。

李宁公司之前在制定品牌发展策略时没有坚持问题导向，没有以风险为导向开展信息收集和调查研究，只侧重于一味地提高库存数量来保证销售的连续性、盲目开店囤货导致存货积压。而服饰类企业的产品季节性波动特性明显，又进一步导致存货积压情况恶化、资金占用量偏大，进而影响资金周转，增加财务风险。通过调整，李宁公司通过动态监测不同地域门店销售数据，顺应数字化趋势，协同线上线下资源优势，巩固深化“因需而动”的供应链管理体系。在供应上，李宁不再盲目生产囤货，而是以业务需求为导向，强化成本管控和质量监督，建立灵活、快速的动态供应链平台，不断推动企业产业升级，以实现制造业高质量发展。

（四）发展全过程人民民主是中国式现代化的本质要求

党的十九大报告指出，我们要牢记人民对美好生活的向往就是我们的奋斗目标，坚持以人民为中心的发展思想，努力抓好保障和改善民生各项工作，不断增强人民的获得感、幸福感、安全感，不断推进全体人民共同富裕。

党的二十大报告也明确指出，中国式现代化的本质要求是：坚持中国共产党领导，坚持中国特色社会主义，实现高质量发展，发展全过程人民民主，丰富人民精神世界，实现全体人民共同富裕，促进人与自然和谐共生，推动构建人类命运共同体，创造人类文明新形态。

随着“全民体育”“全民健身”理念的进一步推进，李宁公司在其产品线的扩充上更多的是考虑不同人群的运动健身需求，从生产专业运动装备转向适合不同运动场景、不同年龄需求的多品类体育装备。李宁公司围绕旗下篮球、跑步、训练、羽毛球以及运动时尚五大核心品类，通过聚焦运动科学研究，分析产品专业功能属性，其中对于跑步、训练品类的投入，更是贴近“全民健身”、疫情期间“居家健身”的设计理念，不再单纯追求竞技类的高强度体育训练需求。

2020 年，李宁公司结合国家政策方针需求，重点打造李宁 YOUNG 计划。该计划围绕为中国儿童打造专业运动产品的生产理念，在儿童运动场景下，研发适合儿童的专业功能科技，以此带动青少年运动的发展。

二、案例使用说明

（一）教学用途与教学目标

1. 教学用途

本案例为分析型案例，适用于本科生财务管理课程中“存货管理”的知识点的教学和培训。

2. 教学目标

（1）知识层面

理解概念：存货管理。

掌握理论：存货管理的功能和成本、存货控制方法。

（2）能力层面

系统思维能力：教师先对营运资本管理中存货管理基础、存货功能和成本、存货控制方法等进行讲解，帮助学生科学、系统、全面地掌握存货控制方法、经济批量模式等知识点。

判断实践能力：根据案例材料，设置两个由浅入深、由知识到能力的问题，通过解答问题，帮助学生形成“理论到实践、实践到理论”的思维方式，使学生能根据企业实际情况找出影响存货取得成本、储存成本和缺货成本的因素，善用相关的理论知识，提出合理解决方案。

（3）素质层面

基于高质量人才培养的终身学习意识：引导学生正确认识到作为财会人才，持续不断开展财务管理专业理论学习，对未来我国市场经济发展的重要作用，能自觉地把思政元素与财务管理专业理论结合起来分析长期筹资方式，养成关注时事政治、宏观经济形势、热点问题及经济管理政策的学习习惯。

基于风险导向的财商教育：普及金融财务基本知识，引导学生形成理性的消费观、树立正确的人生观和金钱观，树立科学理性的消费观。

基于共同富裕的大局观：将“合作共赢”“共同富裕”“合理分配”等理念融入财务管理高质量人才培养的目标体系中，让学生正确理解“企业价值最大化”理念，树立整体的大局观。

（二）案例讨论的准备工作

1. 学生需要预习存货管理的相关理论和知识，同时对企业不同运营模式、不同企业类型下运营管理模式有一个初步的认识。

2. 了解企业存货管理的重要性和目的。

（三）案例分析要点

1. 启发思考题

（1）结合案例，请问企业在开展企业存货管理的过程中如何增强文化自信、弘扬优秀传统文化？

（2）结合案例，请问企业在开展存货管理的过程中如何体现坚持科教兴国战略、坚持创新理念？

（3）结合案例，请问企业在开展存货管理的过程中如何推动制造业高质量发展？

2. 分析思路

三个思考题，是基于“存货管理目的、存货管理成本控制方式”知识点而提出的。

（1）请问企业在开展企业存货管理的过程中如何增强文化自信、弘扬优秀传统文化？

理论知识点：存货管理的功能。

参考答案如下：

存货的功能是指存货在企业生产经营过程中的作用。企业储备存货主要是防止停工待料、适应市场变化、降低进货成本、维持均衡生长。

其中适应市场变化体现了存货储备在增强企业在生产和销售方面的机动性以及适应市场变化的能力。产品的设计和研发应当与市场潮流文化、社会主义核心价值观、传统文化保持一致，存货的质和量应当满足不同层次顾客的需要。

李宁有限公司在产品设计中强调中国特色，利用颜色、文字、符号强化中国梦理念。将不同地域、不同消费群体的需求进行动态监测管理，以适应门店的存货需求，进一步减少储存成本、降低运输和运营风险。开展特色活动、发扬体育精神和中国精神，李宁公司通过弘扬宣传中国精神和文化，强化企业文化建设，进一步引导市场消费变化，结合动态存货管理，使存货保持在最优水平。

（2）请问企业在开展存货管理的过程中如何体现坚持创新理念？

理论知识点：经济批量模型。

经济批量模型是在给定存货的预计用量、单位订货成本和储存成本的条件下，确定能使存货的相关总成本达到最低的一次采购数量。在存货的三项成本中，只有订货成本和储存成本与存货订购批量有关。因此存货管理需要充分考虑如何将这两项成本之和为最低。

在企业的存货管理中，我们需要对存货的四个方面进行充分考虑，以起到科学调配、避免资源浪费的作用，从而进一步加强生产部门、销售部门和采购部门之间的协调互助。这四个方面分别是：决定进货项目、选择进货单位、决定进货时间和决定进货批量。不同行业类型、企业的不同阶段对存货的需求均不一样。财务部门需要充分考虑各方面的因素，结合内外部环境变化、政策变化、市场变化，才能做到成本控制、和谐发展、资源节约、生态发展，供应链上下游协同发展。

从李宁有限公司 2019 年年报可知，公司供应链体系结合业务发展需求，不断增强自身反应速度和弹性，深化“因需而动”的业务模式，优化供应链资源，打造良性的动态供应链平台。针对产品个性化、差异化需求，公司梳理评估供应链资源，巩固与供应商的协同合作关系，匹配协同性资源规划，保证供应链资源的高效与精准。公司为了继续加大产品创新研发投入，与优质供应商协同合作，聚焦创新研发成果，推动技术创新。

（3）请问企业在开展存货管理的过程中如何推动制造业高质量发展？

理论知识点：存货 ABC 分类管理法。

在存货的其他控制方式中，还有一种是 ABC 分类管理法，它是将企业的存货按一定标准，根据重要性程度，划分为 A、B、C 3 类，分别实行分品种重点管理、分类别一般控制和按总额灵活掌握的存货管理方式。通过分类，企业可以分清存货主次，采取不同的策略进行有效的管理、控制。

A 类存货占用着企业绝大多数的资金，且品种数量较少，企业可以重点针对其开展精细化管理；B 类存货虽然从品种数量上大于 A 类，但是由于其资金占用并没有 A 类存货高，因此企业主要针对品种的种类进行分类一般控制；C 类产品所占资金比例最小，企业不需要对其做很严格的存货管理和控制。

案例中的李宁公司旗下除主品牌为李宁系列服饰外，还包含其他品牌服饰。从产品类型上看，大体可以分为：鞋类、服饰类和训练用品类。其中鞋类收入占比最大，训练用品类占比最小，而鞋类中又以篮球类运动鞋最为畅销。针对此现象，李宁公司建立基于单品单店的商品销售计划管理体系，以单款商品为单位制订销售计划和销售策略；以颜色及尺码为单元管理存货效率，快速决策，有效加减单，提升存货的计划性和运营效率。与此同时，进一步建立以畅销品为基础的长生命周期门店滚动补货平台，延续畅销商品的持续售卖周期，提升经济效应。

（四）教学组织方式

建议用本案例完成“存货管理”全部知识点的教学，不再安排教师理论讲授的时间。一般安排 3 个课时（120 分钟）。案例的教学组织安排如表 2 所示。

表 2　案例的教学组织安排

学习阶段	学习内容	时间限制	学习目标
课前	要求学生分组，并预习课本知识	提前 2 天	熟悉案例背景
课中	教师展示有关存货管理的概念、功能和成本、经济批量模型和其他控制方式的相关理论和案例	40 分钟	进一步熟悉案例背景
	分组讨论，当堂完成案例分析报告	30 分钟	结合理论分析问题，将小组案例分析报告成绩作为小组成员的一次平时成绩
	随机抽取 4 个小组发言	每组 5 分钟	结合理论分析问题，要求概述理论依据，结合具体问题分析
	引导全班进一步讨论，并进行归纳总结，将思政元素与财务管理理论的结合。引导学生学会运用财务管理理论知识解决现实问题	30 分钟	归纳用到的关键理论，并对各组表现做一个简单的点评

表2(续)

学习阶段	学习内容	时间限制	学习目标
课后	请学生继续复习存货管理的相关知识点，下次课用5分钟进行回归提问	—	增进记忆，巩固知识

四、参考文献

［1］习近平. 决胜全面建成小康社会 夺取新时代中国特色社会主义伟大胜利：在中国共产党第十九次全国代表大会上的报告［M］. 北京：人民出版社，2017.

［2］陆智敏，金梦. 企业存货管理的研究：以运动品牌李宁为例［J］. 市场周刊. 2019（2）：33-35.

虚怀若“股”，名“利”双收，高派现股利政策动因何在？

——以格力电器为例

谢　建　顾睿睿

一、案例介绍

珠海格力电器股份有限公司（以下简称“格力电器”）成立于1991年，1996年11月在深交所挂牌上市。经过30多年的发展，格力电器现已经从单一的家用空调生产和组装公司，发展成为如今多元化、科技型的全球工业集团。这与格力电器坚持科技进步的理念是分不开的，多年来，格力电器不断追求技术上精益求精，相信只有获取核心技术，才能掌握发展的方向。与此同时，格力电器将创新理念贯穿生产制造和人才培养的各个环节，通过创新理念的融入，格力电器一直保持在制冷领域的较高水平。

格力电器于1996年在深证证券交易所成功上市，自1998年开始现金分红，截至2021年年底，公司累计分红次数高达23次，年均股息排名在我国上市公司中的第47位，累计股息排名第19位，是我国资本市场上进行现金分红较为慷慨的上市公司。

巨潮资讯网显示，格力电器自2001年后共公布了两份股东回报规划，较早的一份是2012年公布的《未来三年股东回报规划（2012—2014年）》，另一份是2016年公布的《未来三年股东回报规划（2016—2018年）》。这两份股东回报规划都明确了公司在规划期内的利润分配政策的分配方式和最低分红比例，其中，2012—2014年的股东回报规划规定：公司最近三年以现金方式累计分配的利润不少于最近三年实现的年均可分配利润的30%；2016—2018年的股东回报规划规定：在无重大投资项目的情况下，公司该年度现金分红金额占当年归属于母公司净利润的比例不低于最近三年平均分红比率，即不低于60%。两份股东回报规划中关于最低分红金额的修改表明了格力电器采取现金股利政策的积极性，接下来本文将详细分析格力电器高派现股利政策的具体情况。表1统计了格力电器2013—2021年的股利分配情况：

表1　格力电器2013—2022年股利分配情况

分红年度	净利润/亿元	现金分红总额/亿元	派息	股利支付率/%
2022	245.06	112.28	10派10	45.82
2021	230.64	166.10	10派20	72.02

表1(续)

分红年度	净利润/亿元	现金分红总额/亿元	派息	股利支付率/%
2020	221.75	174.99	10派30	78.91
2019	247.00	72.19	10派12	29.23
2018	262.03	126.33	10派15	48.21
2017	224.02	0.00	不分配不转增	0.00
2016	154.21	108.28	10派18	70.22
2015	125.32	90.23	10派15	72.00
2014	141.55	90.23	10派30	63.74
2013	108.70	45.12	10派15	41.51

数据来源：格力电器年报整理所得。

由表1可以看出，格力电器的现金分红金额在近十年里逐年攀升，2016年突破百亿元，公司的净利润数额也是逐年攀升，说明公司的现金分红行为是以公司当年的营利表现为基础的。从股息支付率的变化趋势来看，格力电器每年的现金分红金额占净利润的比重也基本呈上升趋势，特别是在2014年至2016年，格力电器更是慷慨地将当年50%以上的净利润用作现金分红，这与我国大多数上市公司的股利分配政策相比是十分不同的。目前，现有研究中关于如何界定"高派现"虽然还没有统一的结论，但市场上普遍认为上市公司每10股派送3元的股利政策为高派现股利政策，且我国上市公司的平均股息支付率在30%左右。根据表1的数据我们可以得出，格力电器近十年的现金股利政策都达到了每10股派送3元的标准，且十年中共有六年的股利支付率超过了30%，因此，格力电器的股利政策无论从派现金额来看，还是从股息支付率来看，都属于高派现的股利政策。值得注意的是，格力电器的高派现股利政策还呈现稳定性和连续性的特点。公司自1998年开始现金分红以来，每年分红都保证了每10股至少派现3元，最高纪录是每10股派现30元，这表明了格力电器的高派现股利政策不是突发性或暂时性的，而是连续地、稳定地执行现金分红。

二、格力电器高派现股利政策的动因分析

公司实施现金股利政策的动因有很多，不仅取决于其内部动因，还与其外部动因有联系，因此，本文从公司的内部和外部角度对格力电器实施高派现动因进行分析。

（一）内部动因

1. 补贴地方政府

格力集团隶属珠海国资委。自董明珠2013年上任以来，格力集团直接持有18.22%格力电器的股份和间接持有格力地产1.15%的股份，这个股权比例一直持续至2021年1月，格力集团始终稳坐格力电器第一大股东的交椅，拥有相对控股权，对格力电器的分红政策起到至关重要的作用。如果格力电器选择高派现的股利政策，实际控制格力集团的珠海国资委将获得高额的分红，直接增加了珠海市政府的财政收入。因此，补贴政府收入的强制需求也是格力电器历年高派现的动因之一。

2. 投资机会欠缺

企业所面临的投资机会也会影响企业股利政策的制定，当企业有较多的投资机会时，企业一般倾向于股票股利或者低派现股利政策，为企业发展留足资金。而当企业投资机会较少时，留存太多的资金在企业，会造成资金的浪费，企业一般倾向于高派现的股利政策，将利润分配给投资者。因此，企业面对的投资机会是制定股利政策的重要因素。

由表 2 可见，格力电器的货币资金从 2013 年到 2022 年由 385.42 亿元增至 1 574.84亿元，在 2018 年，格力电器收购了合肥晶弘公司，金融资产的涌入导致投资额的增长，股利支付率也较低；接下来的两年，格力电器不仅受突发事件环境下经济低迷的刚性影响，而且多元化战略计划失败，正好也给了格力电器休养生息、保存实力的理由，2019 年和 2020 年的资本回报率分别为 25.6%和 22.4%，格力电器的谨慎“观望”为其今后的“伺机而动”积攒了巨额的财富，在 2018 年后，格力电器的货币资金达到了千亿元级别。

表 2　格力电器资金使用情况　　单位：亿元

年份	投资额	募集资金使用额	货币资金
2013	31.90	2.80	385.42
2014	42.32	3.17	545.46
2015	58.92	25.06	888.20
2016	226.87	0.00	957.52
2017	662.60	0.00	996.10
2018	317.90	0.00	1 131.00
2019	197.20	0.00	1 254.00
2020	140.58	0.00	1 364.13
2021	181.54	0.00	1 169.39
2022	134.68	0.00	1 574.84

数据来源：格力电器年报整理得出。

综上所述，好的投资机会对派现政策有一定的影响。格力电器十年来没有遇到合适的投资项目，大量的闲置资金给格力电器实施高派现提供了“强大的后盾”。

（二）外部动因

1. 满足证监会的要求

在相对成熟的资本市场中，上市公司在制定股利政策时可以自行决定采用何种股利分配方案，但由于目前我国证券市场仍然处于发展期，市场尚未成熟，因此，存在不少公司制定股利政策方面仍然不可能实现完全自主。通常情况下，市场监管机构会制定的相关法规条例来引导公司股利派发方案的选择。2001 年以后，我国证监会接连发布了相关的法规条例来指导上市公司的分红举止，2008 年我国证监会明确规定若日后公司需要进行再融资，那么其一定要符合近三年来合计的总派现金额要高于或等于此期间年均可分派利润的 30%的前提，且这三年来的净资产收益率平均值不得低于

6%；因此，上市公司纷纷选择利用现金分红的形式来减少公司的净资产使其净资产收益率得以达标进而完成融资。同样，随公司的发展步入成熟期，格力电器的经营方向也从以往单一的空调业逐步开始向其他领域开拓，渐渐朝着多元化的轨道驶去，而在公司进行多元化转型的过程中，格力电器对于资金的需求也是与日俱增的，由此可见，再融资对于格力电器来说是必需的，为了达到再融资标准，格力电器不得不进行高额分红。

此外，2013 年证监会根据上市公司的发展程度，对公司实施现金股利分配方案提出不同要求，其中有这么一条规定，若公司已步入成熟阶段，且明年有重大资金支出计划的，其本次派现额与总分配利润的比例必须保证在 40%以上。由此可见，该条政策的推行，也使得格力电器在步入成熟期后的股利支付率迅猛上升。

2. 稳定国际环境

中美贸易关系对格力电器的影响不可忽视。2018 年 4 月 4 日，多种中国输美产品被加征关税，中兴通讯被禁止在美国购买芯片，7 年的锁定期对于中兴来说是极大的危机，毕竟美国供应商掌握着中兴产品近 30%的零部件。格力电器管理层致力于招揽专业人才，就是因为格力变频空调的芯片也需要进口且每年都要花费数十亿元人民币。格力电器近年来致力于智能设备的多元化发展，形成了以变频空调为销售核心，同步发展智能环保设备、工业机器人以及自动化设备产品的格局，2019 年又推出的小猪电饭煲、果汁杯、电茶壶等生活小家电类别，旗下产品被广泛应用于家电行业、食品行业和新能源行业，等等。但是要打造多元化、多体系的产业格局具有一定的风险，如果没有足够的研发资金投入，格力电器很难在不成熟的行业里站稳脚跟，况且同为家电行业巨头的海尔、美的的小家电市场占有率要高于格力电器，面对“内忧外患”，格力电器在亟须大量资金的情况下实施怎样的派现水平显示出了其“深谋远虑”。

在国际局势恶化、国内号召的“双层夹击”下，如果格力发布了非高派现的股利分配方案，说明格力电器将更加重视研发，确认了企业下一步产业升级和战略转型的长期计划，增加在国际商场上的话语权，将利润更多地储存在自有资金，减少负债，降低企业的财务风险；反之，如果格力电器发布了高派现的股利分配方案，说明格力电器充分了解了打造其他市场的风险，更加看重现有市场的稳定性，为了向投资者传递利好的信号，增加投资者对格力电器的黏性和忠诚度，在向外扩张版图的同时保证空调板块的“红旗不倒”。

事实上，自 2004 年起，格力电器只有 2017 年实施了零派现。究其原因，格力电器的多元化战略需要资金支撑，就如董明珠所说“不是不分，是晚点分”，也是基于股民长远的利益考虑；格力电器在次年实施高派现是因为低估了投资者的股利黏性：2018 年 4 月 26 日，格力电器股票大跌 9. 89%，接近跌停状态，两日内市值蒸发近 300 亿元人民币，股民对格力电器零派现的行为表示强烈不满。也就是说，格力电器历年的高派现行为已经让投资者形成了惯性思维，侧面说明了格力电器高派现是保证根基稳健的有效手段。

三、案例的思政元素

（一）坚持社会主义核心价值观

格力电器通过合理的收益分配进行管理，一方面，该案例融入社会主义核心价值观“富强、民主、文明、和谐、自由、平等、公正、法治、爱国、敬业、诚信、友善”。引导各位学生做人要正直，面对经济事项的处理要公平合理，坚持公开、公平、公正。只有这样，才能成为人生的赢家。另一方面，提升学生的专业认同度、职业精神和社会责任感，激发学生的内在学习动力，提高专业教学质量的同时，把培育和践行社会主义核心价值融入教书育人的全过程。寻找专业知识与职业道德教育之间的最佳有效结合点，促进知识技能传授与职业道德精神教育的有效融合。

（二）培养职业道德和职业素养

企业利润分配不仅影响企业筹资和投资决策，而且涉及国家、企业、投资者、职工等多方利益关系，有关企业长远利益与近期利益，整体利益与局部利益的协调。因此，该案例可嵌入坚持财务人员职业道德的思政元素，提升大学生会计职业道德品质，让大学生了解在企业的利润分配中必须兼顾各方面的利益，投资与收益对等，坚持自己的职业道德，不做假账。如果企业做假账，利润分配不公，会影响企业和谐健康发展。格力电器自上市以来，一直重视对股东的回报、响应政策的号召，基本维持着较为稳定的高派现股利政策。在制定股利政策的过程中，公司也考虑了自身的财务实力和投资机会，并借现金股利政策降低了公司的代理成本、向市场传递了利好的信号，有其合理的一面。同时，培养大学生会计法律法规的教育，使大学生明确会计法律法规范围，依据法律法规学习相关股利分配的制度，从而培养大学生法律法规意识与能力，为大学生未来发展助力。将企业文化以及职业纪律、职业意识、团结合作、爱岗敬业的精神引入财务专业课堂，让学生感受到企业文化、优秀的企业精神，增加财务职业意识，提升财务职业道德素养，以实现企业文化育人，改善财务管理课程思政实施效果。

（三）坚定理想信念，树立正确的人生观、价值观和世界观

党的二十大报告强调“青年强，则国家强”，指出“当代中国青年生逢其时，施展才干的舞台无比广阔，实现梦想的前景无比光明”，对广大青年提出了“立志做有理想、敢担当、能吃苦、肯奋斗的新时代好青年”的重要要求，充分体现了党对青年一代的亲切关怀和殷切期待，为青年一代健康成长指明了努力方向。在该案例中，可引导大学生要树立正确的三观，坚定理想信念，为国家的经济发展做出贡献。融入有利于正确“三观”形成的思政元素，牢记会计岗位职责、职业使命、职业准则，让学生认识到只有“恒心+毅力+信心+决心”才能到达成功的彼岸。充分发挥财务管理专业课程的隐形德育功效，在教育学生财务管理方面知识的过程中同时帮助学生树立良好的思想品德观念，统一结合知识传授与价值引导两方面内容，并坚持如一，对财务管理教学进行创新，为财务管理教学做出贡献。

（四）响应党的号召，培养社会主义事业的接班人

党的二十大报告指出，要“争做担当民族复兴大任的时代新人”，青年学生要争做有理想、敢担当、能吃苦、肯奋斗的新时代好青年，让青春在全面建设社会主义现代化国家的火热实践中绽放绚丽之花。在该案例中，因企业财务管理目标不同，所采取的理财措施与执行深度及其最终的理财效果是不一样的，企业只有赚到钱，有了利润，才能进行收益分配和股利分配。要搞好企业财务管理工作，首先必须明确财务管理目标，因此，结合财务管理目标谈人生目标，财务管理工作离不开目标，同样人生也离不开奋斗的目标。因为人无目标，就没有努力的方向；人生的目标不同，努力的程度不一样，激励青年学生制定人生各阶段的奋斗目标，为理想目标不断努力奋斗。引导青年大学生们坚定中国特色社会主义信仰，培养家国情怀，增强做中国人的志气、骨气、底气，要认识和理解青年大学生的时代责任，树立远大的奋斗目标，努力成长为堪当民族复兴重任的时代新人，为中华民族伟大复兴这个宏伟的目标努力奋斗。

（五）贯彻党的二十大精神，塑造大国工匠

在党的二十大报告第五部分“实施科教兴国战略，强化现代化建设人才支撑”中，习近平总书记指出，“加快建设国家战略人才力量，努力培养造就更多大师、战略科学家、一流科技领军人才和创新团队、青年科技人才、卓越工程师、大国工匠、高技能人才。”总书记一口气强调了七类人才，格力电器是最具代表性的拥有“大国工匠”精神的企业。格力的工匠精神是一种“慢”姿态，“慢”精神，就是一辈子只干一件事，干一行，爱一行，精一行。“慢”的内涵即是专注，在于其将精益求精的精神融入产品中铸就品质。“好空调，格力造”这句广告词已不仅仅是口号，已融入广大消费者对格力空调的认知中。在本案例可以教育学生，在高速发展的今天，一成不变的“慢”姿态并不是最终目标，要做到学一门、精一门，不仅仅需要专注、需要创新，更需要探索新领域的勇气，做任何一行都要拥有工匠精神。工匠精神的诠释不仅体现在专注和创新上，还体现在探索上，在探索中碰撞摸索，找到适合企业发展的新路，探索适合学生自己发展的道路。格力所具有的工匠精神，必将实现产品从“中国制造”到“优质制造”“中国创造”的华丽变身，让学生们从格力电器所具有的工匠精神中认识到，时代的车轮与匠心之火共同撞击，终将迸发出更为灼热耀眼的火花。

四、案例使用说明

（一）教学用途与教学目标

1. 教学用途

本案例可用于“财务报表分析、股利分配”知识点的教学。

2. 教学目标

（1）知识层面

理解概念：盈利能力、流动比率、速动比率、资产负债率、股利分配等。

掌握理论：偿债能力、风险、收入与分配管理。

（2）能力层面

教师通过对理论的讲解，帮助学生系统了解企业收入与分配、股利政策方面的知识，形成全面系统地分析问题，增强学生解决问题的思维能力。本案例的分析过程，让学生更好地理解财务报表分析、收入与分配等相关知识点，同时提升学生将理论应用于现实活动的能力。

（3）素质层面

提升学生们的思想政治素养。学生掌握本节课内容的同时，结合党的二十大和实际，增强学生对中国特色社会主义制度的优越性的认知，让学生了解到企业合理的股利政策对中国经济发展重要性。

（二）案例讨论的准备工作

第一，学生需要课前预习财务管理课程中项目的相关知识点，掌握财务报表分析指标以及企业股利分配相关基础概念。

第二，了解项目企业股利分配方面的政策，比如相关的国家政策、法律法规以及投资研发项目带来的经济效益和影响。

（三）案例分析要点

启发思考题：

1. 使用财务报表分析指标的优缺点是什么？各评价指标是否有局限性？

答案：

（1）偿债能力财务指标分析

偿债能力分析包括短期偿债能力分析和长期偿债能力分析。短期偿债能力是企业及时、足额偿还流动负债的保证程度，其主要指标有流动比率、速动比率和利息保障倍数。这些比率越高，表明企业短期偿债能力越强，但这些比率在评价短期偿债能力时也存在一定的局限性。

（2）流动比率指标

流动比率是用以反映企业流动资产偿还到期流动负债能力的指标。它不能作为衡量企业短期变现能力的绝对标准。

一是企业偿还短期债务的流动资产保证程度强，并不说明企业已有足够的偿债资金。所以，考察流动比率时，要根据每一项流动资产的短期变现能力，设计一个变现系数，对企业的流动资产进行修正，这样才能得到客观、真实的流动比率。

二是计价基础的不一致在一定程度上削弱了该比率反映短期偿债能力的可靠性。计算流动比率时（速动比率亦如此），分母中的短期负债较多采用到期值计价，而分子中的流动资产有的采用现值计价（如现金、银行存款），有的采用历史成本计价（如存货、短期投资），还有的采用未来价值计价（如应收账款）。计价基础不一致必然导致流动比率反映短期偿债能力的可靠性下降。所以，流动资产的未来价值与短期负债的未来价值之比才能更好地反映企业的短期偿债能力。

三是该比率只反映报告日的静态状况，具有较强的粉饰效应，因此要注意企业会计分析期前后的流动资产和流动负债的变动情况。流动资产中各要素所占比例的大小，对企业偿债能力有重要影响，流动性较差的项目所占比重越大，企业偿还到期债务的能力就越差。而企业可以通过瞬时增加流动资产或减少流动负债等方法来粉饰其流动比率，人为操纵其大小，从而误导信息使用者。

（3）速动比率指标

速动比率是比流动比率更能反映流动负债偿还的安全性和稳定性的指标。

（4）利息保障倍数指标

利息保障倍数反映了获利能力对债务偿付的保证程度。该比率只能反映企业支付利息的能力和企业举债经营的基本条件，不能反映企业债务本金的偿还能力。同时，企业偿还借款的本金和利息不是用利润支付，而是用流动资产来支付，所以使用这一比率进行分析时，不能说明企业是否有足够多的流动资金偿还债务本息。另外，使用该指标时，还应注意非付现费用问题。从长期来看，企业必须拥有支付其所有费用的资金，但从短期来看，企业的固定资产折旧费用、待摊费用、递延资产摊销、无形资产摊销等非付现费用，并不需要现金支付，只需从企业当期利润中扣除。因而，有些企业即使在利息保障倍数低于 1 的情况下，也能够偿还其债务利息。

（5）应收账款周转率指标

应收账款周转率是用以反映应收账款周转速度的指标。其在实践中存在以下局限性：一是没有考虑应收账款的回收时间，不能准确地反映年度内收回账款的进程及均衡情况；二是当销售具有季节性，特别是当赊销业务量各年相差悬殊时，该指标不能对跨年度的应收账款回收情况进行连续反映；三是不能及时提供应收账款周转率信息。该指标反映某一段时期的周转情况，只有在期末才能根据年销售额、应收账款平均占用额计算出来。

（6）存货周转率指标

存货周转率是反映企业销售能力强弱、存货是否过量和资产是否具有较强流动性的一个指标，也是衡量企业生产经营各环节中存货运营效率的综合性指标。在实际运用中，存货计价方法对存货周转率具有较大的影响，因此，在分析企业不同时期或不同企业的存货周转率时，应注意存货计价方法是否一致。另外，为了改善资产报酬率，企业管理层可能会希望降低存货水平和周转期，有时受人为因素影响，该指标不能准确地反映存货资产的运营效率。同时，在分析中不可忽视因存货水平过高或过低而造成的一些相关成本，如存货水平低会造成失去顾客信誉、销售机会及生产延后发生的成本。

2. 结合本案例分析，谈谈格力电器实施高派现股利分配方式会有什么样的市场反应。

答案：格力电器若在持续分红后又突然不分红，将会引起股价剧烈的波动，给公司带来巨大的损失，而在格力电器实施高派现股利政策的几年中，发现公司如果处于相对合理股利支付率范围内，该年所实施的股利分配方案将会受广大投资者欢迎，相应地带来积极的市场反应，相反，如果公司的分红比率太高，则该年所实施的股利分配方案未必能够很好地吸引广大投资者，其所带来的市场反应可能不如预期。

（四）教学组织方式

1. 问题清单和提问顺序

讲授完收入与分配章节的知识内容后，紧接着可以将思政元素融入课程的课堂教学中，具体教学环节设计如下。第一步，请学生们观看教学 PPT 上的案例材料，同时，教师对该案例材料进行一个大概的说明。第二步，要求学生在规定的时间内结合案例材料围绕以下思考题进行讨论，一是结合本案例说明，该案例中用到了哪些报表分析指标。二是结合案例材料说明如何正确分析企业不同股利政策的动因。第三步，学生讨论结束后，请学生们将讨论结果与大家进行分享，要求学生提出的观点与案例材料紧密结合。

2. 课时分配

2 个课时。

3. 讨论方式

将学生们进行分组，大概六人左右一组，学生讨论结束后，请每组学生派一位代表将本组讨论成果与大家进行分享。

4. 课堂讨论总结

教师对学生们的发言进行总结。

（五）总结

对问题清单进行简要的回答，结合案例阐述相关的内容，分析本案例材料的教育意义，让学生理解社会主义核心价值观的重要性，引导学生树立社会主义核心价值观，有大局观念和整体意识，指导学生以唯物辩证法的视角去看待问题，突破思维层面的单一性，增强逻辑能力。

五、参考文献

［1］姚振华. 政策不确定性对股利政策的影响研究［D］. 郑州：河南大学，2020.

［2］郑晨. 格力电器高派现股利政策的动因及后果研究［D］. 南宁：广西大学，2018.

格力电器的股利政策变化风波

韩卫华

一、案例正文

（一）公司简介

珠海格力电器股份有限公司（以下简称“格力电器”），成立于1991年，在深圳证券交易所上市，是一家集研发、生产、销售、服务于一体的国际化家电企业，拥有格力、TOSOT、晶弘三大品牌，主营空调、中央空调、空气能热水器、生活电器、冰箱等产品，业务遍及全球100多个国家和地区。2016年格力电器实现营业总收入1 101.13亿元，净利润154.21亿元，纳税130.75亿元，连续15年位居中国家电行业纳税第一，累计纳税达到814.13亿元。连续9年上榜美国《财富》杂志“中国上市公司100强”，在2019年7月《财富》世界500强中排名414位，2019中国制造业企业500强第37位，“一带一路”中国企业100强榜单排名第82位；入选2019中国品牌强国盛典榜样100品牌。

（二）股权结构

2020年年初之前，由珠海国资委控制的格力集团是一直是格力电器的第一大股东（见表1），简而言之，格力电器的实控人是珠海国资委。

表1　2019年12月31日格力电器前十大股东

股东名次	股东名称	持股数量/万股	持股比例/%	股份性质
1	珠海格力集团有限公司	109 625.56	18.22	流通A股
2	香港中央结算有限公司	89 487.25	14.88	流通A股
3	河北京海担保投资有限公司	53 602.22	8.91	流通A股
4	中国证券金融股份有限公司	17 987.08	2.99	流通A股
5	中央汇金资产管理有F秘任公司	8 448.3	1.4	流通A股
6	前海人寿保险股份有限公司-海利年车	6 561.08	1.09	流通A股
7	董明珠	4 448.85	0.74	流通A股，流通受限股份
8	高瓴资本管理有限公司-HCM中国基金	4 339.64	0.72	流通A股
9	全国社保基金一零一组合	4 136.47	0.69	流通A股

表1(续)

股东名次	股东名称	持股数量/万股	持股比例/%	股份性质
10	中国农业银行股份有限公司-易方达消费行业股票型证券投资基金	3 040.5	0.51	流通 A 股

资料来源：www. cninfo. com. cn。

到 2020 年 3 月，在国企混合所有制改革下，珠海国资委已将 15%的股权转让给珠海明骏，仅剩 3.22%的股权，可以说是退出了格力电器。而珠海明骏背后的高瓴资本作为战略投资者，一举跃居格力电器第一大股东。

（三）事件回顾

对于格力电器来说，2018 年 4 月 27 日无疑是“黑色的一天”。

2018 年 4 月格力电器发布公告称：2017 年不分红，留存资金将用于生产基地建设、智慧工厂升级，以及智能装备、智能家电、集成电路等新产业的技术研发和市场推广。消息一出，资本市场一片哗然，格力电器股票几近跌停开盘，盘中一度跌停，最终收盘以暴跌 8.97%报收于 45.58 元，总市值定格于 2 742 亿元，当日市值蒸发 272 亿元。格力电器的股价波动甚至惊动了深交所，深交所向格力电器发出问询函，要求说明 2017 年度未进行现金分红的具体原因及合理性，说明是否切实保护了中小投资者的利益。A 股市场上不分红的上市公司并不少见，为何独独格力电器受到问询？

董明珠曾对格力电器连续分红深以为傲，她曾在 2017 年全球硬科技创新大会上说：“如果有人买格力股票的话，会很高兴，因为（格力）五年的时间分红接近 400 亿元。一个好的上市公司就是要坚守为股民分红，为国家多缴税，为员工创造好的福利。”但这一次格力一反常态，多年来首次宣布不分红。

从格力电器以往年年都慷慨分红、堪称股市的现金奶牛的风格来看，公司在 2017 年利润可观、现金流充裕的情况下 180 度的大转弯让资本市场猝不及防，大量的抛盘也说明股东对于格力电器当前的政策是不满意的。

格力电器在年报中称，“公司从实际经营情况出发，为满足资本性支出需求，保持财务稳健性和自主性，增强抵御风险能力，实现公司持续、稳定、健康发展，更好地维护全体股东的长远利益，公司 2017 年度不进行利润分配，不实施送股和资本公积转增股本。”根据 2018 年经营计划和远期产业规划，公司预计未来在产能扩充及多元化拓展方面的资本性支出较大。虽然理由似乎很充分，但资本市场却用脚投票做出了激烈反应。

最终，是迫于外界压力还是有其他考量我们不得而知，总之，格力电器改口：分红！

于是出现了 2018 年中期分红和年末两次分红，都在 2019 年实施完成，现金奶牛持续产奶。

（四）股利政策与历年股利分配情况

股利政策涵盖是否发放股利、发放多少股利以及何时发放股利等方面的方针和策略，是指公司对一切与股利有关的事项所采取的较具原则性的做法，所涉及的主要是公司对其收益进行分配还是留存以用于再投资的策略问题。

股利政策的大致类型有：剩余股利政策、稳定股利政策、固定股利支付率政策、低正常股利加额外股利政策。由于公司经营状况，尤其是所处发展周期的不同，通常这几种股利政策也不会单一存在，公司会根据实际情况来选择一种或几种政策相综合。

1. 格力电器过去三年股利政策规定

2020 年：4 月，公司发布公告，将使用自有资金 30 亿~60 亿元以集中竞价方式回购部分社会公众股，回购股份价格不超过 70 元/股；至 7 月底，已累计回购总股本的 0.10%，价格在 56.33~57 元/股，总共支付 3.39 亿元。

2019 年："公司发展阶段属成熟期且无重大资金支出安排的，进行利润分配时，现金分红在本次利润分配中所占比例最低应达到 80%。"

2018 年：公司按总股本 6 015 730 878 股计，向全体股东每 10 股派发现金红利 21.00 元（含税），送红股 0 股，不以公积金转增股本。

2017 年："公司从实际经营情况出发，为满足资本性支出需求，保持财务稳健性和自主性，增强抵御风险能力，实现公司持续、稳定、健康发展，更好地维护全体股东的长远利益，公司 2017 年度不进行利润分配，不实施送股和资本公积转增股本。"①

2. 格力电器历年股利分配情况（表 2、图 1）

格力电器自 1996 年上市至 2022 年 12 月以来已实施现金分红 27 次，累计实现净利润 2 267.865 亿元，累计现金分红金额为 1 065.42 亿元，分红率为 46.98%。

表 2　格力电器历年分红方案（已实施）

预案公告日	除权除息日	基本情况		
		每股股利/元（税前）	每股红股/股	每股转增/股
2022/07/29	2022/08/04	2		
2022/03/31	2022/04/07	1		
2021/08/14	2021/08/21	3		
2020/08/31	2020/11/11	1		
2020/04/30	2020/06/10	1.2		
2019/04/29	2019/08/06	1.5		
2018/08/31	2019/02/25	0.6		
2017/04/27	2017/07/05	1.8		
2016/04/29	2016/07/07	1.5		
2015/04/28	2015/07/03	3		1
2014/04/25	2014/06/06	1.5		
2013/04/27	2013/07/11	1		
2012/04/25	2012/07/06	0.5		
2011/03/24	2011/05/31	0.3		
2010/04/27	2010/07/13	0.5	0.5	

数据来源：Wind。

① 格力电器 2017—2019 年年报。

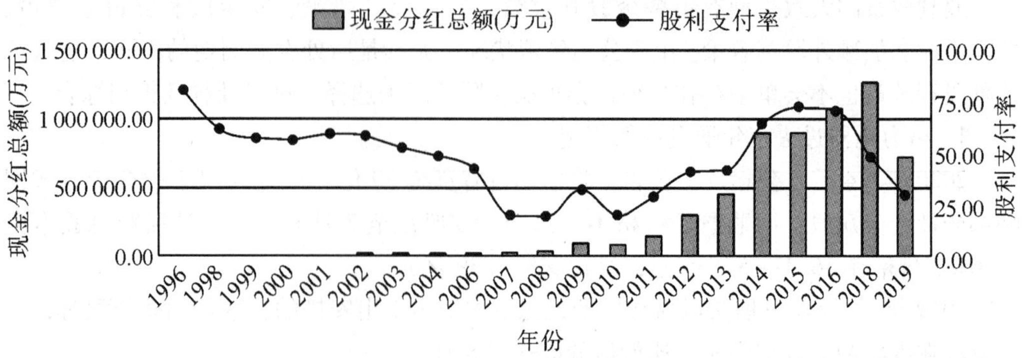

图1 格力电器上市以来分红统计

数据来源：Wind。

（五）融资需求影响格力电器股利政策

经过几十年的发展，格力电器达到了企业发展的成熟期，盈利充分、获利能力稳定、生产能力扩张的需求减少，因此，格力电器长期以来实行的是固定股利或稳定股利增长政策。

然而，“树欲静而风不止”，白色家电市场接近饱和，空调市场的发展已经进入一个相对瓶颈期。近年来格力电器一直试图寻找更加多元的发展途径，寻找更好的发展空间，2017年格力电器一度也希望收购珠海银隆进入电动车（新能源汽车行业）市场，但这一方案在股东大会上受到股东的强烈质疑最终未果。新的利润增长点在何处也是公司一直在“焦虑”的地方。

公司的年报中提到的“公司预计未来在产能扩充及多元化拓展方面的资本性支出较大”，其实也从一个侧面说明，格力电器希望未来做更多的尝试，决定不分红，是因为担心利润被分配之后，自己发展的动力和空间被压制，因此试图将更多的税后利润留在公司，首先满足公司的资金需求，在未来出现投资机会时能及时抓住从而提升业绩。因此转向实行“剩余股利政策”，即首先满足公司资金需求为出发点，剩余部分才用来发放当年的现金股利。

二、案例的思政元素

（一）弘扬社会主义法治精神，增强法治观念

认为分红是“公司赚的钱，想怎么用就怎么用”，这样的思想观念是错误的。企业的财务活动必须遵守法律法规，分配利润的过程也要始终遵守法律法规。为了保护债权人和股东的利益，《中华人民共和国公司法》《中华人民共和国证券法》等对公司股利分配进行了一定的限制，比如，按资本保全的规定企业不能用筹集的经营资本发放股利，只能在足额弥补以前年度亏损后有留存收益时才能发放股利，且须有充分的偿债能力才能发放现金股利等。除了相关法律法规，中国证监会2013年11月发布的《上市公司监管指引第3号——上市公司现金分红》还对上市公司现金分红提出了具体要求。

对个人股东而言，根据《中华人民共和国个人所得税法》、财政部与国家税务总局发布的《关于股息红利个人所得税有关政策的通知》的要求，收到公司的股利后有纳税义务，股息税率为10%。

党的二十大提出要“坚持全面依法治国，推进法治中国建设”，通过股利分配相关法律的学习，增强法治观念，弘扬社会主义法治精神，传承中华优秀传统法律文化，引导每个公民成为社会主义法治的忠实崇尚者、自觉遵守者、坚定捍卫者。

（二）股利作为财产性收入，是社会主义分配制度下多种分配方式中的重要一环

党的二十大报告提出，要完善分配制度，坚持按劳分配为主体、多种分配方式并存，坚持多劳多得，鼓励勤劳致富，促进机会公平，增加低收入者收入，扩大中等收入群体，规范收入分配秩序，规范财富积累机制。

社会主义分配制度，既要反对平均主义，又要防止差距悬殊，既要提倡奉献精神，又要落实分配政策，体现公平正义。我国坚持“按劳分配为主体、多种分配方式并存”的分配制度，其中多种分配方式就包括劳动收入和合法的非劳动收入，有工资性收入、经营性收入、财产性收入和转移收入。对老百姓而言，股票分红所得属于财产性收入。股利，体现了资本这一生产要素，它与劳动、管理、技术等其他生产要素一样，都在经济活动中发挥着重要作用，都在资本市场上按贡献大小参与收益分配。

股票分红获得的财产性收入，是社会主义市场经济条件下多种收入分配方式的一种选择及其结果，也是增加居民收入不可或缺的渠道，它关系到老百姓切实的利益获得，也是老百姓分享祖国经济成果的重要方式之一。完善的分配制度，是促进全体人民共同富裕的中国式现代化的基础性制度。格力的分红与它的员工福利，都体现了中国特色社会主义的分配观。

（三）以社会责任观构建和谐社会

创造、分配利润的财务决策过程体现了企业对国家、股东、员工的承诺和回报，也离不开社会、消费者、经销商、供应商的支持和合作，也应当是企业落实科学发展观、构建和谐社会、推进经济社会可持续发展、保护自然资源和环境等多方面努力的结果。企业应当积极承担和履行社会责任，不能在追求利润的道路上忘了初心，多方共赢才是企业持续发展壮大的根本。

以格力电器为例，“格力电器历来重视企业社会责任意识的培养和树立，并着力将其内化为企业文化，企业的壮大决不能仅靠行业内的技术领先和管理经验上的先进高效，高度的社会责任感更能激发高尚的企业人格，在潜移默化中使企业在良性轨道上行稳走远。”

（四）爱国主义精神与使命担当

“让世界爱上中国造”——这是格力电器的品牌口号，它清楚地阐明了一个优秀制造企业在中国从制造大国向制造强国的转变中应有的使命担当。“中国人不用到国外买电饭煲”等豪言壮语式的广告词，更进一步表明了格力对自己产品的信心和赶超世界先进的底气。曾几何时，从服装、玩具、到电饭煲和马桶盖，中国制造是质次价廉的代名词，中国企业用几十年的时间从模仿、追随，不断赶超，如今已经成为自主创新、拥有核心技术、深度参与全球化竞争的中国“智”造。如今，中国工业门类齐全，产业体系完整，配套能力强，到2021年已连续12年成为世界第一制造大国，这是赢得全球消费者尊重的基础，也是中国强大国力的源泉。企业应当怀揣这样的使命和情怀，将自身的发展战略与国家命运、国家战略结合起来，才能保持长期竞争力，实现企业的可持续发展和企业价值最大化。格力践行初心使命，成长为全球工业互联网、智能制造的先进企业，也给股东带来丰厚的回报，实现了经济效益与社会效益的同步增长就是明证。

三、案例使用说明

（一）教学用途与教学目标

1. 教学用途

本案例为分析型案例，适用于本科生的财务管理课程中收益分配与股利政策知识点的教学。该案例的目的是用来做课堂教学讨论的题材，而非说明案例所述的企业决策是否正确。

2. 教学目标

（1）知识目标

完成本章节后，学生应当了解围绕企业价值最大化的相关股利政策理论，包括股利无关论、信号理论、客户效应、剩余股利政策，掌握股利支付比率的计算、了解股利发放的程序、方式，了解影响股利政策实施中的因素。

（2）能力目标

学生能掌握定性和定量分析方法，具备一定的信息获取能力，能进行资料查询，能够理论联系实际，对企业内外部信息进行专业恰当的分析，有一定的职业判断能力，为利润分配的决策提出合理建议。

（3）素质目标

通过学习在利润分配过程中企业对利益相关者所承担的法律义务和社会责任，培养学生树立社会主义核心价值观，根植爱国主义情怀，树立法治观念和具备社会公民意识。

（二）案例讨论的准备工作

要求学生课前读过案例的基本材料，并通过自行查询资料能回答以下问题。

第一，简要描述202×年格力电器的股利发放的程序（预案—公告—除权除息—到账）。

第二，股利支付率大约是怎样计算出来的——以格力201×年为例（有误差没关系）。

第三，除了现金股利，格力电器还以什么形式发放股利（2010 年发放红股，2015 年转增股票，以及 2020 年股票回购）？

同时，思考：2020 年格力电器第一大股东首次易主，不同的股东对股利的有什么偏好（偏好现金还是其他）？

（三）案例分析要点

1. 在利润分配中应当注意什么——法律意识

分别从企业角度出发和从股东角度出发，指出在利润分配过程中应当分别遵守的法律法规，包括税法、公司法、证券法等，同时上市公司还应当遵守监管部门的监管。

2. 社会主义分配原则在利润分配中如何体现？

现行的分配制度是实行按劳分配为主体、多种分配方式并存的制度。劳动、管理、资本、技术、土地等各种生产要素，应当按各自的贡献参与收益分配，企业的利润分配是资本获得补偿的重要形式。

3. 格力电器为什么能持续分红？

（1）强烈的社会责任意识

格力电器历年都进行大量分红，是建立在企业利润快速增长、留存收益丰厚、现金流充裕的基础上的，各利益相关者都所获不菲。企业落实科学发展观，在构建和谐社会、保护自然资源和环境等方面不断努力，保证了企业实现可持续发展。

（2）国运昌盛

格力电器多年的增长不仅仅是企业自身努力的结果，更得益于大环境下中国经济几十年来的飞速发展。强大的祖国，是企业得以发展壮大的依托，国运昌盛，企业才能大展拳脚。企业应当心怀感恩，积极回馈社会，勇于承担和履行社会责任。

（3）将企业发展与国家战略结合起来，扛起使命担当

从格力电器的口号“让世界爱上中国造”中我们或许可见一斑。企业只有将自身的发展战略与国家命运、国家战略结合起来，跟随国运做出布局和选择，才能保持长期竞争力，实现企业的可持续发展和企业价值最大化。

（四）教学组织方式

采用该案例将股利政策的基本内容串联起来，完成全部知识点的教学。

课时：3 课时（120 分钟）。

案例的教学组织安排如表 3 所示。

表 3　案例的教学组织安排

学习阶段	学习内容	时间限制	学习目标
课前	阅读案例，并自行查找资料，寻找问题的答案	提前 2 天	熟悉案例，了解相关背景和知识点
课中	教师展示案例 PPT，由学生介绍股利分配的程序（课前布置问题 1）	10 分钟	了解股利分配的程序
	提问：企业赚的钱，想怎么分就怎么分，对吗？	10 分钟	引导学生思考与利润分配的来源、相关的法律法规，增强学生的法律意识和社会责任意识
	讲授理论：股利无关论（MM 理论） 讨论：从 2018/04/27 格力的股价波动来看，股利无关论成立吗？分不分股利与企业价值相不相关？ 学生讨论回答后，教师小结	10 分钟 20 分钟	了解 MM 理论的内容、意义和局限性；了解税后股利对股东价值的影响；了解在实务中股利政策的相关性
	讲授并计算 20 年格力股东的回报 讲授：股利相关论	15 分钟	了解股东的回报来自股利和资本利得；掌握股利支付率的计算、股利支付率与留存比率的关系； 引导学生思考制造业企业将自身发展与国家战略结合从而实现了可持续发展，提升学生的民族自豪感，培养爱国情怀

表3(续)

学习阶段	学习内容	时间限制	学习目标
课中	讲授：信号效应，用信号效应解释格力 2018 年 4 月 27 日的股价波动	10 分钟	了解股利发放产生的信号效应对公司价值的影响
	提问：2017 年格力不分红决定的理由是什么？为什么后来又变了？ 小结：影响股利发放的因素，实务中企业采取的股利政策	15 分钟	了解利润分配也是企业内部筹资的一种方式，回顾比较内部筹资和外部筹资，影响股利发放的其他因素；剩余股利政策；固定股利政策等
	讨论：2020 年，战略投资者首次取代国资委成为格力的第一大股东，你认为这对格力今后的股利政策是否有影响？ 小结：客户效应	10 分钟	了解由股权结构产生的“客户效应”对股利政策的影响
	提问（课前布置问题 3）：股利发放的形式有哪些？ 由学生回答（现金、红股、转增、股票回购） 讲授：比较这几种股利发放方式	15 分钟	了解股利发放的不同方式以及各自的特点
	总结	5 分钟	总结本章内容，同时强调法律、社会责任在企业利润分配中的重要性，培养学生的爱国主义情怀
课后	找一家企业（如贵州茅台等），归纳其股利政策的特点，下次课再进行回顾提问	—	增强记忆，巩固知识点

（五）总结

通过本案例的学习，学生能了解股利分配的程序、掌握股利支付比率的计算、了解股利分配相关理论，理解股利分配决策对公司价值的影响。除了专业知识点的学习，学生在思想道德方面也有所收获：

通过讲授利润分配过程中涉及的法律法规，可以增强学生的法律意识，做到自觉学法、知法、守法、用法；通过分析案例中企业的利润分配决策，使学生对各生产要素的按贡献取酬的社会主义分配制度有更深入的了解；并进一步思考，企业不仅承担法律义务还应履行社会责任；通过案例企业 20 多年来巨额利润的分配，使学生意识到，我们正处在中华民族从站起来、富起来到强起来的伟大时代，从而进一步提升民族自豪感，培养爱国主义情怀；最终认识到，日益繁荣发展的中国为所有企业和个人提供了广阔的舞台，我们应当将自身的前途命运与国家命运、国家战略结合起来，扛起使命担当，把实现中国梦作为奋斗目标，才能在追梦路上奔跑得更快更远。

四、参考文献

【1】郭泽光. 财务管理学［M］. 大连：东北财经大学出版社. 2018.

【2】不分红就跌停，董小姐和谁在博弈？［EB/OL］https://baike.baidu.com/tashuo/browse/content? id = eff6467715fadac7dea07b0c&lemmaId = 10969853&fromLemmaModule =pcBottom

技术蝶变：九州通数字化转型之道

王秋霞　徐菊凤

一、案例正文

1985年，怀揣着“医药报国梦”的乡村赤脚医生刘宝林，组建创业团队成立了“天鹅医药批发部”，用肩挑背扛开启了九州通漫长的创业之路。在外部环境错综复杂、行业改革不断深化的背景下，九州通积极应对各种“黑天鹅”“灰犀牛”事件，从发展传统医药分销业务到实现O2O线上线下相融合发展，再建立起行业年内稀缺的医药供应链服务平台，每一次技术蝶变，刘宝林都带领这家医药流通企业走在行业的前沿。

（一）披荆斩棘，树立数字化转型典范

九州通医药集团股份有限公司（以下简称“九州通”）成立于1999年，近年来积极推进数字化转型，实现新兴业务与原有业务的联动，降本增效，促进市场规模不断扩大和盈利能力提升。目前九州通已发展为科技驱动型的全链医药产业综合服务商。公司立足于大健康行业，主营业务包括数字化医药分销与供应链服务、总代品牌推广业务、医药工业自产及原始设备制造（OEM）业务、新零售与万店加盟业务（C端）、医疗健康（C端）与技术增值服务、数字物流技术与供应链解决方案六大方面。公司是国内最大的民营医药商业企业，是行业内首家获评5A级物流企业及唯一获评国家十大智能化仓储物流示范基地的企业。位列2022年“中国企业500强”第207位和“中国民营企业500强”第68位。

（二）审时度势，紧跟行业政策谋发展

党的二十大报告提出，要加快构建新发展格局，推动我国经济高质量发展。其中，加快发展数字经济，促进数字经济和实体经济深度融合，是我国打造具有国际竞争力数字产业集群的重要举措。习近平总书记明确指示，要不断做强做优做大我国数字经济，实现产业数字化发展。九州通凭借着多年来的创业经验，前瞻性地紧跟政策东风，自公司2010年上市以来，便开始尝试探索医药B2C领域的新发展模式，2015年，九州通中药材电子商务综合服务平台——“珍药材”54315. com正式上线，标志着中药材行业垂直B2B电商正式走上互联网化的道路。

1. 国家政策驱动企业创新发展

数字经济的快速发展拓宽了消费渠道，促进医药消费场景、消费模式、支付方式转型升级。与此同时，国家卫健委、国家医疗保障局、国家发展改革委等部门出台了各项互联网医疗政策，催生“互联网+医+药+险”的互联网医疗创新新模式，给传统医药流通企业提供政策支持。在系列医改政策的推动下，医保控费、医保支付方式、

药品价格的形成机制将会发生重大变化。如表1所示，自2015年以来，系列举措使得医药流通企业的经营更加透明化，推动医药企业通过重构供应链和价值链的方式，提升集中度，加强与上下游企业之间的协作，提高管理一体化水平。

表1　医药行业相关政策出台情况

年份	政策	主要内容
2015年	《关于积极推进“互联网+”行动的指导意见》	推动健康大数据的应用、鼓励发展第三方在线健康市场
2015年	《关于推进分级诊疗制度建设的指导意见》	以强基层为重点完善分级诊疗服务体系和建立健全分级诊疗保障机制
2016年	“两票制”	药品生产企业到医疗机构中间只开两次发票
2017年	“零加成”	不允许医疗机构对药品进行加价售卖
2018年	《关于促进“互联网+医疗健康”发展的意见》	完善“互联网+”药品提供保障服务，促进药品网络销售和医药物流配送等规范发展
2021年	《“十四五”数字经济发展规划》	加快企业数字化转型升级

数据来源：根据九州通公司年报整理。

2. 在行业竞争中抢占先机

受到市场化改革的影响，医药行业竞争格局加剧，预计未来行业整合步伐将持续加快，该观点从商务部公布的统计数据中得到了印证，如表2所示。2011—2015年药品流通行业销售总额同比增长率呈现下降趋势，从23%下降为10.2%。2020年国有及国有控股药品流通企业主营业务收入达11 011亿元，占直报企业主营业务总收入的60.5%。我国也明确提出，到2025年要培育形成1~3家超五千亿元、5~10家超千亿元的大型数字化流通企业。因此，在医保控费、医保支付方式改革等政策的影响下，医药流通行业集中度会进一步提升，企业之间的竞争格局会逐步加剧。在此情境下，九州通凭借着长期积累的规模和资源优势，可以加快数字化转型步伐，在行业竞争中把握主动权。

表2　我国医药市场销售规模及其增速变化

年份	2011年	2012年	2013年	2014年	2015年
销售总额/亿元	9 426	11 174	13 036	15 021	16 613
同比增长率/%	23	18.5	16.7	15.2	10.2

数据来源：《药品流通行业运行统计分析报告（2020）》。

3. 数字医疗创造发展新动力

一方面，在互联网医疗领域，我国分级诊疗和处方流转制度逐渐落实，促使医药流通行业下游B端客户结构发生变化，零售药店和基层诊疗患者市场进一步扩大。另一方面，国家支持实体医院开展互联网诊疗服务，鼓励常见病、网售处方药等服务业态发展，“网订店取”运营模式逐步形成。表3是中国在线医疗用户规模的变化趋势，可以看出，截至2021年12月底，我国互联网医疗的使用频率较低，传统医药流通企业积极参与其中，发展互联网医疗，大有可为。流通企业只有加快数字化发展进程，提高供应链服务能力，全渠道承接流量，帮助上游医药供应商将药品直接输送到终端消费市场，才能赢得消费者青睐。药店已经迈入“新零售时代”，“互联网+医药流通”“互联网+医保服务”等政策落地，将会进一步推动医药零售转型升级，实现创新发展。

表 3 中国在线医疗用户规模的变化趋势

年份	2020 年 6 月	2020 年 12 月	2021 年 6 月	2021 年 12 月
销售总额/亿元	27 602	21 480	23 933	29 788
使用率/%	29.40	21.70	23.70	28.90

数据来源：华经产业研究院。

（三）技术创新，成为数字化转型先行者

九州通的数字化转型不是一蹴而就的，而是一个循序渐进的过程。由于医药流通企业以医药产品和医疗器械批发、医药零售和医药工业经营为主，经营特性决定了企业具有经营规模大、产品数量多等特点。因此，如何在数字经济时代更好地做好内部管理，与上下游企业协同经营，是公司面临的主要难题。为此，九州通在数字化转型过程中，加大技术创新力度，构建了面向全集团的三大中台、全景数字物流供应链产品体系、按照“FBBC”的运营模式，对内提升运营效率，对外提供增值服务。而创新依靠增加研发人员数量、研发投入来实现。表 4 是九州通 2015 年至 2020 年的研发人员数量、研发投入及研发费用情况。可以明显地看出，公司研发人员数量和投入金额不断增加，2015 年和 2016 年，九州通的研发支出全部进行了费用化处理。从 2017 年开始，资本化研发支出占比逐渐上升，2019 年研发投入资本化的比重为 34.04%，达到历史新高。如图 1 所示，公司研发投入占营业收入的比重呈现逐年上升的趋势，说明公司对研发投入的质量要求和管理愈来愈重视。

表 4 公司研发人员数量、研发投入及研发费用情况

年份	研发人员数量/人	研发投入金额/元	研发费用/元
2015 年	681	41 445 267.54	41 445 267.54
2016 年	715	56 433 845.04	56 433 845.04
2017 年	960	79 919 122.02	73 106 333.28
2018 年	982	84 656 132.10	76 233 032.04
2019 年	880	112 393 089.30	74 131 617.33
2020 年	1 039	139 345 742.98	126 626 403.75

资料来源：根据九州通公司年报整理。

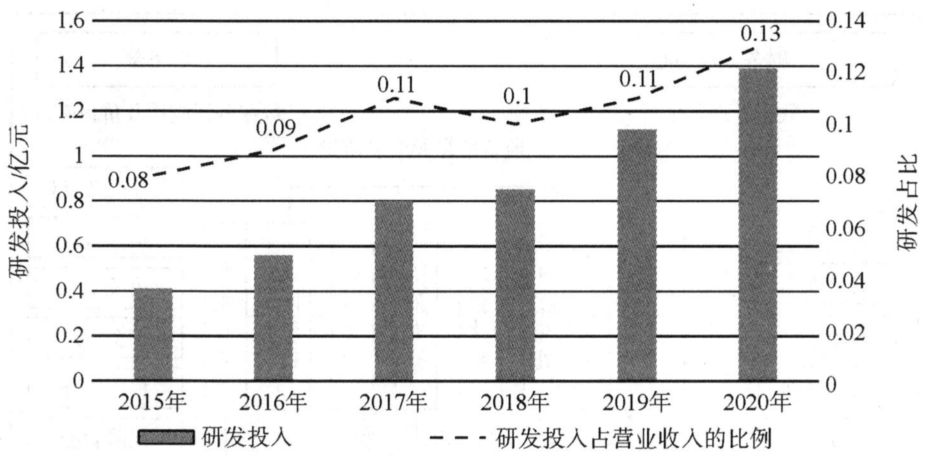

图 1　九州通研发投入占营业收入的比例情况

资料来源：根据九州通年报整理。

1. 调整财务架构，推动业财融合

在数字经济时代，释放企业的数据价值尤为重要。2017 年，九州通制订了业财融合计划，旨在加速财务管理数字化转型，实现精益管理的目标。业财融合体系的构建主要围绕财务组织重构和业务流程再造展开。

在组织重构方面，九州通搭建了扁平化的财务组织架构。组织变革之前财务管理总部下划分为总部、区域公司和三级公司，各层级独立运作，信息仅仅在内部流通，体现“分块治理”的原则。在该模式下，不同业务部门设置独立的核算系统，行政、人事和财务信息互不关联，信息沟通滞后，不利于集团统一进行管理和业绩评价。2017 年，九州通根据“财务管理+财务共享”的管理模式，对财务组织进行了重构和优化，调整后的情况根据已有资料进行整理，如图 2 所示。财务组织分为财务共享中心和财务部两大模块。财务部主要履行决策支持、风险管控、战略推进等相关事宜，财务共享中心集中处理分散的核算、报销、结算工作等基础工作，主要为财务部及数据需求部门提供数据信息提供及相关服务。

在组织调整后，财务共享中心作为企业实现业财融合的媒介，于 2017 年 11 月正式上线。中心下设七大中心共 29 个岗位，分别是费控中心、上游结算中心、下游结算中心、总账报表中心、资金结算中心、运维中心和财务信息化中心，旨在将分布在全国各地的数据信息，汇总到财务共享中心进行统一处理，将各分公司、子公司从标准化的、重复性的事务中解放出来。同时通过会计支持、税务支持、现款结算和出纳，为各公司提供当地财务支持。财务共享中心的建设针对重点业务流程，按照分阶段稳步的方式实施。首先推进湖北地区批发板块共享试点上线，待运转模式成熟后，试点模块推广至全国其他地区。前期上线重点模块，中后期推行上下游管理，并逐步完善其他模块共享上线，最终实现全面共享，取得良好效果。

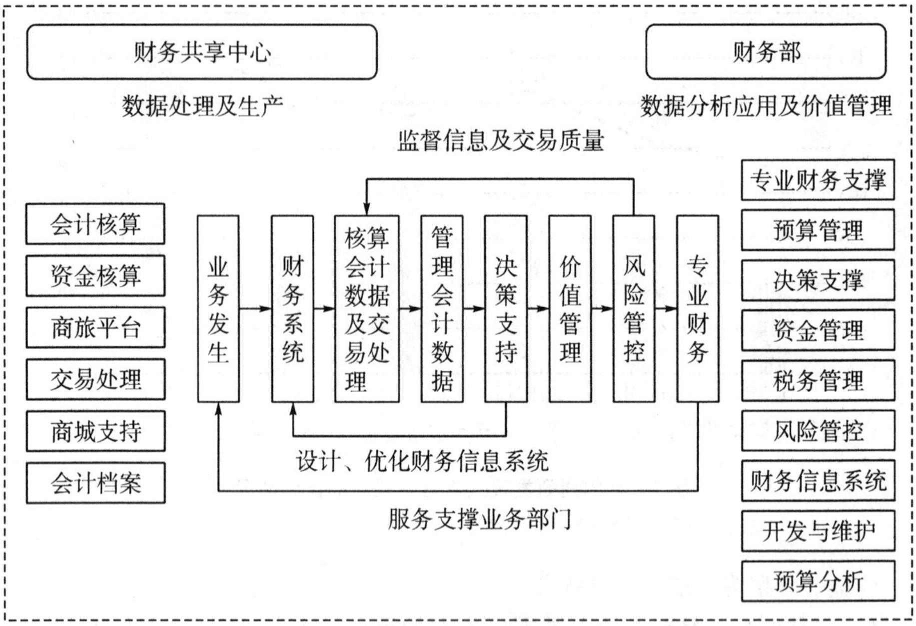

图 2　公司财务组织调整情况

资料来源：谢伊恬，袁媛，刘帆."互联网+"背景下医药流通企业业财融合问题研究：以九州通医药集团为例［J］. 财会通讯，2020（4）：95.

财务共享中心上线后的运转如表 5 所示。公司在 2018 年全面实现财务共享后，财务管控覆盖公司从 13 家增加到 255 家，财务人员数量大幅度缩减，从 2017 年的 300 人减少到 2019 年的 160 人。依托搭建的财务共享云服务平台，数据技术赋能管理，提高了财务自动化处理效率，使得人均审单效率从 2017 年人均每天审核 29 单增加到人均每天审核 48. 84 单，凭证自动化比例从 54. 45%上升到 77. 86%，凭证入账效率从 5 小时降低至 2019 年的 1 小时，单据付款时效从 2. 5 分钟下降到 1 分钟。据湖北上市公司研究协会披露，截至 2022 年年底，财务共享平台已经覆盖下属 332 家子公司，增值税发票做到 100%自动化识别，公司 60%的业务能够自动化三单稽核。以上的数据均表明财务管理数字化转型的实现能够提升财务中心运转效率。

表 5　财务共享中心运转效率分析

项目	2017 年	2018 年	2019 年
财务管控覆盖公司/家	13. 00	218. 00	255. 00
财务人员数量/人	300	240	160
凭证入账效率/小时	5. 00	1. 50	1. 00
单据付款时效/分钟	2. 50	1. 20	1. 00
人均审单效率/单/（人・天）	29. 00	41. 00	48. 84
财务凭证自动化比例/%	54. 45	57. 00	77. 86

数据来源：两化融合生态圈. 九州通：永葆数字化转型初心，科技赋能两化融合结硕果［EB/OL］https://mp.weixin.qq.com/s/3w_QW_krWZtXmO-3du8vbA.2020.

2. 搭建技术架构，统一内部信息系统

提高企业经营、管理、决策、监控、预测、分析等信息管理能力是数字化转型的核心内容。医药信息是处于供应链中有着业务关系往来的企业之间和企业内部之间的、有助于实现信息交换和协调沟通、促进业务顺利进行的各种信息。医药行业与人们的生命健康息息相关，信息来源广、信息关联性高，能够为企业根据市场需求制订合理的生产经营计划提供思路，因此高效及时捕捉各种有用的信息也显得尤为重要。数字化转型获得成功的关键是能够对数据进行有效管理和利用。因此在系统整合方面，九州通搭建了财务共享平台的技术架构，如图 3 所示。技术架构包括前端业务系统、财务数据中台系统以及后端经营决策系统三大模块。

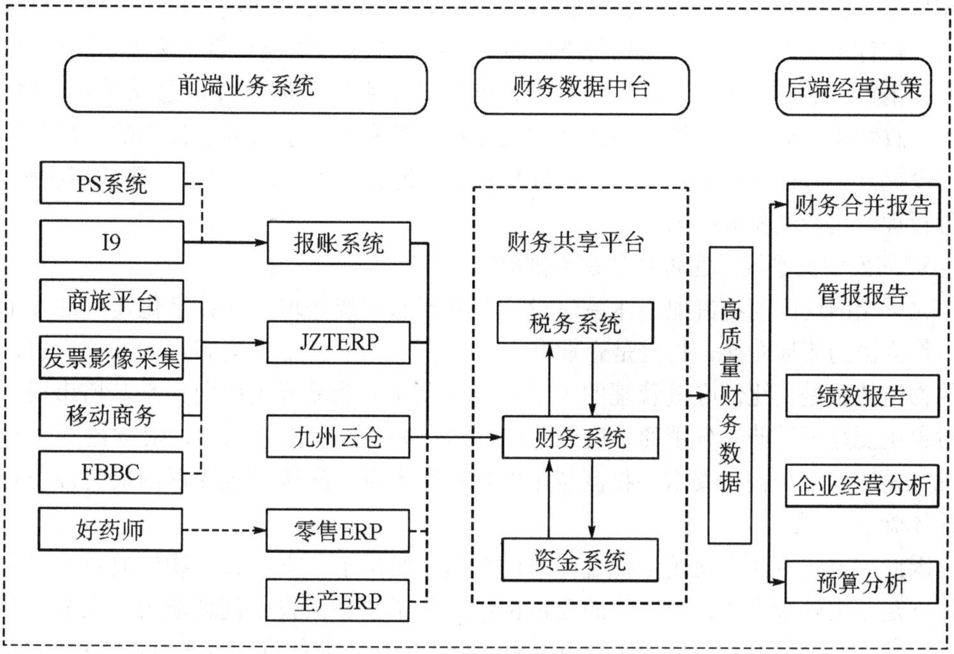

图 3　九州通财务共享平台技术架构

数据来源：根据中国上市公司协会相关资料整理。

前端业务系统方面研发了 PS 系统、I9 移动报销平台、发票影像采集等数据系统，分别负责人员薪酬、移动报销、员工差旅信息收集、发票信息采集等具体事项。其中，ERP 系统是集团连接上游供应端和下游需求端的媒介，面向外部，可以保证企业与分销商、零售药店和医疗机构等下游企业保持密切合作，促进业务顺利发展。面向内部，ERP 推翻了集团与分公司、子公司之间的“信息壁垒”，帮助公司实现业务财务核算的高效协同，实现数据自动传输共享，提升企业内部管理一体化水平，形成集团管控优势，为全面实现数字化转型奠定基础。各个系统采集的信息，会传送到报账系统、JZ-TERP 和 ERP 系统等，相关人员执行入库、支付、结算工作。形成的业务、财务数据，会进一步传输到财务数据中台的财务系统，财务系统、税务系统、资金系统相互配合可以实现数据抽取、指标监控、资金上收下拨、购销结算等功能。在后端经营决策系统建设方面，九州通与金蝶公司合作，在公司内部应用了金蝶 EAS 财务共享服务软件系统，实现了业务发生到报表生成的财务自动化处理，还可以输出财务合并报告，以便决策管理层更好地分析数据信息，强化对财务职能的管控，更好地发挥管理职能。截至 2018 年年底，九州通完成了信息系统的数字化改造与升级。至此公司的信息化水平处于同行业中的领先水平，是医药行业内少数拥有全国统一的 ERP、物流、财经以及人力系统的集团性医药商业公司。

综合以上分析可知，财务信息化建设是业财融合的关键切入点，有助于实现数据链闭环管理，实现业务发起到报表出具的财务核算全过程自动化处理。首先，依托金蝶 EAS 平台，九州通搭建起总账与业务系统之间的桥梁，在保证财务与业务独立性的同时，又可以提高两者连接的灵活度。在采购到付款环节，供应商通过 ERP（JZTERP）与公司连接，将供货数据诸如产品名称、批次、编码、价格等传输到 JZTERP，在该平台上完成从供应商到采购入库、采购结算、开具采购发票等系列程序。其次，在订单发出后，ERP 系统与下游客户对接，系统根据订单自动完成货物的挑选、出库、销售。最后，在记账到报告环节，财务共享系统会同步并汇总从采购、付款、销售、收款环节形成的数据，并体现相关经济业务和交易事项的会计影响。财务信息化建设提升了数据的使用效率，加强与上下游企业之间的互动，对公司账款回收管理、存货管理等均产生积极影响。

3. 研发物流系统，完善药品物流供应链

完善全国性医药物流配送体系建设，是九州通加快实现企业数字化转型的技术保障。作为医药流通企业，物流是企业联系上游供应商和下游各类客户主体的枢纽，完善的物流体系是优化供应链管理的关键。由于九州通药品分销面向的是基层市场，客户对象主要是下游药品分销商、民营医院、诊所和各类型零售药店，对物流的“拆零分拣”能力有着极高的要求，物流技术的拣选精准度、配送时效性逐渐成为消费者追求的体验。

因此，公司专注于现代化物流体系的打造，组建了一支致力于物流研发的技术团队，立足于大健康产业，以完善的物流网络和先进的物流技术创新能力，服务于公司物流需要，并对外提供智慧物流供应链服务，为特定企业提供量身定制的医药物流 BC 一体化服务、疫苗流通、冷链储运及非药领域物流服务。九州通公司 2020 年年报披露，九州通物流公司已经成功转型为科技型、平台型、生态型的物流供应链企业，能够同时提供仓储服务和运配服务，实现网络化经营、平台化运作、数字化管控和智能化生产。2020 年 10 月，公司在河南郑州上线运营了自主规划和设计的“神舟一号”现代化智能医药物流中心（3.0 版）。自主研发的九州云仓平台包括物流管理云平台、运输管理云平台和网仓管理云平台，该平台系统内嵌仓储管理、物联管理、运输管理、订单处理等数字化系统矩阵，可以联合运营，是医药流通行业内第一家覆盖仓配、集团内外、线上线下协同发展的一体化物流规划平台。在处理能力方面，九州云仓管理系统年订单处理能力达到 2 300 余万条，药品入库效率为每小时 9 000 箱，物流出货效率为 10 000 箱每小时，货损率 0.000 2%，准确率高达 99.99%。可见，九州云仓物流管理系统的上线极大地提高了公司的物流运转效率。

如表 6 所示，公司根据市场需求，自主成功研发了 AGV、RGV、提升机三大系列智能物流装备和机械臂拣选系统、货到人作业系统等物流技术，满足不同场景的物流需要。其打造的医疗冷链物流实现仓储、运输、配送等全流程作业，等等。

综合以上情况来看，九州通围绕九州云仓平台，依托全国物流资源，在标准化运营管理体系的指导下，研发出行业内少有的物流智能装备，通过提供三方物流、医药冷链物流、数智物流与供应链整体解决方案，实现了各业务单元及供应链物流数字化管理，提升了物流增值服务的质量，助力企业高效运营。

表6　九州通物流研发成果情况举例

技术成果	功能
物流智能装备	Shuttle 技术、AS/RS 系统、螺旋平台、机械臂拣选系统等
医药冷链物流	九冷海仓（仓储服务）、九冷优达（物流运输）、九冷迅达（落地配送）
物流系统	仓储管理系统（WMS）、运输管理系统（TMS）、订单管理系统（OMS）、设备控制系统（WCS）、物联管理系统（IOT）
数字物流与供应链解决方案	提供业务和物流系统、智能化装备和运营服务等解决方案

数据来源：根据九州通公司年报整理。

4. 搭建数字化平台，提供医药全场景服务

《物流术语》（GB/T 18354-2021）指出，供应链是企业在生产与流通过程中将产品或服务提供给最终用户的上下游企业所形成的网链结构。对于医药行业来说，医药流通企业处于医药供应链服务体系的关键环节，上游承载着药品生产、器械生产、中药生产及药械代理等供应端、生产端的企业，下游面对的是公立医院、连锁及单体药店、基层及民营医疗机构和C端消费者等终端对象。

为了把组织的层级活动和流程与数据驱动相结合，激活智能分析数据、监控数据质量、数据内化重构等功能，改变价值创造方式，九州通开发了“智药通”“幂药云”“幂店通”等数字工具，搭建了“一站式”的医药供应链服务平台，按照“FBBC”服务模式运营，如图4所示。

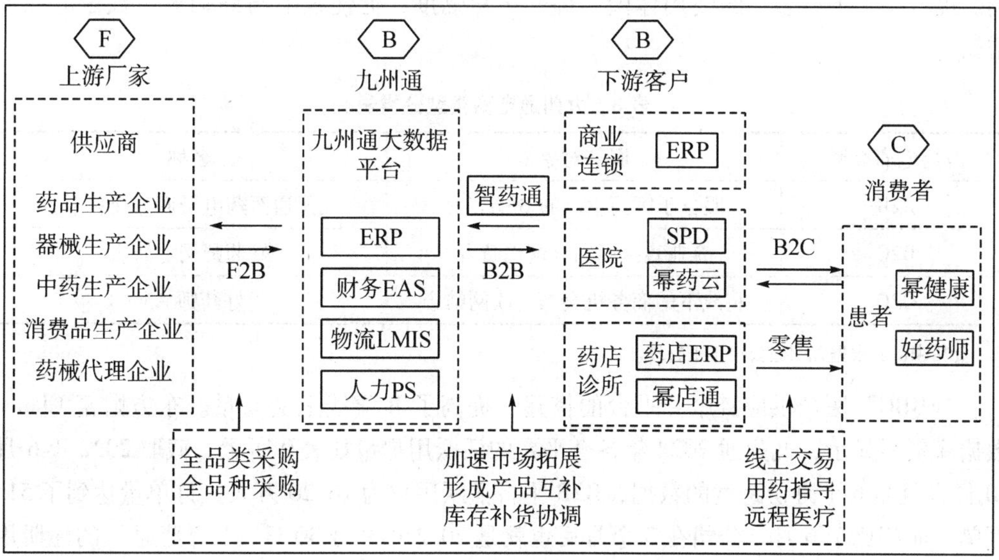

图4　九州通“FBBC”运营模式图解

数据来源：作者整理。

至此，“FBBC”运营模式帮助九州通有效整合资金流、信息流和物流等要素，形成了药品及服务从生产端到消费终端的闭环，有效提高了供应链的敏捷程度，具体情况如表7所示。面对上游供应商F端，九州通开发了“智药通”平台，为厂商营销人员提供“智药通”手机端，识别优质厂家，与“大数据营销”平台进行对接，帮助公司及时了解和掌握市场动态，完成现场下单、查看终端地图、查询品种等操作，更好地进行采购和定价决策。总而言之，九州通为上游重点供应商提供了数据分析服务、智能采购服务，做到了移动办公和信息互联。在赋能下游客户B端方面，公司提供连接下游连锁药店客户的ERP系统，开发了“幂药云”“幂药店”等系统。“幂药云”可以帮助互联网医疗机构实现开展处方审核、流转和药品配送基本功能。“幂药店”可以帮助有意向加盟的药店通过一键开店、物资共享、联合接单等功能，提升运营能力，加快布局“万店联盟”。医卫助手则为基层医疗机构提供基础医疗卫生服务解决方案。

表7　行业赋能工具/系统一览表

系统/工具名称	服务对象	主要功能
智药通	厂家及九州通业务员	产品推广宣传、销售查询与管理
幂药云	互联网医院及医疗平台	医疗机构线上复诊、购药
幂药店	下游单体和小连锁药店	提供全方位运营解决方案
医卫助手	基层医疗机构	医疗技术赋能、医药服务

资料来源：公司年报。

公司打造的医药供应链服务平台实现了B2B、B2C、O2O全场景应用，能够全渠道承接互联网带来的流量。截至2021年年底，九州通已经完成了“互联网+”战略指导下医药电商运营平台的搭建，具体情况如表8所示。三个平台通过大数据与业务有效连接，打通医药产业链全环节，聚焦行业资源，实现信息互通互动，共享终端消费市场。提升了上下游客户的使用体验，提升客户黏度，促使线上与终端客户数量的稳步增长。

表8　九州通电商类型分类表

医药电商类型	服务对象	名称
B2B	服务于医药生产的B端客户	九州通医药电子商务交易平台
B2C	企业直接面向终端消费者	好药师网上药店
O2O	将线下的商务机会与互联网结合	好药师App

资料来源：根据九州通公司年报整理。

“FBBC”医药供应链服务平台的搭建，提高了B端线上交易量。东方财富Choice数据库资料显示，九州通2022年各个平台的活跃用户量如表9所示。截取2022年6月30日也就是6个月份跨度的数据，B2B平台活跃用户为16.20万人，订单量达到了515万单。而相比于6月，公司在3个月后也就是2022年9月30日，“智药通”的注册用户从10.3万人增加到18万人，订单量从111.7万单增加到394万单，处方流转订单数高达50万单，平台付费用户从11.2万人增加到25.6万人，注册药店累计3.5万家。

表 9　企业 2022 年各线上平台用户人数及订单量

平台/业务名称	时间区间/业务量	
	6 个月	9 个月
B2B 平台活跃用户/万人	16.20	12.82
B2B 平台活跃用户订单量/万单	515.00	321.00
公司“智药通”平台注册用户/万人	10.30	18.00
公司“智药通”平台注册用户订单量/万单	111.70	394.00
处方流转订单数/万单	—	50.00
平台付费用户/万人	11.20	25.60
日均活跃门店/万家	—	1.50
注册药店/万家	—	3.50

数据来源：东方财富 Choice 数据库。

运营模式的创新提高了终端客户满意度。品牌评级与品牌顾问机构 Chnbrand，是收集中国连锁药店顾客满意度及推荐度的官方网站，如表 10 所示，九州通旗下连锁品牌好药师在 2020 年满意度调查中榜上有名，在披露的前 16 名中排行第 10，崭露头角。同时，表 11 数据显示好药师在 2020 年连锁药店推荐度排名第 6，再次说明企业的多元化服务为顾客创造了价值，得到了消费者的认可。依托现有供应链优势，公司为消费者提供线下购药、远程处方、网上下单就近门店取药等便捷服务，在创新客户体验中提升客户满意度。

表 10　2020 年连锁药店满意度排行榜

品牌	排名	得分	排名变化
北京同仁堂	1	80.0	—
国大药房	2	78.0	+2
海王星辰	3	77.8	+3
华氏	4	76.0	-2
老百姓	5	75.9	-2
金象	6	75.3	+2
永安堂	7	74.7	+5
怡康医药	8	74.4	new
大参林	9	74.3	-4
好药师	10	73.5	new
行业均值	……	76.2	……

数据来源：Chnbrand 2020 年中国顾客满意度指数 SM（C-CSI©）。

表 11　2020 年连锁药店推荐度排行榜

品牌	排名	得分	排名变化
北京同仁堂	1	23.7	—
老百姓	2	19.7	+1
国大药房	3	18.7	+2
大参林	4	15.7	--
华氏	5	15.6	-3
好药师	6	9.6	new
同济堂	7	8.4	-1
成大方圆	8	8.0	--
一心堂	9	7.2	+2
金象	10	-7.8	+3
行业均值	—	16.4	—

数据来源：Chnbrand 2020 年中国顾客推荐度指数 SM（C-NPS©）。

（四）新旧业务联动，经营质量全面提升

1. 收入规模不断提升，业绩稳步增长

公司近年来经营业绩快速增长，在数字化转型的推进下经营质量不断提升。2020 年，公司营业收入再创新高，达到 1 108.60 亿元，净利润 33.85 亿元，分别较上年同期增长 11.42%、90.01%（见表 12）。

表 12　公司 2015—2020 年销售业绩分析　　单位：亿元

项目	2015 年	2016 年	2017 年	2018 年	2019 年	2020 年
销售业绩	495.89	615.57	739.43	871.36	994.97	1 108.60
净利润	7.04	9.04	14.73	13.81	17.81	33.85

数据来源：公司年报。

2. 科技驱动转型，主营业务实现升级

主营业务是公司经营的核心业务，是总收入的主要组成部分。因此，进一步分析，推动主营业务稳步增长的主要原因是数字化转型推动企业实现了业态创新。表 13 是 2022 年公司披露的部分主营业务的情况，其收入和毛利相比于去年同期都实现了大幅增长。转型之前，公司以药品、医疗器械、保健品等产品的批发、销售为主，在数字化转型之后，除一直从事的总代品牌推广业务之外，公司增加了数字化医药分销与供应链业务、数字物流技术与供应链解决方案等新兴业务，整体上提高了经营质量，进而提升主营业务收入。

表 13　2022 年公司新兴业务收入变化情况

分业务	营业收入/万元	收入同比增减/%	毛利/万元	毛利同比增减/%
数字化医药分销与供应链业务	1 210.56	15.57	78.43	5.94
数字物流技术与供应链解决方案	56.61	24.43	1.35	54.50
医药新零售业务	25.37	37.89	4.69	49.19

数据来源：根据九州通公司年报整理。

3. 九州通财务比率分析

（1）偿债能力分析

偿债能力是公司偿还债务的能力。由表 14 可以看出，公司的流动比率和速动比率在数字化转型期间变化幅度较小，保持在稳定的变化区间。现金流量比率先下降后上升，说明企业创造现金的能力得到提升。作为资金密集型的医药企业，公司资产负债率高于 50%，与数字化转型期间筹集大量资金用于建设物流中心、实施财务共享等密切相关。

表 14　公司 2015—2020 年偿债能力分析

项目	2015 年	2016 年	2017 年	2018 年	2019 年	2020 年
流动比率	1.30	1.27	1.42	1.29	1.28	1.29
速动比率	0.91	0.87	1.02	0.98	0.98	1.00
现金流量比率	0.02	0.02	-0.03	0.03	0.06	0.07
资产负债率	69.78	68.99	62.46	69.43	69.12	68.31

数据来源：东方财富 Choice 数据。

（2）营运能力分析

营运能力可以衡量公司资产管理的效率。如表 15 所示，2015 年至 2020 年，九州通的存货周转效率整体上呈上升趋势，从 6.35 波动上升至 7.00，说明企业的库存管理得到优化。应收账款周转率整体上呈现下降趋势，尽管公司采取措施“降低库存、控应收，防范资金风险”，但流通企业对接位于产业链上游的药企和下游的医院，两者之间存在账期差，行业存在“垫资”属性。近年来，九州通加快了中高端医院的业务布局进程，以期提高市场占有率。由于医院应收账款账期普遍较长，在重点开拓医院市场的过程中，逐步形成了大量的应收账款。总资产周转率降幅明显，主要原因在于公司在物流设施方面加大了投资，非流动资产增加。

表 15　公司 2015—2020 年营运能力分析

项目	2015 年	2016 年	2017 年	2018 年	2019 年	2020 年
存货周转率	6.35	6.21	6.06	6.11	6.49	7.00
应收账款周转率	6.82	6.25	5.47	4.60	4.40	4.59
总资产周转率	1.75	1.73	1.63	1.47	1.44	1.46

数据来源：东方财富 Choice 数据。

（3）盈利能力分析

从表 16 可知，2015—2020 年公司的销售净利率、总资产净利率和净资产收益率呈现上升趋势，说明公司经营状况改善，经营业绩提升，盈利能力增强。

表 16　公司 2015—2020 年盈利能力分析

项目	2015 年	2016 年	2017 年	2018 年	2019 年	2020 年
营业净利率	1. 42	1. 47	1. 99	1. 59	1. 79	3. 05
总资产净利率	2. 48	2. 54	3. 25	2. 33	2. 59	4. 45
净资产收益率	8. 10	8. 50	9. 77	7. 29	9. 28	15. 16

数据来源：东方财富 Choice 数据。

（4）成长能力分析

成长能力指标可以在一定程度上反映企业未来的发展趋势，指标表现越好，说明企业的发展势头越强劲，业绩愈可观。如表 17 所示，公司的主营业务增长率、营业利润增长率、总资产增长率为正，说明企业还有很大的成长空间。而营业利润增长率在 2018 年为负，通过查询年报可知，公司在该年收到了项目补偿款，计入资产处置损益，对营业利润增长率产生了一定的影响。总资产增长率为正，说明公司在该阶段通过经营资产来获取收益。

表 17　公司 2015—2020 年成长能力分析

项目	2015 年	2016 年	2017 年	2018 年	2019 年	2020 年
主营业务收入增长率	20. 75	24. 13	20. 12	17. 84	14. 19	11. 42
营业利润增长率	34. 05	22. 00	85. 63	−5. 75	25. 76	89. 12
总资产增长率	35. 07	18. 85	34. 39	28. 10	6. 71	13. 60

数据来源：东方财富 Choice 数据。

4. 基于杜邦分析法的财务分析

表 18 是九州通杜邦分析体系各财务指标。2015—2020 年的净资产收益率，整体上呈上升趋势。净资产收益率是杜邦分析法的核心，是企业净利润与净资产的比值，可以分解为营业净利率、总资产周转率、权益乘数三者的乘积。该指标既能反映企业的经营管理水平，也能了解企业的资金来源，从而判断企业财务风险的大小。具体来看，2017 年该指标与前后两年相比表现较好，主要是随着财务共享的推进，运营成本降低，运转效率提高。而 2018 年、2019 年该指标下降，从行业角度分析，主要是受到“两票制”的影响，该政策的出台旨在缩短药品流通环节来解决药品价格虚高的问题，压缩了医药流通企业的盈利空间。在 2019 年和 2020 年，净资产收益率直线上升，一方面是因为公司建成九州云仓物流中心，对外提供物流供应链增值服务，增加了三方物流收入；另一方面“FBBC”全场景服务模式可以同时满足 B 端、C 端客户的多样化需求，助力公司销售份额不断增长。企业净资产和净利润都增加，从而对净资产收益率产生积极影响。从长远的角度看，更重要的是业财融合帮助公司结合企业内外部信息，可以充分利用业财数据为市场拓展提供量化支撑，实现精准财务管控，保障公司顺利实现经营目标。

表 18 公司杜邦分析体系财务指标

项目	2015 年	2016 年	2017 年	2018 年	2019 年	2020 年
净资产收益率/%	8.23	8.19	8.63	7.64	8.35	14.07
营业净利率/%	1.42	1.47	1.99	1.59	1.79	3.05
总资产周转率/次	1.75	1.73	1.63	1.47	1.44	1.46
权益乘数	3.31	3.22	2.66	3.27	3.24	3.16

数据来源：东方财富 Choice 数据。

二、案例的思政元素

（一）积极推动会计数字化转型，构建新时代国家会计信息化发展体系

2022 年，为科学规划“十四五”时期会计信息化工作，指导国家机关、企业、事业单位、社会团体和其他组织应用会计数据标准，推进会计数字化转型，支撑会计职能拓展，推动会计信息化工作向更高水平迈进，财政部制定了《会计信息化发展规划（2021—2025 年）》（以下简称《规划》）。

《规划》指出，“十四五”时期，我国会计信息化工作的总体目标是服务我国经济社会发展大局和财政管理工作全局，以信息化支撑会计职能拓展为主线，以标准化为基础，以数字化为突破口，引导和规范我国会计信息化数据标准、管理制度、信息系统、人才建设等持续健康发展，积极推动会计数字化转型，构建符合新时代要求的国家会计信息化发展体系。主要任务包括：加快建立会计数据标准体系，推动会计数据治理能力建设；制定会计信息化工作规范和软件功能规范，进一步完善配套制度机制；深入推动单位业财融合和会计职能拓展，加快推进单位会计工作数字化转型等。

（二）促进数字经济与实体企业深度融合

党和国家高度重视数字经济发展。2021 年政府工作报告指出，我国要加快数字化发展，打造数字经济新优势，协同推进数字产业化和产业数字化转型，加快数字社会建设步伐，提高数字政府建设水平，营造良好数字生态，建设数字中国。为加快构建新发展格局，着力推动高质量发展，党的二十大报告提出要“加快发展数字经济，促进数字经济和实体经济深度融合，打造具有国际竞争力的数字产业集群”。可见，产业数字化赋予经济社会发展新的动力。而产业数字化要依靠企业实现，传统企业数字化转型既是机遇也是挑战。“企业数字化”是指企业与数字技术全面融合，提升效率的经济转型过程，即利用数字技术，把企业各个要素、各环节进行数字化改造，促进技术、业务、人才、资本等核心要素配置优化，推动业务流程、生产方式重组变革，从而提高企业经济效率。

（三）加快实施创新驱动发展战略

创新是第一动力。我国要坚持创新在我国现代化建设全局中的核心地位，把科技自立自强作为国家发展的战略支撑。完善国家创新体系，加快构建以国家实验室为引领的战略科技力量，打好关键核心技术攻坚战，提升企业技术创新能力，激发人才创新活力。加强企业主导的产学研深度融合，强化目标导向，提高科技成果转化和产业化水平。强化企业科技创新主体地位，发挥科技型骨干企业引领支撑作用，营造有利

于科技型中小微企业成长的良好环境，推动创新链、产业链、资金链、人才链的深度融合。

三、案例使用说明

（一）教学用途与教学目标

1. 教学用途

本案例为分析型案例，适用于本科生财务管理课程中“财务报表分析”章节“财务报表分析的方法”“财务报表分析的局限性”“杜邦分析法”等相关知识点的教学和培训。

2. 教学目标

（1）知识层面

理解概念：财务比率分析、杜邦分析法、因素分析法。

掌握理论：财务报表分析的方法、杜邦分析法。

（2）能力层面

教师通过讲解理论，帮助学生更清晰地了解财务报表分析的方法和局限性、财务比率的计算和分析。在实际工作中，能够运用杜邦分析法将公司的净资产收益率进行拆解，全面剖析营业净利率、总资产周转率和权益乘数对企业营利的影响和贡献，帮助学生培养全面思考和解决问题的能力。

（3）素质层面

培养专业技能：引导学生找到驱动企业营利的关键因素，培养学生专业技能，提高财务分析能力；熟悉并掌握业财融合的底层逻辑和应用思路，能够做到融会贯通，培养全局意识。

提高政治素养：让学生关注国家和社会发展，了解新兴技术对经济发展的促进作用，对我国数字经济发展战略有更清晰的认知；引导学生理解创新是引领发展的第一动力，应坚持创新发展理念，从而拓宽学生的视野。

（二）案例讨论的准备工作

学生需要在课前预习财务报表综合分析方法中杜邦分析法的有关内容，了解杜邦分析体系的基本框架、净资产收益率的驱动因素分解等。

（三）案例分析要点

1. 启发思考题

（1）从财务比率分析的角度对九州通数字化转型后的财务绩效进行评价。

（2）运用因素分析法对公司 2020 年净资产收益率的变动情况进行分析。

（3）结合案例思考，企业为什么要数字化转型？企业如何实现财务管理数字化发展？身为财务人员应该怎么做？

2. 分析思路

（1）从财务比率分析的角度对九州通数字化转型后的财务绩效进行评价。

财务报表中大量的数据可以用于计算与公司有关的财务比率，反映公司的经营水平。通过分析案例公司的财务比率发现：第一，公司的资产负债率较高，说明公司充分利用了财务杠杆，但债权人的利益缺乏保障，因此应该适当降低债务融资规模，减轻资金周转压力。还可以利用财务共享运营模式下的风险管控体系，细化筹资、投资、营运资金的管理原则和办法，加强风险管理。第二，公司的营运能力增强。三大中台、财务共享平台和 ERP 系统打通了企业内外部资源，财务管理实现数字化发展，业务流程得到优化，业财融合助力业务灵活开展。线上线下平台实时互通，实现业务流通的闭环管理，以此减少库存积压，提高存货周转速度。但企业的应收账款周转率下降，因此要加强对下游客户特别是医院的信用管理，对应收账款进行定期的清理清收，及时更新客户信用等级。第三，盈利能力增强。业财一体化提高管理效率，国内先进智慧物流体系，实现网络化经营、平台化运作、数字化管控与智能化生产，对外提供增值服务提高销售收入，“FBBC”运营模式提高了市场占有率，实现增收增利。第四，公司的主营业务增长率、营业利润增长率、总资产增长率为正，说明数字化转型提高了企业经营质量，企业发展能力加强。

（2）运用因素分析法对公司 2020 年净资产收益率的变动情况进行分析。

因素分析法，是根据财务指标与其驱动因素之间的关系，从数量层面确定各因素对指标影响程度的一种方法。在采用因素分析法对企业进行分析时，首先要确定净资产收益率、总资产周转率和权益乘数的基准值，然后依次代入这三个指标的实际值，依次计算这三个指标的变动对净资产收益率的影响程度；在此基础上，还可以进一步分解这三个指标，并分析其发生变动的深层原因。由于分析时要逐次进行各因素的有序替代，因此该方法又称为连环替代法。

净资产收益率的比较对象，可以是同行业公司的同期数据，也可以是本公司的历史数据，下面以本公司 2020 年与 2015 年的数据作为比较对象。

①建立净资产收益率与各影响因素之间的依存关系式。

净资产收益率=营业净利率×总资产周转率×权益乘数

②确定分析对象。

净资产收益率的变动：14.07%-8.23%=5.84%

③替代计算。

九州通 2015 年的净资产收益率：1.42%×1.75×3.31=8.23%

替代营业净利率：3.05%×1.75×3.31=17.67%

替代总资产周转率：3.05%×1.46×3.31=14.74%

替代权益乘数：3.05%×1.46×3.16=14.07%

④确定各因素对净资产收益率的影响程度。

营业净利率的影响：17.67%-8.23%=9.44%

总资产周转率的影响：14.74%-17.67%=-2.93%

权益乘数的影响：14.07%-14.74%=-0.67%

⑤验算，分析评价。

9.44%+（-2.93%）+（-0.67%）=5.84%

据计算所得，公司 2020 年的净资产收益率比 2015 年上升了 5.84%，主要是由于营业净利率上升使其提高了 9.44%，总资产周转率下降使其降低了 2.93%，权益乘数下降使其降低了 0.67%，其中营业净利率上升是公司净资产收益率上升的主要原因，产生较大的正面影响。具体来看，公司数字化转型期间加大研发投入，统一了内部信息系统，推动业财一体化发展，提高了与上下游企业之间的协作水平，相比于同行业企业，回款速度较快，存货周转效率高。完善了物流供应链体系，实现网络化经营、平台化运作、数字化管控与智能化生产，提高了三方物流收入，降低医药流通成本。创新性地提出了“FBBC”的数字生态体系，依托“FBBC”医药供应链服务平台，全渠道运营，以数据链接上游企业，提高协作效率。以数据赋能提高终端市场覆盖率，提高市场占有率，综合提高了企业的销售收入。2015—2020 年，公司销售净利率从 1.42 上升到 3.05，进而提升净资产收益率，形成企业的核心竞争优势。

（3）结合案例思考，企业为什么要数字化转型？企业如何实现财务管理数字化发展？身为财务人员应该怎么做？

第一，企业进行数字化的主要原因：从宏观层面看，党的二十大报告提出要加快构建新发展格局，推动我国经济高质量发展。其中，加快发展数字经济，促进数字经济和实体经济深度融合，是我国打造具有国际竞争力数字产业集群的重要举措。大数据、云计算等信息和数字技术的迭代升级，支撑企业数字化转型。在政策和技术的双重作用下，数字化转型已然成为传统企业的一项战略要务。从企业层面看，随着业务的发展，公司的数据量呈现出爆发式的增长，数据质量问题层出不穷，数据能发挥的价值越来越大，如何在财务领域运用大数据等技术重新构建财务组织和业务流程再造，对于实现精准财务管控、降本增效、助力公司战略落地势在必行。

第二，财务数字化是企业重构财务组织，再造业务流程，在此基础上运用云计算、大数据等新兴数字技术，进行数据采集，提升财务运营效率和财务数据质量，更好地赋能业务、支持公司管理、辅助经营。简单来说就是集数据储存、逻辑处理、报表可视化于一体。结合案例的实际情况，发现业财融合是实现财务数字化发展的重要手段，能够帮助公司统一内部信息系统，实现了业务发生到报表生成的自动化处理，提高财务报表的规范性、可靠性、准确性、完整性。高质量的财务数据方便管理层更好地分析数据信息，强化对财务职能的管控，以更好地发挥管理职能。

因此，实现财务管理数字化发展，要做到以下几点：①深化技术赋能，提高企业创新能力。分析九州通数字化转型的经验，我们发现在数字化转型过程中，数据以及数字技术作为一种主要的生产要素，会对企业的战略变革和价值创造过程产生指导性影响。在本案例中，公司加强技术引进和研发，构建了包括技术中台、业务中台、数据中台在内的三大中台，以满足公司内部前台业务、中端财务决策和后端经营管理需求。这符合《会计信息化发展规划（2021—2025 年）》建立会计数据标准体系，推动会计数据治理能力建设的任务要求。②深入推进业财融合，提高企业价值创造能力。《会计信息化发展规划（2021—2025 年）》指出，要通过会计信息的标准化和数字化建设，推动单位深入开展业财融合，充分运用各类信息技术，探索形成可扩展、可聚合、可比对的会计数据要素，提升数据治理水平。九州通的业财融合将财务管理嵌入业务流程中，实现业务流、资金流、信息流数据的实时共享和一体化管理，进而支撑企业战略和运营决策，实现公司的利润保障、精益管理、新业态加速发展等价值创造目标。具体表现在调整原有财务架构，设立财务共享中心和优化关键业务流程这两个方面。③结合场景，深化数字技术应用，注重原始创新和生态培育。医药流通行业最核心的问题是如何提高上下游协作能力，降低医药流通成本。因此，九州通依托多年来形成的全品类、全渠道、全场景的业务布局，加大资金投入，针对性地进行物流系统、数字工具等关键核心技术的研发，实现 ERP 系统全覆盖，业务流、资金流、信息流实时共享和一体化管理，大大提高了数据处理的标准性和准确性。

第四，身为财务人员要调整认知，及时了解数字经济发展规划和财务领域的相关政策，激发创新精神，学习新知识，提高专业技能，转变“重核算，轻分析”的观念。首先，要提高运用信息系统的熟练程度，利用信息系统生成符合规范、可靠的财务报表。数字经济时代，时空界限被打破，线上线下融合趋势明显，企业与各利益相关者之间的界限被模糊，共生网络的搭建和跨界协同成为企业获取持续竞争优势的有效途径。O2O、B2B、B2C 融合发展，既懂技术又懂场景极其重要，因此财务人员要培养自己的管理思维，提高分析能力，要关注供应链、客户等业财信息，让数据真正产生应用价值，才能更好地参与业务的日常经营和重大决策。

（四）教学组织方式

教学组织方式见表 19。

表 19 教学组织方式

学习阶段	学习内容	时间限制	学习目标
课前	要求学生分组，并预习课本知识，发布案例资料	提前 1 周	熟悉案例背景
课中	教师展示有关杜邦分析法的相关理论和案例	40 分钟	了解案例所涉及相关知识
	分组讨论案例内容	10 分钟	结合课本知识运用财务比率分析方法对企业经营活动进行评价；从杜邦分析法的角度对案例公司的净资产收益率进行分解，找到核心驱动因素
	结合案例挖掘思政元素	10 分钟	引导学生从宏观经济政策、行业发展现状、数字技术变迁等角度，分析企业数字化转型的原因；运用因素分析法对公司净资产收益的变动情况进行分析；培养学生业财融合的思维
	小组轮流分享学习成果	20 分钟	分享交流，检验教学成果
课后	请学生继续复习财务报表综合分析的内容与方法，下次课前进行回顾提问	5 分钟	增进记忆，巩固知识

（五）总结

发展数字经济是把握新一轮科技革命和企业实现业态创新的实践探索，以大数据、5G 为代表的新技术群深度融合，推动着技术范式改变，数字化转型已成为大势所趋。因此，传统企业要加快数字化转型步伐，加强数字技术应用，促进财务管理数字化发展。通过业财融合，实现信息互通共享，推动财务系统与其他业务系统有效衔接，充分利用数据，完成财务分析，支持管理决策。作为财务人员，在运用杜邦分析法对财务报表进行综合分析时，根据实际需要向下逐级分解，以实现系统、全面评价公司经营成果和财务状况的目的。

四、参考文献

[1] 谢伊恬，袁媛，刘帆. “互联网+”背景下医药流通企业业财融合问题研究：以九州通医药集团为例［J］. 财会通讯，2020（4）：94-101.

[2] 两化融合生态圈. 九州通：永葆数字化转型初心，科技赋能两化融合结硕果［EB/OL］https://mp.weixin.qq.com/s/3w_QW_krWZtXmO-3du8vbA.2020.

[3] 中国上市公司协会. 中国上市公司数字化转型典型案例（二十九）［EB/OL］.（2022-08-11）［2023-02-15］.https://www.capco.org.cn/hyzl/szhzxal/202208/20220812/j_20220812174104000167707843038l3739. html.

[4] 中华人民共和国中央人民政府. 关于印发《会计信息化发展规划（2021—2025 年）》的通知［EB/OL］.（2021-12-30）［2-23-02-15］. https://www. gov. cn/zhengce/zhengceku/2022-01/06/content_5666675. htm.

[5] 人民政协网. 习近平：高举中国特色社会主义伟大旗帜 为全面建设社会主义现代化国家而团结奋斗：在中国共产党第二十次全国代表大会上的报告［EB/OL］.（2022-10-25）［2023-02-20］.https://www.rmzxb.com.cn/c/2022-10-25/3229500. shtml.

从财务分析视角看 KDX 触目惊心的财务问题

唐宁华

一、案例正文

（一）KDX 发展背景

KDX 复合材料集团股份有限公司（以下简称“KDX”）成立于 2001 年 8 月，是深圳一家中小板上市公司。作为一家材料高科技企业，公司致力于“打造先进高分子材料平台”。面对新的发展机遇，KDX 已构建（光电材料和预涂材料为核心的）新材料、（3D、SR、大屏触控为核心的）智能显示、碳纤维三大核心主营业务，聚焦消费、交通、新兴行业、新能源、医疗、智慧城市 & 智慧生活六大核心市场，打造围绕新材料系统解决方案提供商和服务商的平台体系。追求卓越，臻于至善。KDX 不断在战略性新兴材料领域谋篇布局，通过模块化、系统化解决方案将新兴材料技术融入众多产业发展中，为中国工业发展提供强大战略支撑，做中国制造走向中国创造的推动者，做中国梦的努力探索者、坚定实践者和真实见证者①。

2021 年 3 月 12 日，证监会新闻发言人就 KDX 退市问题答记者问时表示，根据行政处罚决定，KDX 对 2015 年至 2018 年的财务报表进行了追溯调整，更正后的报表显示其净利润连续四年为负，面临强制退市（扣除处罚认定的造假金额后，相关财务指标触及终止上市标准）。

2021 年 4 月 6 日，深交所披露了《关于 KDX 复合材料集团股份有限公司股票终止上市的公告》，决定对该公司股票实施重大违法强制退市，该公司股票自 2021 年 4 月 14 日起进入退市整理期，退市整理期届满的次一交易日，深交所对该公司股票予以摘牌。

（二）KDX 财务造假事件经过

根据有关报道，从 2013 年至 2018 年 9 月，近 6 年里 KDX 的经营性现金流总共净流入了 72.51 亿元，投资性现金流共净流出了 113.48 亿元。换言之，这么多年，上市公司根本无法通过主业经营收益来覆盖所有的投资，而必须通过不断的融资来缓解资金压力。

面对宏大的梦想以及梦想带来的资金压力，钟玉采用了自己所能动用的一切手段。

第一种手段：质押股票。2010 年 8 月 31 日，也就是 KDX 上市后仅仅 3 个月，钟

① 摘自 KDX 官网。

玉即开始第一次质押 KDX 的股权来融资。上手就占其所持股票的一半。此后几年，他质押的股权很快到达所持股票的 96%以上，质押了几乎他手里的全部股票，这种极高比例的质押一直维持到 2019 年 KDX 爆雷出事。

第二种手段：密集的增发。前文提到的张家港光学膜一期项目就是通过定增，募集了十几亿元资金。2014 年，KDX 谋求再次定增募投光学膜二期项目，最终于 2015 年成功募集资金近 30 亿元。2016 年，KDX 再次非公开发行募集资金 47 亿元，除了部分资金用于裸眼 3D 项目外，其余资金继续筹划投资于光学膜二期。

第三种手段：短期的融资券的发行。有机构统计，从 2014 年到 2017 年，KDX 通过资本市场直接融资（股权+短融等）募集的资金总计达到近 100 亿元。

第四种手段：银行借款。

公开的资料显示，恒丰银行曾答应给予康得碳谷 100 亿元的现金和 600 亿元的授信。但 2017 年 11 月，随着恒丰银行董事长蔡国华出事，这笔资金最终化为泡影。

手段用尽，但依然缺钱，特别是为了解决碳纤维项目的巨额资金压力，钟玉最终把手伸向了旗下上市公司 KDX 的账户上。虽然 KDX 也是其一手创办，但 KDX 是独立法人，它的钱不属于钟玉个人。何况钟玉也只占约 1/4 的股份。

但钟玉想到一个办法，让康得集团与北京银行西单支行签订“现金管理协议”，将 KDX 的账户和康得集团设置成联动账户，这样，只要 KDX 账上一有现金，就可以通过账户归集机制，悄无声息地将 KDX 所有的现金全部转走。而相关机构查询或审查的时候，还是显示应计金额。不过，钟玉宏伟的碳纤维项目黑洞般的资金消耗，最终还是让钟玉的资本腾挪术露出了马脚。

KDX 账上 122 亿元银行存款被北京银行告知余额属实但可用资金为零，这实际上是告诉投资者：“存款不是存款，存款还是存款”，这与“我们不是我们，我们还是我们”一样令人费解。更为恶劣的是，KDX 在 2015—2018 年，通过子虚乌有的业务，凭空虚增了 119.21 亿元利润总额，占其对外披露利润总额的 165.55 %，如表 1 所示。

表 1　KDX2015—2018 年财务造假规模和幅度

项目	2015 年	2016 年	2017 年	2018 年	合计
虚构的利润总额/亿元	23.81	30.89	39.74	24.77	119.21
对外披露的利润总额/亿元	16.46	23.02	29.12	3.43	72.01
虚构利润总比/%	144.65	134.19	136.47	722.16	165.55

资料来源：KDX 年报、中国证监会行政处罚及市场禁入事先告知书。

2019 年 1 月 21 日，KDX 终于兜不住了，两笔合计 15 亿元的超短期融资券违约，但奇怪的是另一边其北京银行西单支行的账户上却显示仍然有 122 亿元的资金。

面对市场质疑之声，北京银行西单支行回复称：“可用余额为零”。122 亿元存款不翼而飞，这一不可思议的场景，就这样出现了。事实上这笔钱早已被钟玉挪走。而钟玉与上市公司 KDX、北京银行、审计机构，相互掩护，让所有局外人迷惑不解地留在原地。

纸终究包不住火，2019 年 1 月 23 日，因涉嫌信息披露违法违规，KDX 被证监会立案调查，公司也戴上 ST 帽子。2 月 12 日，KDX 公告称钟玉先生因个人原因，申请辞去公司董事长、董事、董事会下设各专业委员会委员等相关职务。2019 年 5 月，钟玉因涉嫌非法挪用资金罪被苏州市公安机关逮捕。据悉，事发后，钟玉曾在债券持有人大会上表示，股东挪用部分在 100 亿元以下，上市公司和大股东的钱放在一个资金池混用。康得投资集团挪用资金用途有二，一是投资碳纤维项目，二是股权质押贷款补仓，贷款的钱也主要用于碳纤维项目。但事实的真相或许并不尽如此，有关钟玉向海外转移资金的质疑之声，就不时见诸网络和媒体。或许所有的真相，也只有等一切水落石出时，才能看清。

2019 年 7 月 5 日，KDX 收到证监会下发的行政处罚及市场禁入事先告知书，认定 KDX 通过虚构销售业务方式虚增营业收入，并通过虚构采购、生产、研发费用、产品运输费用方式虚增营业成本、研发费用和销售费用。

通过上述方式，KDX2015 年至 2018 年分别虚增利润总额 23.81 亿元、30.89 亿元、39.74 亿元和 24.77 亿元，四年累计虚增利润总额 119.21 亿元。扣除虚增利润，KDX 连续四年净利润实际为负。证监会发言人特别强调：KDX 涉案金额巨大，手段极其恶劣，违法情节特别严重。次日 ST 康得开始停牌至今，停牌价格为 3.52 元，较公司股价最高点跌去近 90%。

是什么导致了这一切？

从昔日的 A 股大白马，变成令投资人愤怒的“黑天鹅”，从产业英雄沦为阶下囚，KDX 与钟玉的变化令人始料未及，不胜唏嘘。复盘 KDX 与钟玉的成败之路，从表面看，是企业的实力不足以支撑领导人的野心导致，但往更深层次去看，是一个企业对现代企业管理制度以及资本市场的诚信缺乏起码的敬畏之心。这里面不仅指的是 KDX 与钟玉，还有与之配合的投行、银行、审计机构……

钟玉当初能在银行设立“母子”账户，自然需要旗下 KDX 公司的同意与配合，作为独立的法人，KDX 完全可以拒绝，但为什么可以欣然同意？坊间流传，KDX 的总裁徐曙即钟玉的妻子。如果事实如此，说明 KDX 只是一个披着高科技企业外衣，实则是掌控者想做什么就做什么的混乱家族式企业。这样的企业，没有有效的权力监督与制衡，在掌舵者顺风顺水时，一好百好，一旦其使了昏招，则让企业与他一起走向深渊……而在这个过程中，个别银行也扮演了不光彩的角色，导致最后出现 KDX 的新管理层与其就不翼而飞的 122 亿元资金，纷争不断，形同闹剧。

另外，KDX 事件中，脱不了干系的还有投行、审计机构、独立董事……有媒体就曾指出，当初如果投行恪尽职守，严格从产业逻辑出发，2015 年之后，已显疲态的 KDX 光学膜业务，以及还停留在概念阶段的裸眼 3D 业务的两次定增，就不会那么顺利。而为 KDX 提供审计服务的瑞华会计师事务所，更是罪不可赦，作为投资者投资的重要参考的财报，竟然可以被随意粉饰。此外，作为小股东代言人的独立董事，在 KDX 连续造假的几年中，也形同虚设①。

① 新浪财经．KDX 败局始末：从“材料界华为”到触目惊心的百亿造假［EB/OL］.（2020-05-19）.［2023-05-20］. https://baijiahao.baidu.com/s? id=1667081441869494537&wfr=spider&for=pc.

二、案例的思政元素

（一）提高战略思维能力、底线思维能力

提高战略思维能力，就是高瞻远瞩、统揽全局，善于把握事物发展的总体趋势和方向的能力。

底线思维，是指一种思维技巧，拥有这种技巧的思想者会认真计算风险，估算可能出现的最坏情况，并且接受这种情况。

底线思维会影响我们的生活态度，能够提供继续前进时所必需的那份坦然。因为并不是所有人都能够轻易地做决定或担风险。有时我们可能苦苦思索几个星期，甚至几个月，但仍然无法得出结论，采取行动。这种情况的出现，常常是由于我们害怕跨入未知领域所带来的后果而引起的。

生活在当前这个日新月异的时代，意味着我们不得不对我们的工作、家庭、生活方式作出调整。

底线管理所基于的底线思维是一种典型的后顾性思维取向，是公共管理行为中的一种重要思维方式。与战略计划、绩效管理、效益最大化、激励与反馈等注重前瞻性的思维取向不同的是，底线思维注重的是对危机、风险、底线的重视和防范，它在管理目标上侧重于防范负面因素、堵塞管理漏洞、防止社会动荡。

底线管理是公共管理体系中的重要环节。社会发展就如跑步，要想跑得快，首先方向要明确，这是战略计划的范畴；其次不能走弯路，不能跌倒，这是底线管理的范围；最后才是动作技术问题（绩效管理的范畴）、体质体力的问题（人力资源管理的范畴）、精神状态的问题（激励与反馈的范畴）等。在这其中，底线起着“最起码保证”的作用。同样道理，在公共管理中，底线思维起着与“最理想境界”“效益最大化”相对应的“最低防线”“危机最小化”的作用。基于这种底线思维所进行的底线管理，是公共管理体系中的一个不可或缺的重要环节。

做任何事，都必须想想底线在哪里？突破这些底线的后果会怎样？防范这些底线的主体是谁？守住这些底线的措施是什么？领导干部和管理者必须时刻把这四个问号放在心头，摆在案头，捏在手头。

提高底线思维能力，就是客观地设定最低目标，立足最低点争取最大期望值的能力。

作为新时代的青年学生，要在提高企业管理战略思维能力、底线思维能力基础上，培养自己正确的价值观。利用正确的战略及底线思维看待问题，案例中KDX董事长钟玉在集团发展过程中，没有运用正确的战略性思维指导企业发展，造成大范围资金短缺，同时在资金短缺的情况下做出与事实不符的利润虚增行为，导致企业严重亏损。这个案例对所有青年学生都是一个很好的警示，特别是财务会计专业的学生，财务造假是绝对不能做的，要引以为戒。

（二）坚守社会主义职业道德

社会主义职业道德是社会主义社会各行各业的劳动者在职业活动中必须共同遵守的基本行为准则。它是判断人们职业行为优劣的具体标准，也是社会主义道德在职业生活中的反映。因为集体主义贯穿社会主义职业道德规范的始终，是正确处理国家、

集体、个人关系的最根本的准则，也是衡量个人职业行为和职业品质的基本准则，是社会主义社会的客观要求，是社会主义职业活动获得成功的保证。

《中共中央关于加强社会主义精神文明建设若干问题的决议》规定了我们今天各行各业都应共同遵守的职业道德的五项基本规范，即“爱岗敬业、诚实守信、办事公道、服务群众、奉献社会”。其中，为人民服务是社会主义职业道德的核心规范，它是贯穿全社会共同的职业道德之中的基本精神。社会主义职业道德的基本原则是集体主义。因为集体主义贯穿社会主义职业道德规范的始终，是正确处理国家、集体、个人关系的最根本的准则，也是衡量个人职业行为和职业品质的基本准则，是社会主义社会的客观要求，是社会主义职业活动获得成功的保证。

作为新时代的青年学生，要培养自己正确的价值观。案例企业 KDX 事件的发生从表面看，是企业的实力不足以支撑领导人的野心导致，但往更深层次去看，是一个企业领导人对现代企业管理制度以及资本市场的诚信缺乏起码的敬畏之心。这对新时代的青年也有很好的教育意义，特别是对财务管理专业学生，未来他们可能也会走上企业领导岗位，要时刻坚守社会主义职业道德。

三、案例使用说明

（一）教学用途与教学目标

1. 教学用途

本案例为分析型案例，适用于本科生的财务管理课程中“财务分析”知识点的教学和培训。

2. 教学目标

（1）知识层面

理解概念：财务分析。

掌握理论：财务分析的方法。

（2）能力层面

系统思维能力：通过老师对财务分析的概念、作用、目的、内容、方法、程序和基础进行讲解，帮助学生形成科学、系统、全面分析财务报表问题的思维判断能力。

判断能力：根据案例材料，引入社会主义核心价值观、社会主义职业道德。

等思政元素的基础上，结合财务分析的目的、方法，设置三个由浅入深、由知识到能力的问题，帮助学生构建一座“知识到实践，实践到知识”的桥梁，让学生能够提出初步解决方案，并能意识到财务分析的重要性及意义，更好做出财务分析报告，为会计信息使用者进行经济决策提供依据。

（3）素质层面

形成专业意识：培养战略思维能力、底线思维能力，坚守社会主义职业道德，能自觉地把思政元素与财务管理学相关理论结合起来分析国内经济政策发展的趋势和前景，养成关注时事政治、证券投资、热点问题及国家政策的学习习惯。

提高职业素养：培养学生提高战略思维能力、底线思维能力、坚守社会主义职业道德。引导学生正确认识世界和中国发展大势，正确认识时代责任和历史使命，用中国梦激扬青春梦。认识和把握中国特色社会主义核心价值观，不断树立为共产主义远大理想，坚守社会主义职业道德，诚实守信、服务群众、奉献社会。教育和引导学生把远大抱负落实到实际行动中，使学生成为德才兼备、全面发展的人才。

（二）案例讨论的准备工作

第一，学生需要预习财务管理课程中的相关理论和知识，同时要对财务分析的作用、目的、内容、方法、程序、基础有一个初步的认识。

第二，了解财务分析的作用、目的、内容、方法、程序；能够正确运用比率分析法对企业偿债能力、营运能力、盈利能力和发展能力进行分析；掌握企业财务趋势分析方法；理解企业财务综合分析方法，并运用这些方法进行财务分析、做出决策。

（三）案例分析要点

1. 启发思考题

（1）结合案例，请运用提高战略思维能力、底线思维能力原理来剖析案例中董事长做法的问题点。

（2）结合案例，请运用坚守社会主义职业道德分析案例中财务造假对你的影响和启发。

2. 分析思路

三个思考题，是基于财务管理课程中“财务分析”知识点而提出的。

（1）结合案例，请运用提高战略思维能力、底线思维能力原理来剖析案例中董事长做法的问题点。

理论知识点：财务分析的作用、目的、内容、方法。

战略思维能力，就是高瞻远瞩、统揽全局，善于把握事物发展的总体趋势和方向的能力。

底线思维，是指一种思维技巧，拥有这种技巧的思想者会认真计算风险，估算可能出现的最坏情况，并且接受这种情况。

底线思维会影响我们的生活态度，能够提供继续前进时所必需的那份坦然。因为并不是所有人都能够轻易地做决定或担风险。有时可能苦苦思索几个星期，甚至几个月，但仍然无法得出结论，采取行动。这种情况的出现，常常是由于我们害怕跨入未知领域所带来的后果而引起的。

在构建和谐社会的重要时期，做任何事，都必须想想底线在哪里？突破这些底线的后果会怎样？防范这些底线的主体是谁？守住这些底线的措施是什么？领导干部和管理者必须时刻把这四个问号放在心头，摆在案头，捏在手头。

提高底线思维能力，就是客观地设定最低目标，立足最低点争取最大期望值的能力。

根据提高战略思维能力、底线思维能力的方法，投资者要树立正确的证券投资价值观。那么我们先要了解财务分析的作用、目的、内容和方法。案例中 KDX 手段用尽，但资金依然短缺，特别是为了解决碳纤维项目的巨额资金压力，钟玉最终把手伸向了旗下上市公司 KDX 的账户上。

案例中 KDX 的管理者钟玉没有树立正确的战略思维、底线思维，为了扩大规模铤而走险，做出财务造假行为，导致公司最终停牌。

（2）结合案例，请运用坚守社会主义职业道德分析案例中财务造假对你的影响和启发？

理论知识点：盈利能力分析。

参考答案如下：坚持社会主义职业道德的五项基本规范，即“爱岗敬业、诚实守信、办事公道、服务群众、奉献社会”。其中，为人民服务是社会主义职业道德的核心规范，它是贯穿全社会共同的职业道德之中的基本精神。社会主义职业道德的基本原则是集体主义。因为集体主义贯穿社会主义职业道德规范的始终，是正确处理国家、集体、个人关系的最根本的准则，也是衡量个人职业行为和职业品质的基本准则，是社会主义社会的客观要求，是社会主义职业活动获得成功的保证。

案例中，同样应担负责任的还有投行、审计机构、独立董事……有媒体就曾指出，当初如果投行恪尽职守，严格从产业逻辑出发，2015 年之后，已显疲态的 KDX 光学膜业务，以及还停留在概念阶段的裸眼 3D 业务，两次定增，就不会那么顺利。而为 KDX 提供审计服务的瑞华会计师事务所，更是罪不可赦，因为它竟然做出粉饰财务报表的行为，此外，作为小股东代言人的独立董事，在 KDX 连续造假的几年中，也形同虚设。这些都是以上各方不坚守社会主义职业道德而造成的后果。

（四）教学组织方式

建议用本案例完成财务分析中“盈利能力分析”全部知识点的教学，不再安排教师理论讲授的时间。一般安排 2 个课时（80 分钟）。案例的教学组织安排如表 1 所示。

表 1　案例的教学组织安排

学习阶段	学习内容	时间限制	学习目标
课前	要求学生分组，预习课本知识，了解财务分析盈利能力分析方法	提前 2 天	熟悉与案例相关理论
课中	由教师展示案例 PPT 和与案例相关的 PPT 系列图片	10 分钟	熟悉案例
	由教师介绍与本案例相关的思政元素	10 分钟	让学生了解与本案例相关的思政理论
	分组讨论，要求学生运用思政元素分析案例，并在课堂上写出案例分析报告	20 分钟	让学生能够用理论分析问题，并把小组案例分析报告成绩作为小组成员的一次平时考核成绩
	抽三个小组发言	每组 5~6 分钟，控制在 20 分钟以内	锻炼学生的归纳总结能力
	对各组表现和小组发言做一个简单点评，引导全班进一步讨论，并进行归纳总结，注意思政元素与财务管理学相关理论的结合	20 分钟	让学生学会运用思政相关理论去剖析财务管理学的概念和理论，并启发学生如何找出解决现实问题的建议和对策
课后	请学生找其他案例，下次回顾提问	—	增进记忆，巩固知识

（五）总结

通过本案例的学习，首先，让学生能够用提高战略思维能力、底线思维能力原理来剖析案例中 KDX 利润虚增问题，正确理解财务分析的目的、意义、作用。其次，让学生坚持社会主义职业道德原则，深刻理解盈利能力分析的内容。在学习中不断提升学生的投资决策的敏锐度，锻炼学生对市场风险、投资失败的接受能力。

四、参考文献

［1］新华网. 证监会：康得新触及重大违法强制退市［EB/OL］.（2021-03-12）［2023-02-03］. https://baike.baidu.com/reference/19979300/51d6LlUGSDb48NOhZUr7RAltnzw_yQniS3o_jFW0qqovBukpmW-hpa6vUFC_0QRJNhRmfaHgpzs8m9IybVwbpgQC-Ytc9EIOuwOGxxLhzDI9xVOx2C8pDuAeqquVdCk.

［2］新浪财经. 康得新败局始末：从“材料界华为”到触目惊心的百亿造假［EB/OL］.（2020-05-19）［2023-02-04］. https://baijiahao.baidu.com/s? id=1667081441869494537&wfr=spider&for=pc.

［3］证券日报. 抗疫特别国债资金投向扩至 18 个领域 下周续发行 1700 亿元［EB/OL］.（2020-06-24）［2023-02-04］.https://baijiahao.baidu.com/s? id=1670364753723955309&wfr=spider&for=pc.

［4］苏赛尔. 社会主义核心价值观引领下《证券投资》课程的教学探讨［J］. 课程教育研究，2018（31）：217.

［5］陈玉菁. 财务管理［M］. 北京：清华大学出版社，2018.

［6］荆新. 财务管理学［M］. 北京：中国人民大学出版社，2018.

不“误”正业，心心相“罩”，新冠病毒感染疫情下比亚迪经营新战略

谢　建　孙晓宁

一、案例正文

（一）新能源汽车行业状况

2019 年年底，新冠疫情暴发，作为我国新能源汽车的龙头企业——比亚迪受到很大的冲击，加之上游供应链体系尚未恢复、下游消费者消费意愿不强，导致自身存在着一定的经营风险，所以本文从风险管理角度，根据风险的来源去识别比亚迪存在的经营风险，分析这些风险的成因，并提出相关的建议。

在 2019 年年底，新冠疫情席卷了整个中国，所有的行业都遭受了创伤，作为国民经济重要的组成——汽车行业在这次灾难中影响巨大，直到 2022 年，比亚迪新能源汽车产销量才开始逐渐恢复至正常水平。据中国汽车工业协会统计分析，在 2022 年，新能源汽车产销分别完成 705.8 万辆和 688.7 万辆，同比分别增长 96.9%和 93.4%。而作为 2019 年全年全球销量第二名的比亚迪公司，截至 2022 年年底，新能源汽车产量为 187.00 辆，销量为 179.99 万辆，同比增长 60.33%和 59.75%。所以，在疫情初期，比亚迪新能源汽车的产销量受大环境的影响，下降幅度较大，但在后疫情时期，新能源汽车仍然占据了广阔的市场空间。

（二）比亚迪企业面临的经营风险识别

对于经营风险，目前还没有一个统一的概念体系，没有具体的经营风险分类。阅读梳理有关文献，笔者比较青睐张红的观点：经营风险是指企业领导层决策人员在经营过程中因判断失误导致企业盈利受到影响，进而产生投资者预期收益下降的风险或是因汇率变动造成的成本增加或是收益下降的风险。根据来源的差异，企业经营风险可以分为内部风险和外部风险，前者包括财务、人力资源管理、营销以及产品等方面的风险，而企业面临的外部风险则主要来自客户、其他竞争主体、政治法律等领域。在风险管理中，我们通常采取的是以内部风险评估为主，兼顾外部风险的思路。所以，本文以此为理论依据，根据风险的来源进行分析，疫情下比亚迪所面临的内部风险主要为自身的产品、财务风险，外部风险主要为客户风险。

1. 产品风险

受到疫情影响，汽车行业需求大大下降，特别是新能源汽车行业。新能源汽车自身尚未得到普及，这就导致了比亚迪的新能源汽车销售量大幅下降，2020 年第一季度，

其市场份额由2019年的第二名跌至第八名，同时比亚迪原计划于2020年6月上市的王朝系列产品推迟到该年第三季度上市。除了新能源汽车领域，以生产电池零部件发家的比亚迪，在电池市场同样遭遇滑铁卢，比亚迪市场占有率第一季度从2019年同期的15.1%下滑到4.9%，下滑了68%。

2. 财务风险

比亚迪与其他企业一样，在疫情期间产量和销售利润都大幅下降，企业的财务状况不容乐观。笔者根据比亚迪2020年跟踪评级报告中得出以下结论：第一季度公司的业绩大幅下降，公司中存货和应收账款资金占用明显，经营性利润收缩、债务规模持续增长以及短期偿债压力大给公司经营带来不利影响。所以，本文以2015—2022年8年来的企业的报表作为样本，并主要以企业的偿债能力指标来分析企业存在的财务风险。为了更好地衡量比亚迪的偿债能力，本文挑选10家新能源汽车的上市公司的平均值作为行业指标，通过指标的对比，更好地分析企业的财务状况（见表1）。通过计算，2015—2022年新能源汽车资产负债率分别为：51.25%、53.75%、53.15%、53.98%、56.43%、57.26%、57.61%、55.08%；流动比率分别为：1.47、1.42、1.32、1.23、1.19、1.05、0.83、1.16；速动比率分别为：1.12、1.04、1.18、1.10、1.15、1.01、1.09、1.32。从资产负债率指标来看，比亚迪资本结构中2/3是负债，负债比例较大，而且远远高于行业平均水平，这说明企业生产经营中负债是主要的资金来源。从流动比率和速动比率来对比，一般认为流动比率接近于2、速动比率接近1，企业的短期偿债能力较强，而比亚迪自身流动比率和速动比率前5年内是在逐渐改善的，后三年又逐渐下降，与行业整体情况相比，比亚迪短期流动资产变现能力不强，尤其在疫情下企业资金比较紧张，新能源汽车补贴力度正在下降，企业短期可能面临资金链断裂的风险。

表1　2015—2022年偿债能力指标分析一览表

偿债能力指标	2015年	2016年	2017年	2018年	2019年	2020年	2021年	2022年
资产负债率/%	68.80	61.81	66.33	68.81	68.00	67.94	64.76	75.42
流动比率	0.82	1.00	0.98	0.99	0.99	1.05	1.03	0.72
速动比率	0.55	0.78	0.79	0.76	0.75	0.49	0.58	0.46

3. 客户风险

疫情期间，企业销量惨淡，截至2020年6月底，比亚迪新能源汽车销售60 677辆，同比下降58.34%，在市场占有率方面，比亚迪也在特斯拉、大众、宝马之后。相较于2019年全年销售第二的位置，比亚迪的客户也在流失，此外公众对于新能源汽车的认可度尚有待提升，所以能否保留住客户以及吸引更多的客户是比亚迪面临的一大难题。

（三）比亚迪面临风险成因分析

1. 供应链体系尚未恢复，产品性能有待提高

2020年年初，比亚迪企业着手进行复工复产，由于当时我国汽车供应链体系尚未恢复，所以其汽车生产不得不延后，特别是比亚迪在武汉的分公司企业生产大大受到

影响，如武汉市盛世王朝汽车销售有限公司原计划在2020年6月上市的王朝系列车系延迟到第三季度上市。除此之外，比亚迪的电池技术是自身的优势，但是其生产的电动汽车等产品还有很大提升空间，所以比亚迪也在与丰田等企业进行技术合作，利用自身在电池领域的技术优势，更好地提升新能源汽车的性能。

2. 资本结构单一，财政补贴滑坡

比亚迪筹资的方式主要以银行贷款为主，所以偿债压力比较大。而且通过对其历年财务报表中各相关指标进行分析，比亚迪企业的偿债能力以及资金周转能力都不是很强，长期资本结构中资产中要背负着沉重的负担，短期中流动资产的快速实现变现能力不强，企业的生产经营中可能面临资金困难的情形。另外，新能源汽车投资回报周期长，前期需要大量的资金，我国对新能源汽车采取了财政补贴的形式，但是近几年，市场上出现了很多骗补的行为，加之我国出于长远的考量，新能源汽车的补贴逐年降低，审查标准也更加严格。比亚迪作为行业领头羊，2020年、2021年及2022年计入当期损益的财政补助收入分别为16.78亿元，22.63亿元和17.10亿元，尤其是近两年，财政补助占据比亚迪业绩的七成左右。随着财政补助的滑坡，企业的财务状况势必受到影响。

3. 消费意愿不强

首先，新冠疫情期间，很多企业都延迟开工，出于安全和工作的需要，在职职工除了生产企业外，开始尝试线上办公的形式进行复产，以减少人与人的接触；而且疫情期间，居民储蓄意愿加强，减少消费，购买力下降，以上几点都导致了消费者对汽车的需求下降。其次，疫情期间，消费者与企业的距离被拉大，虽然比亚迪也像很多企业在网上进行直播带货，但是与线下试驾体验相比，消费者不能第一时间对心仪车型进行体验，会影响自己的购买意愿。此外，我国新能源汽车的普及率不是很高，一般车主还是将传统的燃油型汽车作为首选，所以新能源汽车市场有待进一步的开发。

（四）应对措施

1. 深化与供应商的合作，改善产品性能

对于比亚迪而言，虽然自己有一定的自给能力，但是疫情下更突出了合作伙伴的重要性，比亚迪可以与供应商建立战略联盟，形成利益共享机制。对于这些长期伙伴的关系，比亚迪应及时回款，加快对供应商的回款速度，且在疫情下，企业的生产数量有限，比亚迪可以与供应商建设财务共享中心，对于原材料等零部件按需采购，减少库存积压，争取做到零库存管理，减少自身的库存成本。另外，比亚迪可以寻求多方合作伙伴，加强技术交流与协作，生产出更多物优价格适当的新型汽车，充分利用自身的电池优势，突出自身的品牌优势。

2. 援产口罩，加大研发投入

新冠疫情发生后，比亚迪第一时间调整了自己的生产计划。一方面，比亚迪在2020年2月8日宣布开始生产口罩，这样既满足了自己的在岗职工的工作需求，同时又生产出高质量的N95口罩来支援前线，对于公众则以较低的利润保证了工厂的有序运转；另一方面，在新能源汽车的生产上，比亚迪宣布成立韦弗公司，加大核心零部件的研发，提升自主创新能力。除此之外，比亚迪也与丰田公司达成合作协议，二者致力于纯电动汽车的研发，此举不仅可以向丰田公司学习技术和管理经验，同时也可以在国际上提升自己品牌的影响力。

3. 深入与客户沟通，减少信息不对称情况

作为消费者，在购买前无疑就是希望可以深入了解产品信息，目前比亚迪除了直播带货这种很多车企采用的形式，也可以采取社群营销的形式，特别是互联网发达的今天，消费者信息来源很大一部分都是通过互联网获得，所以比亚迪通过社群营销这种形式可以拉近与客户的距离，解答客户的疑惑，同时比亚迪也应通过社交媒体、汽车工业展览会等形式向消费者展现自身优势。同时，在疫情下，很多车主可能不能直接到销售中心来，可以通过远程视频、电话沟通的形式，通过代试驾和讲解来回答客户的问题，同时要做好售后活动，对于汽车出现的问题及时上门解决或返厂。特别是对于新能源汽车普及率不是很高的情况，企业更应结合国家政策，加大新能源汽车的宣传力度，提升在消费者心中的地位。

4. 响应党的二十大号召，推动经济社会发展绿色化与低碳化

从卖燃油车到销售新能源汽车，比亚迪“老兵”赵长江见证了十年来深圳汽车产业的蝶变。“从把车造出来，到把车卖起来，再到把利润做起来，中国新能源汽车行业不断进步。只有掌握核心技术和产业链管控能力的车企，才能给消费者提供品质良好的汽车。”比亚迪腾势汽车总经理赵长江说。

党的二十大报告指出，“推动战略性新兴产业融合集群发展”“推动经济社会发展绿色化、低碳化是实现高质量发展的关键环节”。长期以来，电子信息产业一直是深圳的经济支柱和优势领域。现在，随着新能源汽车产业的蓬勃发展，深圳“新能源汽车产业城”的产业形态已经轮廓初显。当前，深圳新能源汽车产业“一超多强”的企业格局初步形成，全市已培育年产值千亿元企业 1 家、百亿元以上企业 4 家，10 亿元以上企业超过 22 家。

在硬件方面，深圳构建了新能源汽车“三电”核心技术链条闭环，覆盖电芯模组、动力电池、精密结构件、电机电控等新能源汽车研发、制造各环节；在软件方面，深圳大批电子信息和互联网、人工智能企业进入智能驾驶软件开发领域。汽车产业电动化、网联化、智能化、共享化趋势正在加速形成，汽车白色家电化、工具化特征更加明显，新能源汽车产业已进入高速成长期，深圳将持续完善产业发展政策，助力企业品牌提升、突破关键核心技术，推动战略性新兴产业融合集群发展。

（五）结论

疫情期间，比亚迪受到了很大的冲击，而在疫情中则更突显了风险管理的重要性，鉴于目前对于车企的经营风险研究较少，本文从经营风险的视角出发，以比亚迪企业作为样板分析了新能源汽车行业面临的经营风险，通过分析风险的成因，进而提出了相关建议，同时对于汽车行业以警示，企业在平时应重视经营风险管理的重要性，这样面在对疫情等突发情况时可以最大限度维持自身的稳定性。

二、案例的思政元素

（一）积极响应国家号召，制造企业跨界生产支援大健康

2020 年 1 月 31 日凌晨，比亚迪董事长兼总裁王传福在公司高管群里下发军令：“作为强大制造业代表，比亚迪必须快速把口罩生产出来！”此后，王传福亲自挂帅，

带领12位副总裁和总经理，在10天内争分夺秒研制出第一台口罩生产机。各大企业纷纷站上抗疫一线。“积极响应号召，坚决助力打赢疫情防控阻击战。战疫需要什么，我们就造什么。国家需要的，就是我们要做的。”

（二）急天下之所急，供天下之所需

在国家防疫任务异常艰巨的时期，在人民迫切需要口罩的时候，王传福认为，“作为中国制造业的一个代表，我们应该站出来，动用一切力量援产口罩。”

于是，王传福带队亲自盯产线，厂长、主任下场赶包装，比亚迪在创立之初时曾发生过的场景，时隔20多年后再次重现。

这项防疫物资援产任务，集结了比亚迪从新能源汽车到电池、电子再到轨道交通，几乎各个事业群的精锐部队。集团12个事业部的一把手与涉及研发、设计、加工等多个工作条线的3 000多位工程师，以及春节期间留守深圳的其他员工，在过去的一个多月时间里，克服重重困难，创造了一个又一个惊人的“比亚迪速度”。

（三）始终把社会责任作为企业精神

在能够满足国内口罩需求的同时，比亚迪还不断地将口罩出口海外，帮助其他国家缓解疫情。其中比亚迪就已经与美国加州签订了10亿美元的巨额口罩订单，承诺每月将向加州提供大约2亿只口罩，这一部分口罩中不乏防护效果更好的N95口罩；另外，日本首富、软银创始人孙正义也和比亚迪达成了合作，在2020年5月就已开始向日本市场每月供应3亿只口罩，并再次向非洲社区捐赠了1 600万只口罩，用于该地区抗击第二波新冠疫情。比亚迪视社会责任为己任，是其成功的重要原因之一。

（四）响应党的二十大号召，创新引领高质量发展

创新驱动是经济发展的核心动力，自主创新是企业的生命，也是企业爬坡过坎、发展壮大的根本所在。党的二十大报告提出，“加快实施创新驱动发展战略。坚持面向世界科技前沿、面向经济主战场、面向国家重大需求、面向人民生命健康，加快实现高水平科技自立自强。”“加强企业主导的产学研深度融合，强化目标导向，提高科技成果转化和产业化水平。”爬坡过坎难、转型升级痛，唯有创新才能引领企业高质量发展，塑造企业的核心竞争力，才能积聚力量开展原创性引领性科技攻关，以研发和创新构筑企业发展新的“护城河”，塑造企业成长的“第二曲线”。

比亚迪一直秉承“技术为王，创新为本”的发展理念，持续开展新能源汽车技术创新，引领并推动广东省乃至全国新能源汽车技术持续向前发展。在此过程中遇到的主要困难是新能源汽车基础设施不足，广东省除了广州、深圳两大主要城市充电桩布局较密集以外，由于车桩比低、充电服务半径较长等问题，其他城市的充电桩仍然难以满足用户的日常出行需求。充电基础设施的建设需要政府支持引导，在公共充电站、小区充电桩、城际充电桩等建设规划方面加以鼓励。

经过十多年持续创新，比亚迪形成了一系列行业领先的创新技术与产品。比亚迪刀片动力电池是全球首创的具有高集成效率、高安全防护的动力电池，其成功破解了能量密度和安全两者之间的技术矛盾，重新定义了新能源汽车的安全标准，且循环寿命长。刀片电池凝结了比亚迪在动力电池领域近20年的研发和应用经验，集成了比亚迪从电池的原材料制取，到动力电池包制造的全产业链优势，体现了比亚迪彻底解决新能源汽车安全痛点的决心。刀片电池系统是从多维度解决安全、续航、成本问题的最佳解决方案之一，其领先的技术优势将引领全球范围内的动力电池技术革新。全球范围内多家车企都在积极评估刀片电池，未来会有更多车型应用刀片电池。

三、案例使用说明

（一）教学用途与教学目标

1. 教学用途

本案例可用于财务管理课程中“财务报表分析、经营风险、杠杆效应”知识点的教学。

2. 教学目标

（1）知识层面

理解概念：系统风险、非系统风险、流动比率、速动比率、资产负债率等。

掌握理论：偿债能力、风险、杠杆系数。

（2）能力层面

教师通过对理论的讲解，帮助学生系统了解企业风险应对方面的知识，增强学生解决问题的思维能力。通过本次案例分析，学生能更好地理解财务管理中项目投资分析知识点，提升将理论知识和现实活动相结合的能力。

（3）素质层面

目的在于提升学生们的思想政治素养，学生掌握本节课内容的同时，结合马克思主义原理和党的十八届五中全会提出的新发展理念，理论结合实际，以案例事件发展过程进行详细阐述，增强学生中国特色社会主义制度的优越性的认知，让学生了解到科技创新对中国经济发展的重要性。

（二）案例讨论的准备工作

第一，学生需要课前预习财务管理课程中项目投资分析的相关知识点，掌握财务报表分析指标以及企业存在的风险的基础概念。

第二，了解项目企业风险应对方面的行业活动和成果，比如相关的国家政策、高新科技企业的发展领域以及投资研发项目带来的经济效益和影响。

（三）案例分析要点

1. 启发思考题

（1）请谈一谈财务报表分析指标的优缺点，以及各评价指标是否有局限性？

（2）结合本案例分析，谈谈比亚迪新能源汽车研发项目中，企业优势和劣势之间的关系。

（四）教学组织方式

1. 问题清单和提问顺序

讲授完项目投资分析章节的知识内容后，紧接着可以将思政元素融入课程的课堂教学中，具体教学环节设计如下：第一步，请学生们观看教学 PPT 上的案例材料，同时，教师对该案例材料进行一个大概的说明。第二步，要求学生在规定的时间内结合案例材料围绕以下思考题进行讨论，一是结合本案例说明，该案例中用到了哪些报表分析指标。二是结合案例材料说明，如何正确看待企业供应链上优势和劣势之间的关系？第三步，学生讨论结束后，请学生们将讨论结果与大家进行分享，要求学生提出的观点与案例材料紧密结合。

2. 课时分配

2 课时。

3. 讨论方式

将学生们进行分组，大概四人左右一组，学生讨论结束后，请每组学生派一位代表将本组讨论成果与大家进行分享。

4. 课堂讨论总结

教师对学生们的发言进行总结。

（五）总结

对问题清单进行简要的回答，结合案例阐述相关的内容，分析本案例材料的教育意义，让学生们理解科技创新的重要性，引导学生树立大局观念和整体意识，指导学生们以唯物辩证法的视角去看待问题，突破思维层面的单一性，增强逻辑能力。

四、参考文献

[1] 张雪. 比亚迪公司财务风险评价与应对研究 [D]. 石家庄：河北经贸大学，2019.

[2] 张红. 谈经营风险控制与信用管理流程再造 [J]. 全国流通经济，2019 (34)：43-44.

腾讯音乐的盈利模式及其业绩评价

张红云

一、案例正文

（一）公司简介

腾讯音乐娱乐集团（Tencent Music Entertainment Group，TME）主要业务包括酷狗音乐、QQ 音乐、酷我音乐、全民 K 歌四大产品板块。北京时间 2018 年 10 月 2 日，腾讯音乐娱乐集团正式递交赴美上市招股书，代码为“TME”。12 月 12 日，腾讯音乐娱乐集团在纽交所上市交易。由于早前市场上并没有类似腾讯音乐上市的案例，因此很多业内人士都将腾讯音乐上市，看作中国音乐产业第一股。

站在今天的角度来看，腾讯音乐坐拥超过 8 亿的月活跃用户，用户日均使用时长超 70 分钟，在线音乐付费用户量为 2 330 万，国内外版权合作方超过 200 家，曲库数量超过 2 000 万首，可称得上是中国音乐流媒体行业的老大。

1. 股权结构

腾讯集团是腾讯音乐的最大股东，持股比例高达 57.04%，保证了腾讯对腾讯音乐的绝对控股，这有利于腾讯音乐保持和腾讯集团战略发展的一致性，集约利用资源，帮助腾讯音乐更好地运用腾讯集团的游戏、社交等泛娱乐产品带来的用户，并形成联动效应，进一步形成泛娱乐生态圈。

2. 发展历程

（1）萌芽期（2005—2012 年）

随着互联网进入我国，一批开创性的互联网产品应运而生，其中就有一款网络即时社交软件——QQ。伴随着互联网的兴起与普及，QQ 成为全民使用的网络社交工具，腾讯旗下属于同一家公司的产品 QQ 音乐于 2005 年成立，依托 QQ 所拥有的丰富用户资源，为用户提供流媒体音乐服务。但是当时的市场并不重视音乐作品的版权，QQ 音乐区别于其他音乐产品的主要方式除了冠以“QQ”的名字，还和众多腾讯系的产品一样，推出以“X 钻”为名的差异化的会员服务。QQ 音乐于 2008 年正式推出了“绿钻”服务，为付费用户提供包括会员个性装扮、QQ 空间音乐、数字音乐下载等在内的增值服务，成为国内首家会员制音乐平台。

（2）变革积累期（2013—2015 年）

2013 年至 2015 年是腾讯音乐版权积累的重要时期，在 2015 年国家推行严格的版权保护政策之前，腾讯音乐极具战略性地将发展的重心集中在通过与多个音乐内容提供商合作，积累了较多优质音乐版权资源，为后来进一步扩张提供了核心的音乐资源基础。2013 年 QQ 音乐与多家唱片公司联盟，共同成立“数字音乐维权联盟”，目的是有序地推动我国数字音乐版权正版化革新，这也成为腾讯音乐朝着音乐内容正版化的方向前进的里程碑。2013 年，QQ 音乐从原来的腾讯电商事业部转移至社交网络事业群，这一战略性方向的转变，确定了 QQ 音乐将被打造成移动音乐社交平台。2014 年，QQ 音乐通过先后与韩国 YG 娱乐公司、索尼音乐公司以及时代华纳音乐集团签署独家版权战略合作协议，通过该协议，QQ 音乐拥有了上述音乐内容提供商在中国大陆的独家版权分销权。除了积累音乐版权，2014 年 9 月，QQ 音乐初步尝试移动终端娱乐服务，推出“全民 K 歌” App，开始为用户提供手机端在线移动的卡拉 OK 服务，朝着打造正版音乐生态圈迈出了第一步。

（3）迅速扩张期（2016 年至今）

2015 年后，随着集团架构和市场、政策的迅速变革以及赴美上市等事件，腾讯音乐集团进入了业务发展的重要时期。2016 年 7 月，QQ 音乐宣布与中国音乐集团合并，中国音乐集团旗下涵盖多家知名网络音乐平台，比如酷狗音乐、酷我音乐等。至此，酷狗音乐、酷我音乐及其拥有的音乐版权正式合并进入 QQ 音乐旗下，合并成立“腾讯音乐娱乐集团”。

通过积累大量的音乐版权，同时合并其他在线音乐平台进一步扩大用户基础，从提供单一的“听歌”服务到提供“唱歌”服务拓展，我们不难发现腾讯音乐正朝着打造正版音乐生态圈的方向发展，打造“听看唱玩”四位一体音乐服务模式。此时，新兴的腾讯音乐娱乐集团的组成部分包括酷狗音乐、QQ 音乐、酷我音乐三大线上音乐平台，还拥有多个音乐内容提供商的独家音乐版权，曲库超过 1 500 万首歌曲。2018 年 12 月，经过整合和生态布局后的腾讯音乐娱乐集团成功登陆美国纳斯达克证券交易所，成为国内第一家上市也是唯一盈利的音乐娱乐公司，上市后营收屡创新高。腾讯音乐娱乐集团已经形成了依托互联网社交和大数据为驱动力，致力于提供优质音乐内容和服务为核心，打造“视听”与社交、线下与线上的立体娱乐生态的正版音乐娱乐服务平台。

（二）盈利模式与业绩评价

1. 盈利模式

我国著名学者甄国红提出了“一个核心、五个基本点”的盈利模式理论，“一个核心”指的是企业的营业利润，“五个基本点”则是企业向什么客户提供了价值、为客户提供什么样的价值、企业如何创造价值、企业的收入从何而来、企业如何增强竞争优势等方面，这五个基本点进一步转化为企业的利润对象、利润点、利润杠杆、利润来源和利润屏障五个要素，这一框架成为后来众多学者用以分析和评价企业盈利模式的框架。

2. 腾讯音乐盈利模式下的业绩评价

（1）利润点和利润源的分析

结合腾讯音乐娱乐集团的所披露的财务报告，可以看出其提供的服务可以被划分为两个大类：在线音乐服务和社交娱乐服务及其他，在线音乐服务和社交娱乐服务下又可以细分出多种产品。其中社交娱乐服务及其他的收入占比高达 70%，在线音乐服务仅占 30%，且占比持续下降。不难看出，腾讯音乐的利润点即是围绕这两个基本的服务内容，从而进一步衍生出的、有别于其他在线音乐平台的服务，这些服务有效地满足了客户的需求，成为腾讯音乐盈利的因素。

利润来源就是企业主要的收入来源，顾名思义就是企业收入来源由哪些部分组成，是企业得以实现盈利的基础。对于腾讯音乐娱乐集团而言，由于当时我国音乐作品版权监管不严，其初创期的收入来源主要是网络广告。随着 QQ 音乐用户的不断增多，依托 QQ 即时通信软件的用户黏性不断增强，QQ 音乐开始了绿钻会员增值服务，QQ 音乐开始进入会员增值服务和网络广告“双利润源”并行的模式。2016 年进入高速发展期后，随着腾讯音乐娱乐集团业务的不断发展，我国对于音乐版权的保护力度加大，腾讯音乐原来的收入模式已经无法满足未来的发展需求，加上用户需求的变化、互联网技术带来的业务模式变革等因素，腾讯音乐的利润来源随着业务线的增多而逐渐丰富。现在，腾讯音乐的利润来源包括：广告收入、会员收入和付费音乐。

作为一家在线音乐服务平台，腾讯音乐的利润点便是向用户提供的优质音乐内容和基于音乐服务衍生的音乐娱乐社交服务，这些服务有效地满足了用户的需求，成为腾讯音乐盈利的因素。基于此，腾讯音乐所披露的财务报表将提供的服务分为两个部分，第一部分是在线音乐服务，第二部分则是社交娱乐及其他服务。从图 1 中可以看出，社交娱乐及其他服务占腾讯音乐娱乐集团营业收入的主要组成部分。2017 年，音乐服务营业收入和社交娱乐及其他服务营业收入分别为 10.5 亿元和 25.4 亿元。2018 年第四季度则为 15.2 亿元和 38.8 亿元，分别增长了 44.76%和 52.75%。2019 年第三季度披露的数据显示，社交娱乐及其他服务的营业收入高达 46.6 亿元，相比于 2017 年第四季度增长了 83.46%；在线音乐服务的收入也创新高，高达 18.5 亿元，相比 2017 年最后一季度增长了 76.19%。可见，腾讯音乐娱乐集团两大业务收入模块同步持续增长，在内部相比，社交娱乐及其他服务所创造的收入远高于在线音乐服务的营业收入，并且占腾讯音乐总营收的比重不断增大。

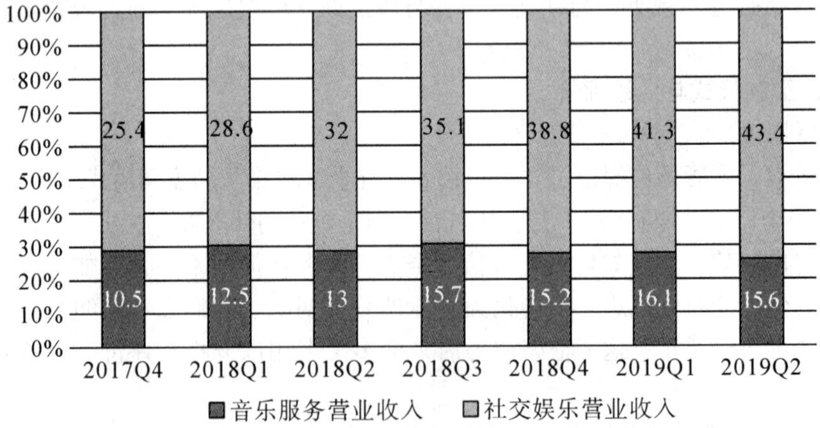

图 1　腾讯音乐主要业务营业收入情况

从利润源来看，如上文的分析，腾讯音乐的利润源可以被分为广告收入、会员收入、付费收入等几个主要部分，但是财务报表中并未直接披露上述部分的收入。腾讯音乐上市后，会员收入占在线音乐服务营业收入的比重呈现先升高后下降，最后保持稳定的趋势，最高时占比为 67%。随着腾讯音乐对优质音乐资源的积累和用户付费习惯的逐渐养成，数字专辑、单曲的销售收入将不断提升，广告收入的占比将持续下降。

（2）腾讯音乐的利润对象分析

腾讯音乐娱乐集团作为一家互联网技术驱动的企业，其主要客户群体为“80 后”“90 后”以及“00 后”，这部分用户的特点包括乐于接受新鲜事物、付费意愿较强，是粉丝经济的主力人群，但同时个性需求多样化、对服务内容质量要求较高，单一品类的服务和产品无法满足大部分人的需求。

在 QQ 音乐的起步阶段，QQ 音乐以 QQ 庞大的用户基础以及日趋完善的互联网生态布局，其利润对象是以获得会员身份象征为基础的 QQ 用户。由于当时我国对音乐内容的版权保护并不严格，各大门户网站、在线音乐平台获取的音乐内容无本质差异。而在我国 2015 年之后，日趋严格的版权保护法使在线音乐平台通过获取版权来获得并保持用户。腾讯音乐为会员提供了正版音乐之外的多种服务，如高品质音乐收听和下载、演唱会特权和游戏特权等，腾讯音乐的利润对象就是那些愿意为优质内容付费的高收入人群。

（3）腾讯音乐的利润杠杆分析

利润杠杆是企业为吸引顾客购买和消费所生产的产品和提供的服务而进行的一系列业务活动，反映的是一部分的资金投入。利润杠杆的重点是企业如何运用有限的资源发挥出更大的力量，为自己赢取更多的利润。我们可以从财务报表中成本和费用两个维度的数据获取相关信息进行分析。

从腾讯音乐已披露的财务数据来看，其成本主要可以分为直播分享业务成本、版权内容成本以及其他成本三个大类。其中占比最高的为直播分享成本，长期占总成本的 50%以上，其次为版权内容成本，占比约为 46%，其次为其他成本。

在费用方面，进一步从用途的角度将腾讯音乐的成本费用细化，可将其分为两个部分，分别是营销和推广费，以及管理费用。管理费用为腾讯音乐日常运维中的各项成本支出，而营销和推广费则是为了与音乐节目合作、赞助商业活动等市场推广所支出的费用。通过一系列的商业营销活动和独家版权的获取，腾讯音乐的最终目的是提高用户的活跃度和付费率，并增加用户黏性。

（4）腾讯音乐的利润屏障分析

利润屏障与利润杠杆有着截然不同的策略方向。如果说，利润杠杆指的是通过一系列活动进一步占领市场、获取利润，那么利润屏障就是企业保持其现有的利润规模而采取的一系列措施或其本身具有的竞争对手无法获取的竞争优势或资源。腾讯音乐作为一家腾讯集团下的企业，可以依托腾讯强大的用户基础、利用成熟的互联网综合性资源，与腾讯游戏、阅文集团等形成良好的生态互动，进一步为腾讯音乐提供了创造利润的可能性。

但是，在互联网技术和市场形势飞速发展的今天，如何保持属于自己的利润屏障，对腾讯音乐的生存与发展至关重要。通过前文对腾讯音乐发展历史的陈述，我们不难发现，腾讯音乐采取了通过优质音乐资源形成绝对曲库上的绝对优势，并通过社交娱乐和音乐服务相互协同的商业模式促进粉丝经济闭环深化，使多维度多层次的发展模式放大业务协同效益。

一方面，除了强大的用户基础和依托腾讯事业群形成的网络娱乐生态闭环，腾讯音乐通过与多家音乐内容生产商合作，签署独家版权战略合作协议，为用户提供海量正版音乐内容，相比其他在线音乐平台，腾讯音乐以其丰富的资源，形成了强大的版权屏障，在其他平台不断吸引新用户的同时，以优质内容提高用户付费的转化率。另一方面，腾讯音乐通过与《歌手》《梦想的声音》等头部综艺独家合作，满足用户对新潮多元化音乐内容的需求。我们不难看出，腾讯音乐娱乐集团正在通过建立坚固的曲库和版权屏障，从而形成区别于其他在线音乐平台所提供的音乐内容，以独家的优质音乐资源对竞争对手形成利润屏障。

二、案例的思政元素

本案例的思政元素主要有：

（一）坚定不移贯彻创新、协调、绿色、开放、共享的新发展理念

新发展理念就是指挥棒、红绿灯，指明了实现更高质量、更有效率、更加公平、更可持续发展的必由之路。只要立足新发展阶段、贯彻新发展理念、构建新发展格局，持续推进创新成为第一动力、协调成为内在特点、绿色成为普遍形态、开放成为必由之路、共享成为根本目的的高质量发展，未来就一定能够不断提高发展的竞争力和持续力，在日趋激烈的国际竞争中把握主动、发挥优势、赢得未来。

事物的普遍联系和相互作用构成了事物的运动，引起事物的变化，推动着事物的发展。无论是自然界，还是人类社会和人类认识，都是变化发展的，一成不变的事物是没有的。任何事物都有其产生和发展的过程。正是无数具体事物的有限的变化和发展，才构成了整个世界的无限发展。发展就是新事物不断产生，旧事物不断灭亡，新事物代替旧事物的过程。发展是一种运动变化，但绝非任何运动变化都是发展，只有那些上升的、向前的、进步的运动变化趋向才是发展。发展的实质就是新事物的产生和旧事物的灭亡。我们要用发展的观点看问题，把事物如实地看成一个变化发展的过程，同时明确事物处于怎样的阶段和地位，还要坚持与时俱进，培养创新精神，才能促进新事物的成长。

腾讯音乐长期以来一直处于不断的变化发展之中，主要体现在集团规模的扩张以及其产品服务的优化升级。最初，腾讯音乐的前身还是以“QQ”冠名，会员服务趋于同质化，为了提供差异化的产品和服务，从2013年起，QQ音乐开始收购大量版权，致力于打造音乐社交平台。与此同时，QQ音乐与酷狗音乐、酷我音乐等合并成立“腾讯音乐娱乐集团”，形成正版音乐生态圈。正是由于腾讯音乐抓住机遇，与时俱进，不断创新，才能成为中国音乐流媒体行业的翘楚。

（二）新时代新阶段企业的发展必须是高质量发展，高质量发展是践行习近平经济思想、体现新发展理念的发展

高质量发展必须瞄准满足人民对美好生活的需要而不断深化，必须聚焦人民群众的获得感、幸福感、安全感而持续升级。企业以提高经济效益为目的和出发点，同时也要正确处理企业经济效益和社会效益的关系，向满足人民群众对美好向往的需求不断升级。

企业经济效益是企业一切经济活动的根本出发点。提高企业经济效益，有利于增强企业的市场竞争力，创造更多的社会财富，满足人民日益增长的物质文化需要；有

利于搞好国有大中型企业，从而增强综合国力，巩固公有制的主体地位，发挥社会主义制度的优越性。企业在提高经济效益的过程中必须遵循高质量发展理念，兼顾社会和他人的合法权益，不得损害他人和社会的利益。因此必须依法经营、保护环境、依法纳税、搞正当竞争。企业经济效益和社会效益是对立统一的关系，是目前与长远、局部与整体利益的关系。同时，腾讯音乐推出在线音乐服务、社交娱乐服务，快速占领市场、获取利润，不仅满足了人民群众的文化需求，同时也提高了企业的经济效益。

（三）发挥主观能动性和创新创造精神是民营企业抵御市场风险的关键

企业要处理好尊重客观规律和发挥主观能动性的关系。一方面，要坚持一切从实际出发，按照客观规律办事，抓好打基础利长远的工作。另一方面，要鼓励员工大胆探索、先行先试，及时总结经验，勇于推进理论和实践创新，不断深化对改革规律的认识。

事物的本质与规律隐藏于现象之中，人们只有充分发挥主观能动性，才能透过现象认识本质和规律。事物不会自动满足人的需要，只有充分发挥主观能动性，通过实实在在的行动，利用规律和条件，才能改造世界，创造美好的生活。人们认识世界和改造世界的过程，必然会遇到种种困难、挫折甚至暂时的失败，这需要发挥主观能动性，需要决心、意志和毅力去克服困难，战胜挫折。

在互联网时代，厂商竞争激烈，音乐版权问题愈受关注。面对这些问题，腾讯音乐积极发挥主观能动性，依靠强大的用户基础和依托腾讯事业群形成的网络娱乐生态闭环，与多家音乐内容生产商合作，签署独家版权战略合作协议，为用户提供海量正版音乐内容。企业在协商合作的过程中难免会面临利益取舍等各种各样的问题，只有发挥主观能动性，积极应对，才能化干戈为玉帛。

三、案例使用说明

（一）教学用途与教学目标

1. 教学用途

本案例为分析型案例，适用于本科生财务管理课程中“业绩评价”的知识点的教学和培训。

2. 教学目标

（1）知识层面

理解概念：业绩评价。

掌握理论：业绩评价的内容和方法。

（2）能力层面

系统思维能力：老师通过对业绩评价的概念，业绩评价的方法、构建业绩评价模型和其他相关理论的讲解，帮助学生获取科学、系统、全面、独立地进行业绩评价的能力。

判断实践能力：根据案例材料，设置两个由浅入深、由知识到能力的问题，通过解答问题，帮助学生形成“理论到实践、实践到理论”的思维方式，使学生能根据公司过去经营状况的分析、未来发展趋势的判断，基于企业所选择的盈利模式的基础上对其进行业绩评价。另外，通过公司业绩评价过程的分析研究，熟悉盈利模式理论，基于盈利模式五要素的分析框架进行业绩评价。

（二）案例讨论的准备工作

1. 学生需要预习财务管理课程中的相关理论和知识，同时对业绩评价的方法有一个初步认识。

2. 了解业绩评价的概念、业绩评价的方法。

（三）案例分析要点

1. 启发思考题

（1）结合案例，请运用高质量发展的新发展观的观点对案例中企业发展历程进行评价。

（2）结合案例，请运用创新、协调发展的观点说明业绩评价对利益相关者有哪些作用。

（3）结合案例，请运用积极发挥主观能动性的观点说明业绩评价的目的。

2. 分析思路

下面三个思考题，是基于财务管理课程中“业绩评价的目的与意义”知识点而提出的。

（1）运用高质量发展的新发展观对案例中企业发展历程进行评价。

理论知识点：业绩评价分析评价。

事物的发展具有普遍联系和相互作用构成了事物的发展运动，引起事物的变化，推动着事物的协调发展。无论是自然界，还是人类社会和人类认识，都是变化发展的，一成不变的事物是没有的。任何事物都有其产生和发展的过程。正是无数具体事物的有限的变化和发展，才构成了整个世界的无限发展。腾讯音乐长期以来一直处于不断的变化发展之中，主要体现在集团规模的扩张以及其产品服务的优化升级。最初，腾讯音乐的前身还是以“QQ”冠名，会员服务趋于同质化，为了提供差异化的产品和服务，从 2013 年起，QQ 音乐开始收购大量版权，致力于打造音乐社交平台。与此同时，QQ 音乐与酷狗音乐、酷我音乐等合并成立“腾讯音乐娱乐集团”，形成正版音乐生态圈。正是由于腾讯音乐抓住机遇，与时俱进，不断创新，才能成为中国音乐流媒体行业的翘楚。

腾讯音乐在经营发展过程中也充分贯彻了新发展理论。首先，创新是腾讯音乐持续发展的动力。作为互联网公司，腾讯音乐在经营发展过程中不断进行技术创新和业务创新，推出了 QQ 音乐、酷狗音乐、酷我音乐等多款音乐产品，不断改进产品和服务质量，以满足用户不断变化的需求。此外，腾讯音乐还注重音乐产业链的创新和生态建设，积极推动数字音乐产业的发展。其次，协调是腾讯音乐发展的必要条件。腾讯音乐注重与各方面的协调合作，与各唱片公司、版权机构等建立良好的合作关系，促进了数字音乐产业的发展。第三，绿色环保是腾讯音乐可持续发展的重要保障。腾讯音乐注重环保和资源利用，同时也鼓励用户通过线上音乐服务的方式来减少环境污染。第四，开放合作是腾讯音乐发展的关键。腾讯音乐注重与国内外音乐产业的合作，推出了多项联合活动和服务，促进了数字音乐产业的国际化进程。此外，腾讯音乐还注重用户的开放合作，与用户共建音乐生态圈，为用户提供更加全面、多元、个性化的音乐服务。最后，共享共赢是腾讯音乐发展的价值取向。腾讯音乐注重以用户为中心，为用户提供高品质、多元化的音乐服务，并通过音乐推广和宣传等方式，为音乐人和唱片公司提供更多的商业机会和平台。此外，腾讯音乐还积极推动数字音乐产业的共赢发展，通过合作共建数字音乐生态圈，为整个行业的可持续发展做出贡献。总之，腾讯音乐在新发展理念的实施方面取得了很多成就，但同时也需要持续关注行业变化和趋势，不断探索和创新，为数字音乐产业的可持续发展和用户的需求提供更好的服务。

（2）请运用创新、协调的发展观点说明业绩评价对利益相关者有哪些作用。

理论知识点：业绩评价的作用。

事物是普遍联系的，联系指事物之间以及事物内部各要素之间的相互影响、相互制约的关系。事物的联系具有普遍性，任何事物内部的各个部分、要素、环节是互相联系的，任何事物都与周围的其他事物相互联系着，整个世界是一个相互联系的统一整体。

在高质量发展的理念下，业绩评价对于企业的经营和管理具有至关重要的作用。高质量发展追求经济发展质量和效益的提高，而不仅仅是规模和速度的扩张，要求企业在追求经济效益的同时，也要注重社会和环境责任的协调，实现可持续发展。在这样的背景下，业绩评价成为企业管理的重要组成部分，可以帮助企业发现问题和不足，并及时采取措施改进，提高经济效益和社会效益。同时，评价过程中可以考虑企业的全面利益，避免单纯追求经济利益而忽视环境和社会责任，促进企业实现可持续发展，实现高质量发展的目标。

同时，业绩评价会对利益相关者产生一定的影响。科学地评价企业业绩，可以为出资人行使经营者的选择权提供重要依据；可以有效地加强对企业经营者的监管和约束；可以为有效激励企业经营者提供可靠依据；还可以为政府有关部门、债权人、企业职工等利益相关方提供有效的信息支持，以促进企业高质量的协调发展。

（3）请运用积极发挥主观能动性的观点说明业绩评价的目的。

理论知识点：业绩评价的目的。

事物的本质与规律隐藏于现象之中，人们只有充分发挥主观能动性，才能透过现象认识本质和规律。事物不会自动满足人的需要，只有充分发挥主观能动性，通过实实在在的行动，利用规律和条件，才能改造世界，创造美好的生活。

业绩评价是指运用数理统计和运筹学的方法，通过建立综合评价指标体系，对照相应的评价标准，定量分析与定性分析相结合，对企业一定经营期间的盈利能力、资产质量、债务风险以及经营增长等经营业绩和努力程度等各方面进行的综合评判。业绩评价是整体控制或者反馈控制系统的一部分，提供了刺激任何必要的控制行为的必要反馈；同时，业绩评价也是与利益相关者群体沟通的重要组成部分，它与激励政策以及业绩管理系统紧密相关。

站在积极发挥主观能动性角度来看，业绩评价应该是一个动态的过程，而不是一个静态的过程。个人和组织应该不断反思和改进自己的表现，不断修正目标和行动计划，去适应环境和变化的需求。这需要个人和组织拥有一种自我反思和学习的文化，以保持持续改进的态度。总之，业绩评价应该是一个积极主动的过程，鼓励个人和组织更加积极地参与和主导这个过程，从而实现持续改进和不断提高的目标。

（四）教学组织方式

建议用本案例完成“业绩评价”全部知识点的教学，不再安排教师讲授的时间。一般安排3个课时（120分钟）。案例的教学组织安排如表1所示。

表1　案例的教学组织安排

学习阶段	学习内容	时间限制	学习目标
课前	要求学生分组，并预习课本知识	提前2天	熟悉案例背景
课中	教师展示有关业绩评价的概念、程序、内容及其方法的相关理论和案例分析内容	30分钟	进一步熟悉案例背景及进行案例分析的理论基础
	分组讨论，当堂完成案例分析报告	50分钟	结合案例分析问题，将小组完成案例分析报告的成绩，作为小组成员的一次平时成绩
	随机抽取4个小组发言	每组5分钟	结合案例分析问题，要求概述理论依据，结合具体问题展开分析
	引导全班进一步讨论，并进行归纳总结，将思政元素与财务管理理论相结合。引导学生学会运用财务管理理论知识解决现实问题	20分钟	归纳用到的关键理论，并对各组表现做一个简单的点评
课后	请学生继续复习业绩评价的内容与方法，下次课用5分钟提问复习	—	增进记忆，巩固知识

（五）总结

通过本案例的学习，学生能了解企业盈利模式和业绩评价的基本概念，掌握业绩评价的基本方法，熟悉盈利模式的五大要素。能引导学生深刻认识要用发展的观点看问题，把事物如实地看成一个变化发展的过程，同时明确事物处于怎样的阶段和地位，坚持与时俱进，培养创新精神，树立要在认识世界和改造世界的活动中有所建树，就必须发挥主观能动性。

四、参考文献

［1］民生证券. 从腾讯音乐看国内在线音乐市场［EB/OL］.（2018-08-08）［2023-01-15］. https://ishare.iask.sina.com.cn/f/Rka5zLo4mM.html.

［2］袁茵. 在线音乐服务的现状、趋势及其创新路径［J］. 出版发行研究，2018（1）：53-56.

高质量发展背景推动传统企业并购升级

——以湖南中科电气股份有限公司并购为例

王秋霞　郭文湖　段涵鑫

一、案例正文

改革开放以来，钢铁等传统行业作为我国工业发展的重要基础产业，在我国市场经济高速发展的背景下，其行业规模实现了大幅增长。然而，近年来我国经济进入新常态，钢铁等行业结构性矛盾日益凸显，产能过剩、成本过高等问题久治不愈，导致钢铁行业企业营业收入大幅度降低，利润空间不断缩减，使得钢铁行业市场竞争更为激烈。下游钢铁行业持续不景气，相应地对其上游相关企业产生了较大影响，导致整个行业的企业都面临着一定的经营风险。

随着经济全球化的程度愈来愈高，我国产业结构不断调整，科学技术持续创新，企业要想提高自身竞争力，提升自身的经营绩效，需要通过技术创新、降低成本，优化客户结构及经营管理等方式来实现。然而，在目前严峻的市场环境下，企业仅仅依靠这些方式很难在原有产业的市场份额上得到大幅度提升。这主要是因为除了企业自身的影响外，行业的前景也是影响企业可持续发展的重要因素之一。对此，企业管理者们努力寻求保持可持续发展的途径，许多上市公司利用跨界并购进军新兴产业领域，实现多元化发展战略，希望以此开拓新市场，增加业绩增长点。在此背景下，中科电气通过并购星城石墨，成功实现了双主营业务格局，提升了公司经营效益，成为钢铁企业自救的范例。

（一）案例背景

（1）并购公司——中科电气

①公司简介

湖南中科电气股份有限公司（以下简称“中科电气”）于 2004 年 4 月在岳阳市成立，2009 年成功登陆深交所创业板。公司是国内电磁冶金行业品牌企业，致力于电磁冶金整体解决方案、节能减耗整体解决方案的研发和创新，是集现代制造和现代服务于一体的高新技术企业和软件企业。其中，公司磁力装备业务涵盖电磁冶金专用设备、工业磁力设备的研发、制造、销售及服务。主要产品为中间包通道式感应加热与精炼系统、连铸电磁搅拌（EMS）成套系统、连轧电磁感应加热系统、起重磁力设备、除铁器、磁选机、卷筒等，产品可广泛应用于钢铁、交通运输、造船、机械、矿山等行业。其主导产品市场竞争力强，市场占有率基本保持在 60%，基本替代了国外产品。

公司累计为国家节约外汇20亿元以上，产品远销许多国家和地区。经过多年的积累与沉淀，中科电气已经成为磁电装备业务中第一梯队的企业，是该业务中的龙头企业。

公司秉承“创新发展、追求卓越”的经营理念，始终把科技创新作为企业可持续发展的核心动力。公司拥有“院士工作站”“国家级博士后科研工作站”“湖南省冶金电磁工程技术研究中心”“湖南省冶金电磁能量变换技术工程实验室”等研发平台，以及占地13.3万平方米、总建筑面积10万平方米、现代化厂房6万余平方米电磁产品研发生产基地。目前，公司拥有多项专利和软件著作权等自主知识产权，获得了多项国家、省部委科技奖励。

②并购前股权结构

截至2017年1月31日，余新、李爱武夫妇为公司控股股东，其中余新直接持有公司17.24%的股权，通过国联证券——集合资产1号管理计划持有公司2.63%的股权，合计占公司总股本比例19.87%；李爱武持有公司4.00%的股权。为了巩固余新和李爱武夫妇作为上市公司的控股股东和实际控制人地位，邓亮、余强、李小浪与余新和李爱武夫妇签署了一致行动协议，余新的一致行动人合计持有公司2.91%的股权。因此，余新、李爱武夫妇合计控制公司26.78%股份，为公司实际控制人。而其他股东各自持股比例较小，对公司控制权影响极小。具体情况如表1所示。

表1 中科电气并购前的前十大股东

<table>
<tr><th colspan="2">股东名称</th><th>持股数量/股</th><th>持股比例/%</th></tr>
<tr><td colspan="2">余新</td><td>40 306 500</td><td>17.24</td></tr>
<tr><td colspan="2">李爱武</td><td>9 358 749</td><td>4.00</td></tr>
<tr><td rowspan="2">国联证券——集合资产1号管理计划</td><td>余新</td><td>6 152 542</td><td>2.63</td></tr>
<tr><td>邓亮</td><td>2 461 068</td><td>1.05</td></tr>
<tr><td colspan="2">禹玉存</td><td>7 750 000</td><td>3.31</td></tr>
<tr><td colspan="2">陈辉鳌</td><td>5 676 000</td><td>2.43</td></tr>
<tr><td colspan="2">邹益南</td><td>5 500 000</td><td>2.35</td></tr>
<tr><td colspan="2">交通银行——长信量化中小盘股票型证券投资基金</td><td>4 244 716</td><td>1.82</td></tr>
<tr><td colspan="2">余强</td><td>3 118 400</td><td>1.33</td></tr>
<tr><td colspan="2">陶冶</td><td>2 430 000</td><td>1.04</td></tr>
<tr><td colspan="2">蒋海波</td><td>1 671 600</td><td>0.71</td></tr>
</table>

资料来源：Wind。

（2）被并购方——星城石墨

①公司简介

湖南星城石墨科技股份有限公司（以下简称“星城石墨”）成立于2001年，公司是国内先进的锂电负极材料专业供应商，以锂动力电池负极材料的应用为主攻方向，主要对锂电池负极材料进行生产、研发及销售，同时覆盖铝壳、圆柱、软包等个人消费类锂电池领域。2008—2011年，星城石墨作为北京奥运会等重大活动中的新能源大巴电池材料供应商，在行业内收获了非常高的知名度，其影响力也得到了大幅提高。

星城石墨所处行业为锂电池材料行业，属于锂电池的上游行业，其发展前景与新能源锂电池的发展状况密切相关。公司目前的主要客户为比亚迪与福特斯等锂电池行业内高端生产厂商，公司多年来积累了丰富的锂电负极材料生产研发经验，拥有多项与锂电负极材料有关的技术。公司拥有“湖南省工程技术中心”“国家地方联合工程实验室”省级科研平台，获得了“国家火炬计划产业化示范项目”“长沙市企业技术中心”“锂离子动力电池负极材料工程中心”“科技型中小企业技术创新基金”“长沙市科技创新基金”等政府支持科技项目，拥有专利和自有技术共一百余项。

②并购前股权结构

被并购前星城石墨的股权较为集中，截至2017年1月31日，控股股东北京当升材料科技股份有限公司持有32.81%的股权，持股比例明显大于其他股东，占星城石墨绝对控股地位。具体情况如表2所示。

表2 星城石墨并购前的前十大股东

股东名称	持股数量/股	持股比例/%
当升材料科技	21 000 000	32.81
曾麓山	9 132 000	14.27
深创投	9 000 000	14.06
罗新华	6 852 000	10.71
皮涛	4 566 000	7.13
斯坦投资	4 284 000	6.69
黄越华	1 854 000	2.90
刘竟芳	1 542 000	2.41
赵永恒	1 500 000	2.34
西部证券股份有限公司做市专用证券账户	1 186 000	1.85

资料来源：Wind。

（二）并购动因分析

（1）中科电气经营业绩下滑

近年来，随着国内经济增速放缓，产业结构调整不断深入，钢材需求日益减弱。同时，由于全球经济走势偏弱，钢材出口也面临着更加艰巨的市场环境。下游钢铁行业经济形势持续低迷，钢铁需求与供给已达到顶峰且呈逐渐下降趋势，产能过剩仍然存在。中科电气作为钢铁行业上游企业，其主营业务是电磁、电气、机械设备的设计、制造及销售，产品主要是供给于钢铁行业，其经营效益很大程度上受钢铁下游行业的影响。图1为中科电气2013年至2016年营业收入及净利润变化情况。

根据图1可知，中科电气2013年至2016年营业收入及净利润整体呈现持续下降趋势。2016年净利润却比上年同期增长了58.77%，出现回升的现象。这主要是因为钢铁行业的不景气，公司于2015年处置了所持有的连年亏损的子公司岳磁高新的全部股权。

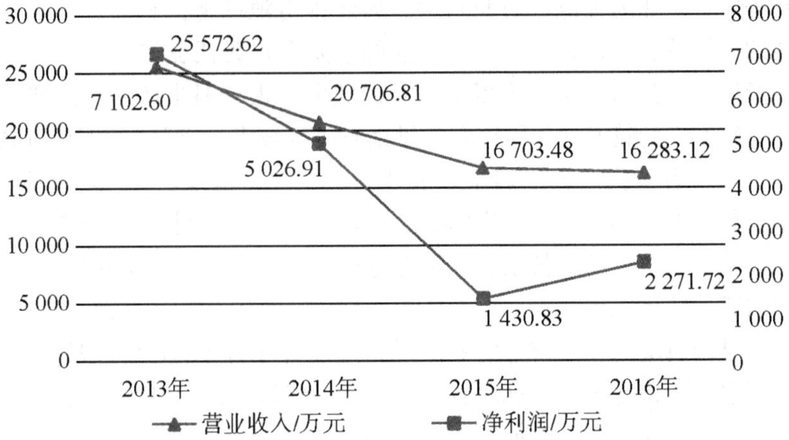

图 1　中科电气营业收入和净利润变化情况（2013—2016 年）

数据来源：根据中科电气各年度报告整理。

从业务结构来看，中科电气在并购前为单一业务企业。在面临较差的市场环境时，公司将持续面临着业务量减少、营收降低、利润缩减的问题，现有的单一主营业务已经无法改善企业经营业绩下滑的趋势。在这种情况下，如果公司无法快速做出相应反应，将会对公司经营业绩产生较大影响。因此，中科电气必须开拓新市场，寻求新的利润增长点，增强公司持续盈利能力，维护全体股东利益，提升企业的价值。

（2）新兴产业市场前景广阔

近年来，随着新能源汽车产业技术的不断提升、环保意识的加强以及相关产业的政策扶持，我国新能源汽车产业得到了飞速的发展，产销量稳定上涨。如图 2 所示，在 2013—2022 年，全国新能源汽车生产量由 1. 75 万辆增长至 705. 8 万辆，其销售量由 1. 76 万辆增长至 688. 7 万辆。

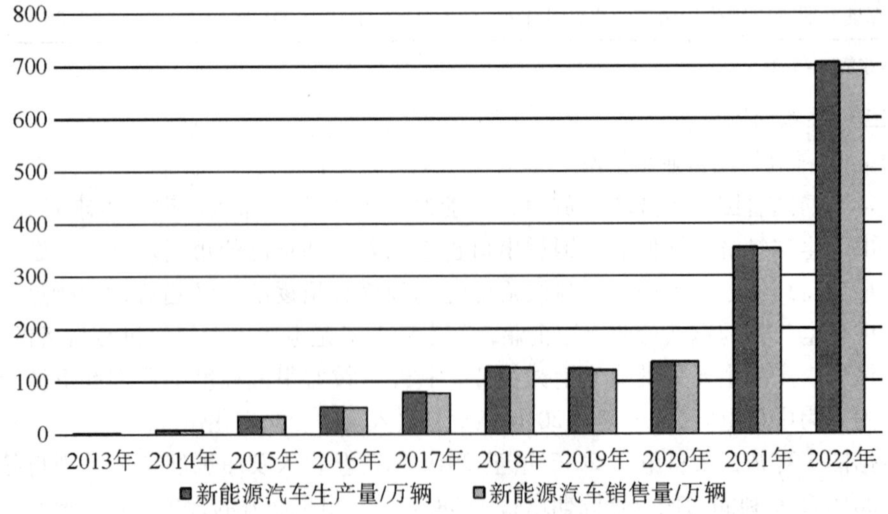

图 2　2013—2022 年全国新能源汽车产销量变化情况

资料来源：中国汽车工业协会。

星城石墨主营锂电子负极材料，其主营业务位于新能源锂电子电池上游关键材料领域，产品主要应用于电动汽车、消费电子等领域。在全球新能源危机与环境污染的双重影响下，发展环保低碳的新能源汽车已经得到各大车辆制造商的广泛认可，同时被列入国家战略性新兴产业，这将成为未来企业行业发展的主要方向。新能源汽车行业优良的发展态势与国家政策扶持均给锂电池行业带来了巨大的发展契机。如图 3 所示，在 2013—2022 年，我国锂电子电池产量由 47. 68 亿只持续增长至 239. 38 亿只。

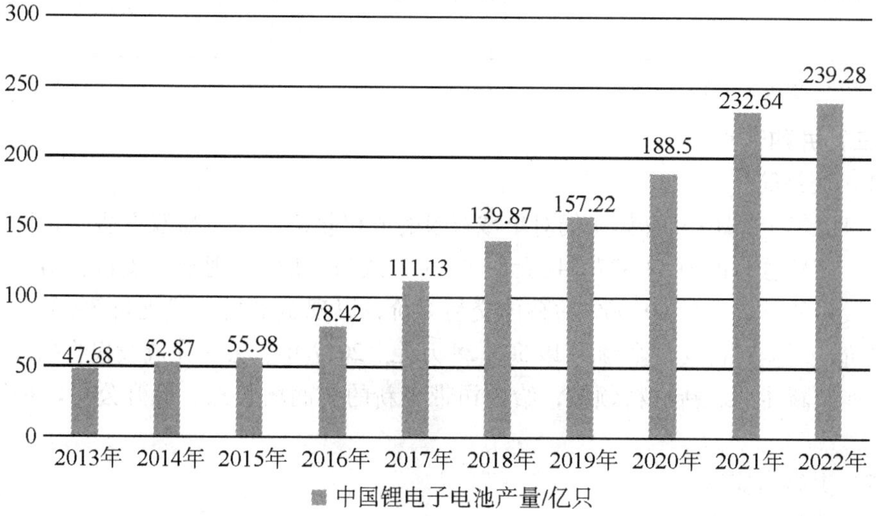

图 3　2013—2022 年中国锂离子电池产量增长情况

资料来源：国家统计局。

根据上述分析可得，锂电负极材料行业发展空间较大，并购星城石墨将使得中科电气主营业务结构得到调整，有助于形成双主营业务，改变公司主营业务单一的盈利模式，拓展公司收入渠道，降低钢铁行业低迷形势对公司经营业绩产生的不良影响，增强公司持续盈利能力，改善经营风险，以达到企业实现可持续发展战略的目的。

（3）政府政策扶持

自 2009 年以来，国家陆续出台了一系列与新能源产业相关的政策，用以扶持新能源锂电池产业的发展，部分相关政策如表 3 所示。中科电气跨界并购新能源行业企业，使得公司能够享受到新能源产业政策红利。

表 3　国家鼓励锂电池行业的部分政策

时间	相关政策	相关政策内容
2009 年 5 月	《轻工业调整和振兴规划》	电池行业重点推广锂离子电池替代镉镍电池
2010 年 10 月	《国务院关于加快培育和发展战略性新兴产业的决定》	着力突破动力电池关键核心技术，推进混合动力汽车及纯电动汽车推广应用和产业化
2013 年 8 月	《国务院关于加快发展节能环保产业的意见》	大力加强动力电池技术创新，重点需要解决动力电池系统安全性、可靠性及轻量化问题

表3(续)

时间	相关政策	相关政策内容
2015 年 12 月	《国务院办公厅关于印发国家标准化体系建设发展规划（2016—2020 年）的通知》	加强锂离子电池、LED、应用电子产品、软件等标准化工作，服务和引领产业发展
2016 年 7 月	《“十三五”国家科技创新规划》	实施“纯电驱动”技术转型战略，形成完善的电动汽车动力系统技术体系和产业链，实现各类电动汽车产业化

资料来源：中国政府网。

（三）并购过程

（1）交易简介

中科电气于 2016 年开始布局对星城石墨的股权收购，在交易双方协商之后，确定标的资产交易总对价为 48 827. 34 万元。支付方式为“股权+现金”支付相结合，其中以发行股份的方式支付 60. 06%的整体交易对价，以现金支付方式支付 39. 94%的整体交易对价，现金对价支付金额为 19 503. 28 万元。2017 年，公司完成股权收购，业务范围开始涉及新能源、新材料领域，给公司带来新的利润增长点，提升公司的持续盈利能力。

（2）并购方案

①标的公司估值定价

截至评估基准日，星城石墨经审计部门确定的资产账面价值为 11 169. 92 万元，中瑞评估机构利用收益法对星城石墨 100%的股份评估价值为 49 998. 86 万元，其资产增值额为 38 828. 94 万元，增值率为 347. 62%。基于以上评估结果，中科电气与星城石墨双方协商后，按星城石墨 100%股权价值 50 000. 00 万元确定整体作价，本次购买星城石墨 97. 654 7%股份的最终交易价格确定为 48 827. 34 万元。

②支付方式的选择

在交易双方协商之后，确定标的资产交易总对价为 48 827. 34 万元，选用“股权+现金”相结合的支付方式，其中以发行股份的方式支付 60. 06%的整体交易对价，以现金支付方式支付 39. 94%的整体交易对价。

③业绩承诺

本次跨界并购业绩承诺期为 2016 年度、2017 年度及 2018 年度，具体情况如表 4 所示。

表 4　业绩承诺安排　　单位：万元

2016 年	2017 年	2018 年
3 500	4 500	5 500

资料来源：Wind。

④并购后对股权结构的影响

根据表 5 可知，本次并购后，星城石墨原各大股东占公司总股本比例变小，而余新、李爱武夫妇合计共持有上市公司 24. 18%的股份，二者仍为中科电气实际控制人，此次并购不会使得中科电气控制权发生变化。并购后，星城石墨成为中科电气的子公司。

表 5　中科电气股权结构变化

股东		交易前		交易后	
		数量/股	比例/%	数量/股	比例/%
余新		40 306 500	17.24	40 306 500	15.56
李爱武		9 358 749	4.00	9 358 749	3.61
国联-资产管理 1 号	余新	6 152 542	2.63	6 152 542	2.38
	邓亮	2 461 018	1.05	2 461 018	0.95
余强		3 118 400	1.33	3 118 400	1.20
李小浪		1 234 415	0.53	1 234 415	0.48
小计		62 631 624	26.78	62 631 624	24.18
当升科技		—	—	9 849 378	3.80
曾麓山		—	—	4 283 072	1.65
深创投		—	—	1 809 069	0.70
罗新华		—	—	3 213 711	1.24
皮涛		—	—	2 141 536	0.83
斯坦投资		—	—	2 009 273	0.78
黄越华		—	—	869 559	0.34
赵永恒		—	—	703 527	0.27
刘雅婷		—	—	270 154	0.10
其他股东		171 222 126	73.22	171 222 126	66.11
小计		171 222 126	73.22	196 371 405	75.82
合计		233 853 750	100.00	259 003 029	100.00

资料来源：Wind。

（四）并购效果——基于经济增加值（EVA）的绩效分析

经济增加值（EVA）能够体现出企业管理者有效使用资本为股东创造价值的能力。本案例采用经济增加值（EVA）对中科电气跨界并购前后的绩效进行评价，可以较好地反映中科电气进行并购前后经营业绩的变化。本文采用以下公式计算中科电气的经济增加值：

$$EVA = 税后净营业利润 - 调整后的资本总额 \times 平均资本成本率$$

计算 EVA 值所得结果如表 6 所示。

表 6　EVA 计算表

年份	税后净营业利润/万元	资本总额/万元	加权平均资本成本率/%	EVA/万元
2015 年	2 229.75	89 801.62	3.69	-1 083.93
2016 年	2 984.00	88 357.86	2.92	403.95
2017 年	6 910.00	109 107.52	4.36	2 152.91
2018 年	16 938.63	143 886.37	3.75	11 542.89
2019 年	20 749.34	196 185.53	2.83	15 197.29
2020 年	21 965.34	238 630.48	2.4	16 238.21
2021 年	46 728.70	377 524.17	2.52	37 215.09
2022 年	64 317.32	700 493.33	2.07	49 817.11

数据来源：根据中科电气各年度报告、锐思数据库数据计算。

将上述表格绘制成图（如图 4 所示）。

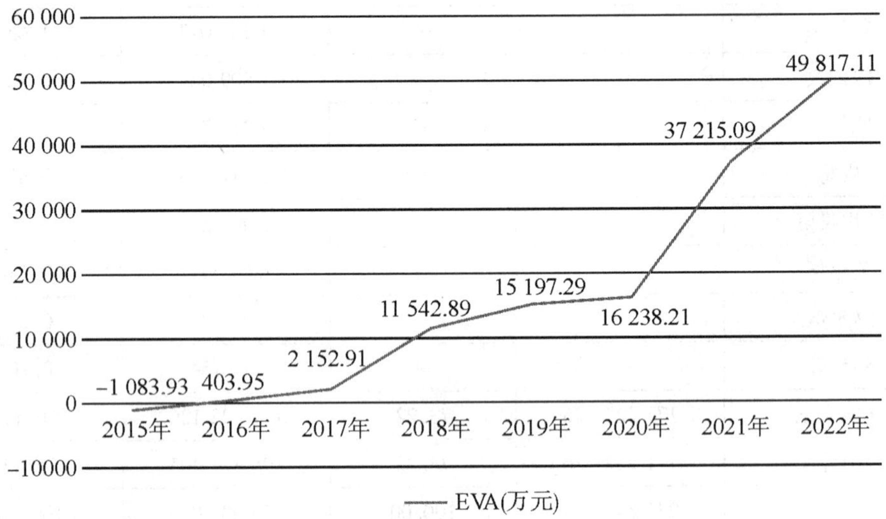

图 4　中科电气 EVA 变化趋势（2015—2022 年）

资料来源：根据表 6 制作。

从图 4 可以明显看出，中科电气的 EVA 从 2015 年到 2022 年总体上看，其 2015 年的 EVA 是-1 083.93 万元，2022 年的 EVA 是 49 817.11 万元，该值呈现急剧增长的趋势。并购前，由于中科电气原有业务市场低迷，在面临较差的市场环境时，公司面临着业务减少的问题，使得其利润逐年降低。而在并购后，中科电气在维持原有业务市场的同时，开始涉足锂电负极材料领域，通过多元化战略寻求企业新的利润增长点；不断完善企业负极材料产能建设，保障企业在巨大需求背景下能有充足货源；提高石墨化自供量，缩减企业生产成本；加大研发投入力度，实现产品高质低本，提高产品市场竞争力；进行有效资源整合，实现了资源的合理配置等。这一系列措施带动了公司业绩的大幅度提高，实现了企业利润的大幅增长，使得 EVA 出现急剧增长的趋势，这说明此次并购取得了较为显著的成效。

二、案例的思政元素

（一）经济发展方式亟须转型

党的十八大以来，我们对经济发展阶段性特征的认识不断深化。2013 年，党中央作出判断，我国经济发展正处于增长速度换挡期、结构调整阵痛期和前期刺激政策消化期“三期叠加”阶段。2014 年，提出我国经济发展进入新常态。在新常态下，我国经济发展的环境、条件、任务、要求等都发生了新的变化，增长速度要从高速转向中高速，发展方式要从规模速度型转向质量效率型，经济结构调整要从增量扩能为主转向调整存量、做优增量并举，发展动力要从主要依靠资源和低成本劳动力等要素投入转向创新驱动。这些变化，是我国经济向形态更高级、分工更优化、结构更合理的阶段演进的必经过程。

为适应和引领经济发展新常态，供给侧结构性改革应运而生。2015 年 11 月 10 日，习近平总书记在中央财经领导小组第十一次会议上指出：“在适度扩大总需求的同时，着力加强供给侧结构性改革，着力提高供给体系质量和效率”。同年 12 月 18 日，习近平总书记在中央经济工作会议上强调，推进供给侧结构性改革，是适应和引领经济发展新常态的重大创新。要实行宏观政策要稳、产业政策要准、微观政策要活、改革政策要实、社会政策要托底的总体思路，着力加强结构性改革，在适度扩大总需求的同时，去产能、去库存、去杠杆、降成本、补短板，推动我国社会生产力水平整体改善。自此，供给侧结构性改革成为我国经济新常态下的一项重要工作，提升供给质量也成为我国质量提升的“主战场”。

供给侧结构性改革的重点，是解放和发展社会生产力，用改革的办法推进结构调整，减少无效和低端供给，扩大有效和中高端供给，增强供给结构对需求变化的适应性和灵活性，提高全要素生产率。打赢供给侧结构性改革这场硬仗，要按照党的十九大的部署，把提高供给体系质量作为主攻方向，着力去产能、去库存、去杠杆、降成本、补短板，同时还要重点在“破”“立”“降”上下功夫。要大力破除无效供给，处置“僵尸企业”，该“断奶”的就“断奶”，该断贷的就断贷，坚决拔掉“输液管”“呼吸机”。要大力培育新动能，强化科技创新，发展绿色产业，培育新业态新模式，在中高端消费、创新引领、绿色低碳、共享经济、现代供应链、人力资本服务等领域形成新增长点。要大力降低实体经济成本，以降低企业负担为目标，研究降低制造业增值税税率，继续清理规范涉企收费，采取措施解决收费过高等问题。要通过深化供给侧结构性改革，优化存量资源配置，扩大优质增量供给，实现更高水平和更高质量的供需动态平衡，显著增强我国经济质量优势。

说到底，供给侧结构性改革的根本，就是要使我国供给能力更好满足广大人民日益增长的美好生活需要。习近平总书记强调，推进供给侧结构性改革是一场硬仗，要以锐意进取、敢于担当的精神状态，脚踏实地、真抓实干的工作作风，打赢这场硬仗。要把推进供给侧结构性改革作为当前和今后一个时期经济发展和经济工作的主线，转变发展方式，培育创新动力，为经济持续健康发展打造新引擎、构建新支撑。

（二）高质量发展为主旋律

党的十八大以来，习近平总书记作出我国经济发展进入新常态的重大判断，提出创新、协调、绿色、开放、共享的新发展理念。党的十九大明确提出，我国经济已由高速增长阶段转向高质量发展阶段。党的十九届五中全会进一步指出，“十四五”时期经济社会发展要以推动高质量发展为主题，必须把发展质量问题摆在更为突出的位置，着力提升发展质量和效益。这是根据我国发展阶段、发展环境、发展条件变化作出的科学判断。

习近平总书记指出：“高质量发展，就是能够很好满足人民日益增长的美好生活需要的发展，是体现新发展理念的发展，是创新成为第一动力、协调成为内生特点、绿色成为普遍形态、开放成为必由之路、共享成为根本目的的发展”“新时代新阶段的发展必须贯彻新发展理念，必须是高质量发展”。推动高质量发展，要坚持发展是第一要务，人才是第一资源，创新是第一动力；牢牢把握供给侧结构性改革这条主线，不断改善供给结构，提高经济发展质量和效益；加快现代化经济体系建设，推动农业、制造业、服务业高质量发展，加强基础设施建设，推动形成优势互补、高质量发展的区域经济布局；充分发挥国内超大规模市场优势，逐步形成以国内大循环为主体、国内国际双循环相互促进的新发展格局，提升产业链供应链现代化水平；坚持对内开放和对外开放相结合，以更高水平开放促进更高质量发展；努力在推动高质量发展过程中办好各项民生事业、补齐民生领域短板，以共建共治共享拓展社会发展新局面。在党的十九届五中全会上，习近平总书记强调：“经济、社会、文化、生态等各领域都要体现高质量发展的要求。”“十四五”乃至今后更长时期，以推动高质量发展为主题要体现在国家发展的各领域和全过程。

推动高质量发展，是保持经济持续健康发展的必然要求，是适应我国社会主要矛盾变化和全面建设社会主义现代化国家的必然要求，是遵循经济规律发展的必然要求。经济发展是一个螺旋式上升的过程，上升不是线性的，量积累到一定阶段，必须转向质的提升。中国特色社会主义进入新时代，我国社会主要矛盾发生了重大变化，发展不平衡不充分的问题更加突出，发展中的矛盾和问题集中体现在发展质量上。同时，世界新一轮科技革命和产业变革正在重构全球创新版图、重塑全球经济结构，这是我国推动高质量发展千载难逢的历史机遇。适应新形势新任务，推动高质量发展，不仅要重视量的发展，更要重视解决质的问题，在质的大幅提升中实现量的有效增长，为全面建设社会主义现代化国家奠定坚实基础。

（三）中国资本市场不断优化

党的十八大以来，以习近平同志为核心的党中央高度重视资本市场工作，加强对资本市场的集中统一领导，作出一系列重大决策部署，明确提出要通过深化改革，打造一个规范、透明、开放、有活力、有韧性的资本市场。习近平总书记深刻指出，要把发展直接融资放在重要位置，形成融资功能完备、基础制度扎实、市场监管有效、投资者合法权益得到有效保护的多层次资本市场体系；要把主动防范化解系统性金融风险放在更加重要的位置，科学防范，早识别、早预警、早发现、早处置，着力防范化解重点领域风险，着力完善金融安全防线和风险应急处置机制；等等。这些重要论述为新时代资本市场改革发展指明了方向。

兼并重组是企业加强资源整合、实现快速发展、提高竞争力的有效措施，是化解产能严重过剩矛盾、调整优化产业结构、提高发展质量效益的重要途径。为深入贯彻党的十八大和十八届二中、三中全会精神，认真落实党中央和国务院的决策部署，营造良好的市场环境，充分发挥企业在兼并重组中的主体作用。2014 年 3 月，《国务院关于进一步优化企业兼并重组市场环境的意见》发布。2015 年 8 月，为进一步提高上市公司质量，建立健全投资者回报机制，提升上市公司投资价值，促进结构调整和资本市场稳定健康发展。证监会、财政部、国资委、银监会等四部委联合发文《关于鼓励上市公司兼并重组、现金分红及回购股份的通知》，通过多种方式进一步深化改革、简政放权，大力推进上市公司并购重组，积极鼓励上市公司现金分红，支持上市公司回购股份，提升资本市场效率和活力。

这使得资本市场优化资源配置的功能进一步发挥。资本市场基础制度的适应性包容性明显提升，市场化的激励约束机制不断完善。资本市场并购重组主渠道作用不断强化，近 5 年并购重组交易金额约 10 万亿元，激发了市场主体活力。同时，退市制度进一步健全，进退有序、优胜劣汰的市场生态正加速形成。

三、案件适用说明

（一）教学用途与教学目标

1. 教学用途

本案例为分析型案例，适用于本科生财务管理课程中“并购的概念与类型”“并购支付方式”的知识点的教学和培训。

2. 教学目标

（1）知识层面

理解概念：企业并购、并购支付方式。

掌握理论：并购的概念，并购的类型，并购支付方式的种类及其优缺点。

（2）能力层面

专业实践能力：通过课堂系统讲授及案例分析，理解并购的概念，并购的类型，并购支付方式的种类及其优缺点，将所学知识与案例相结合，理论指导实践，学以致用。

创新能力：能够保持强烈的好奇心，对新奇的事物有强烈的探求愿望，能够深入实践了解企业并购的相关知识，对所学的知识进行创新性应用。

（3）素质层面

强化社会责任意识：引导学生树立正确的人生观、价值观、建立健全的人格；提升学生的责任意识，形成良好的道德规范。

提高思想政治素养：引导学生关注党和国家的大政、方针、政策，更深刻理解习近平新时代中国特色社会主义思想。

（二）案例讨论的准备工作

学生预习“企业并购”的基础知识点，要求对并购的概念，并购的类型，并购支付方式的种类等有一个初步认识。

（三）案例分析要点

1. 启发思考题

（1）结合案例，思考并购概念并指出中科电气并购类型。

（2）结合案例，指出中科电气的并购支付对价方式，并思考不同并购支付对价方式的优缺点。

（3）结合案例，思考高质量发展背景如何推动中科电气进行并购活动，指出国家经济发展战略及各项政策在该次并购活动中所起到的作用。

2. 分析思路

三个思考题是基于“企业并购”知识点而提出的。

（1）结合案例，理解并购概念并指出案例企业并购类型。

并购指的是两家或者更多的独立企业，合并组成一家企业，通常是由一家占优势的企业吸收一家或多家公司。并购的主要特征就是获得目标公司的控制权。并购的内涵较为广泛，一般指兼并和收购。兼并又称吸收合并，即两种不同的事物，因故合并成为一体；收购指一家企业用现金或者有价证券购买另一家企业的股票或者资产，以此获得对该企业的全部资产或某项资产的所有权，或对该企业的控制权。企业并购方式按照并购双方所处行业性质可划分为横向并购、纵向并购、混合并购。

横向并购是指同属于一个产业或行业的企业之间发生的并购行为。横向并购可以扩大同类产品的市场规模，提高市场占有率，降低成本，提高竞争力。

纵向并购是指生产过程或经营环节紧密相关的企业之间的并购行为。纵向并购可以加强生产流程，节约运输、仓储等费用。

混合并购是指一个企业对那些与自己生产的产品不同性质和种类的企业进行的并购行为。混合并购能够使企业进入新的经营领域，生产一系列与原企业不同的产品，也有助于分散经营风险，提高企业的市场适应能力。

在本案例中，中科电气属于机械制造业领域，主营业务为磁电装备业务，而星城石墨属于新能源、新材料领域，主营业务为锂电负极材料业务。二者的原材料供应、产品生产、产品销售均没有直接的联系，因此中科电气并购星城石墨属于混合并购。

（2）结合案例，指出中科电气的并购支付方式，并思考不同并购支付对价方式的优缺点。

在公司的并购活动中，主并企业必须充分考虑采取何种并购方式完成并购。一般情况下，公司的并购支付方式主要有现金支付方式、股权支付方式和混合证券支付方式。

第一，现金支付方式。

现金支付是指并购方通过支付一定数量的现金来购买标的企业的资产或股权，从而完成并购交易的支付方式。现金支付方式也是在实际并购活动中最为常用的支付方式。

该支付方式的优点：现金支付方式简便快捷；能够保证主并企业的股权结构不受影响，防止控制权被稀释。

该支付方式的缺点：容易导致主并企业现金流量紧张，形成较大的财务压力。

第二，股权支付方式。

股权支付是指并购方通过增发公司新股的方式，以新发行的股票换取标的公司的资产或者标的公司股东的股票，从而达到并购目的的支付方式。

该支付方式的优点：不用支付大量现金，不会对公司的现金状况造成影响；对于标的公司而言，公司股东并不会因此失去股权，而会成为主并企业的股东，从而可以获得更高的价值收益。

该支付方式的缺点：股权支付方式手续较多，较为烦琐，耗时耗力；对并购公司而言，公司股东的股权会在一定程度上被稀释。

第三，混合证券支付方式。

混合证券支付是指并购方通过现金、股票、认股权证、可转换债券等多种形式的组合支付作为完成并购交易的支付方式。

单一的支付方式总是存在不可避免的局限性，而多种方式组合的支付方式可以取长补短，既能够减少现金支付，防止出现公司现金流量紧张的状况；又能够在一定程度上缓解主并企业股权被稀释的问题。

在本案例中，中科电气以“现金+股权”的方式进行支付，这属于混合证券支付方式。其中以发行股份的方式支付 60.06%的整体交易对价，以现金支付方式支付 39.94%的整体交易对价，现金对价支付金额为 19 503.28 万元，由公司以首次公开发行时剩余的超募资金支付。这既避免了中科电气出现现金流量紧张的状况；如表 1 所示，中科电气原有股东在并购前后股权比例变化较小，混合证券的支付方式防止了因并购导致股东股权过度稀释的状况发生。

（3）结合案例，思考高质量发展背景如何推动中科电气进行并购活动，指出国家经济发展战略及各项政策在该次并购活动中所起到的作用。

习近平总书记曾强调：“要加大供给侧结构性改革力度，重点是促进产能过剩有效化解，促进产业优化重组，降低企业成本，发展战略性新兴产业和现代服务业，增加公共产品和服务供给，着力提高供给体系质量和效益，更好满足人民需要，推动我国社会生产力水平实现整体跃升，增强经济持续增长动力。”与此同时，国家出台了《国务院关于进一步优化企业兼并重组市场环境的意见》《关于鼓励上市公司兼并重组、现金分红及回购股份的通知》等一系列政策，以此促进化解产能过剩及实现产业结构优化升级。

并购前，中科电气下游钢铁行业企业产能过剩仍然存在，其经营效益很大程度受下游行业影响，导致自身经营业绩不佳。而国家出台的关于促进企业兼并重组的相关政策与习近平总书记提出的供给侧结构性改革的重要论述给中科电气起了指导性作用，为公司发展战略调整指明了一条“阳光大道”。

在标的公司选择过程中，中科电气更是将绿色发展理念贯穿其中。星城石墨主营业务为锂电池负极材料，属于新能源、新材料领域，拥有绿色产业结构。而中科电气选择星城石墨后，能够走上绿色低碳循环发展之路，形成绿色发展方式。近年来，新能源锂电池产业市场需求较大，盈利能力较强，并购星城石墨不仅能够改善公司经营业绩，分散经营风险，同时也响应了国家号召，进军新能源、新材料领域，坚持节约资源和保护环境的原则，坚持可持续发展走上绿色发展战略，践行绿色发展理念，为我国加快建设资源节约型、环境友好型社会作出贡献。

并购完成后，中科电气由单一主营业务转变为“锂电负极+磁电装备”双主营业务模式。国家也针对新能源、新材料领域出台了一系列相关政策，中科电气能够获得一定数量的政府补助，为企业的技术创新带来了一定的资金保障，为锂电负极材料产品创新带来动力。同时，中科电气作为高新技术企业，取得了减按15%的税率征收企业所得税的税收优惠政策，在一定程度上减轻了企业的财务压力，使得企业能够将更多的资金投入技术人才队伍建设及产品研发的过程中，助力企业又快又好地发展。

综上所述，在整个并购活动中乃至并购结束后，除了中科电气自身对行业发展的精准把握外，国家的战略方向和政策支持等因素起着不可忽视的作用，是企业推动经济增长的主要力量源泉之一。

四、参考文献

[1] 李蓉，王淑梅. 新形势下我国企业并购的动因及策略分析 [J]. 时代金融，2018 (32)：196，204.

[2] 巩晓鸣. 我国互联网行业上市公司并购绩效案例分析 [D]. 北京：对外经贸大学，2015.

[3] 王明月，张威. 供给侧结构性改革背景下企业跨界并购绩效的市场反应研究 [J]. 经贸实践，2018 (5)：42-43.

[4] 洪道麟，刘力，熊德华. 多元化并购、企业长期绩效损失及其选择动因 [J]. 经济科学，2006 (5)：63-73.

[5] 王翠花. 上市公司跨行业并购前后绩效分析 [J]. 财会通讯，2009 (33)：48-50.

[6] 杜晓. 上市公司跨行业并购绩效的实证研究 [D]. 北京：北京化工大学，2013.

[7] 李丰. 中国上市公司跨界并购绩效研究 [D]. 上海：上海交通大学，2017.

[8] 彭雯，陈贤锦. 企业并购绩效文献综述 [J]. 财会通讯，2011 (9)：83-85.

[9] 张弛，余鹏翼. 并购类型会影响中国企业技术并购绩效吗：对横向、纵向和混合并购的比较研究 [J]. 科技进步与对策，2017，34 (7)：76-81.

[10] 王翠花. 中国上市公司跨行业并购绩效变化的实证研究 [D]. 西安：西北大学，2008.

[11] 李菁. 传统企业转型背景下跨行业并购绩效研究 [D]. 杭州：浙江大学，2018.

[12] 张翼，何小锋，乔元波. 我国上市公司并购绩效的经验与实证分析 [J]. 财经问题研究，2015 (1)：60-66.

[13] 石崎良. 我国上市公司多元化并购绩效实证研究 [D]. 南京：南京大学，2016.

[14] 何邓娇. 企业生命周期、并购类型与并购绩效 [J]. 财会月刊，2016 (18)：41-46.

[15] 苏汝劼，常宇豪. 经济新常态下多元化与企业绩效：基于动态能力的视角 [J]. 宏观经济研究，2019 (7)：136-147.

[16] 杨威，赵仲匡，宋敏. 多元化并购溢价与企业转型 [J]. 金融研究，2019 (5)：115-131.

中企海外最大收购案：中国化工 430 亿美元收购先正达

理　诗

一、案例正文

2020 年 6 月 19 日，全球最大农化集团先正达集团股份有限公司宣布正式成立。先正达集团作为全球农化科技巨头，是全球最大的作物保护公司，以及第三大种业公司，员工总数超过 4.8 万，集团业务遍布 100 多个国家。在新的架构下，作为总部位于瑞士的中资企业，先正达集团包含四大业务单元，分别是总部位于瑞士巴塞尔的先正达植保、总部位于美国芝加哥的先正达种业、总部位于以色列特拉维夫空港城的安道麦，以及总部位于中国上海的先正达集团中国。

新农业巨头的诞生，离不开中国两大化工巨头，中化集团和中国化工。而中国化工以 430 亿美元（近 3 000 亿元人民币）完成对全球第一大农药、种子巨头公司先正达的收购是促使先正达集团成立的源头，也创下中企单笔国际直接投资金额的最高纪录。

（一）收购双方公司简介

1. 收购方：中国化工。

中国化工集团成立于 2004 年，是中国最大的基础化学的制造企业。中国化工成立以来，坚持通过以跨国并购方式突破国际企业的桎梏，获得关键技术，跻身国际市场。集团成立 2 年后，连续完成了 3 项大规模的海外收购，包括全球第二大氨酸生产企业法国安迪苏、澳大利亚最大聚乙烯生产商凯诺斯。2011 年，中国化工集团开始在农业领域进行海外扩张，收购了全球第七大农药生产商，以色列农药公司马克西姆-阿甘，并将其与集团的农化板块整合并更名成“安道麦”。

2. 被收购方：瑞士先正达。

瑞士先正达成立于 2000 年，是全球最具价值的农化品牌之一。在全球的农业科技领域，先正达拥有最强的商业运作管理模式。被收购前，先正达的主要业务分别是药物和商业种子业务，居全球农药领域第一、种子业务第三，仅次于孟山都和杜邦，拥有最全的农药新产品线。2015 年，先正达总销售收入为 134 亿美元，其中农药占全球市场份额约 20%，种子业务收入约占全球市场份额的 6%。在科学技术研发方面，先正达也一直保持着行业内领先的研发创新实力。先正达拥有两万多名员工，其中近 1/4 为科研创新成员，先正达每年用于创新研发的经费高达 8 亿美元。多年来，它与全球 400 多所大学、研究机构和企业开展了深度而又广泛的合作。

（二）收购案例介绍

在 2016 年以前，整个农化产业和种子产业的市场被海外六大跨国企业牢牢占据，分别是巴斯夫、先正达、孟山都、拜尔、陶氏和杜邦。农化行业的“六巨头”占领了全球 75%以上的农药市场，以及 60%以上的商业种子市场，它们在这两个市场的总销售额分别约为 510 亿美元和 360 亿美元。而当时我们中国企业还进入不了这个领域的前十。2015 年，全球农化行业迎来转折，在气候变化、农作物价格下跌和汇率等因素影响下，包括先正达在内的农化巨头们收入和利润均出现滑坡。与此同时，农化公司专利陆续到期，研发新产品的成本上升。在双重影响下，全球农化产业开启了大洗牌，跨国合并成为诸多行业巨头的选择。2015 年年底，位居世界化学工业界第一梯队的美国杜邦和陶氏化学突然宣布对等合并，两者的农化板块整合为一家名为科迪华的新公司。

受全球经济增长减速的影响，欧盟经济陷入衰退，总部位于瑞士的先正达利润连续下滑，2014 年先正达全球裁员 1 000 人，2015 年实现营收 134.1 亿美元，同比下降 8.78%。先正达作为农药种子行业的优势品牌，吸引到多家农化巨头公司与其接触，包括孟山都、中国化工等。由于与孟山都的经营业务高度重叠，先正达担心被其收购后独立性难以保留，因此前后两次拒绝了孟山都的收购意愿。先正达的主要市场一直在北美地区，在中国的种子和农药市场中所占份额一直只处于 3%~4%，若被中国化工收购，先正达有望打开中国和亚太地区的庞大市场。最终，中国化工经过多次加价，承诺采用纯现金方式支付，并保留管理层和纯财务投资，于竞争者中脱颖而出。2016 年 2 月，经过九个多月的谈判，双方正式签署收购协议，中国化工以 430 亿美元收购先正达 100%股份，并支付约 5 美元的特别股息，以及同意向先正达股东派发每股 16 瑞士法郎的股息。这次收购，创下了中国企业单笔海外直接投资的最高金额。

本次收购案资金需求总额近 500 亿美元，原本就债台高筑的中国化工采用了几乎全部债务融资的极高杠杆收购。收购金额中仅有 50 亿美元为中国化工集团自有资金，剩余资金则由各金融机构提供，包括汇丰银行提供的贷款；中国银行、国新控股和兴业银行分别提供的永续债；摩根士丹利通过购买可转换优先股进行注资；中信银行牵头的银团贷款和汇丰银行牵头的贷款授信。

中国化工集团在其子公司中国化工农化公司之下，设置了 6 层特殊目的主体（SPV）为收购标的进行融资。第二层 SPV 为中信银行提供的银团授信，规模为 125 亿美元，参团银行包括中信银行、兴业银行、浦发银行、法国巴黎银行、法国东方汇理银行、瑞信、Natixis、裕信银行、荷兰合作银行。中国银行向第三层 SPV 提供 100 亿美元的永续债，此外，第三层 SPV 获得的股权融资还包括兴业银行提供的 10 亿美元永续债，以及摩根士丹利提供 20 亿美元、2020 年到期、利率为 5%的可转换优先股。中国化工的自有资金在第四层 SPV 出现，由中国化工农化公司、中国化工农化国际自筹 50 亿美元。这层 SPV 还有国务院国资委下属的投资平台公司国新控股提供的 70 亿美元的永久债。汇丰银行为最后一层 SPV 提供 68.12 亿美元的贷款授信，参团银行包括汇丰、瑞信、荷兰合作银行、裕信银行。

最终，中国化工通过了 11 个国家的安全审查机构和美国欧盟等 20 个国家和地区反垄断机构的调查。2017 年 6 月 8 日，中国化工拥有先正达 94.7%股份，正式跻身全球农化行业第一梯队。

（三）全球最大农化集团的诞生

虽然中国化工收购先正达的意义重大，但近500亿美金的收购，加重了中国化工的债务负担，更重要的是，两个集团还存在企业文化、体制机制、人才使用等诸多方面方面的融合问题。最终，在完成对瑞士农化巨头先正达收购两年半后，中国化工宣布将旗下先正达股份公司与中化集团旗下农化资产进行整合，并划转至一家新成立的公司。

为了深化国有企业改革，优化资源配置，进一步加强“两化”合作，一家名为中化工农业科技（以下简称“中化农科”）的公司于2019年6月在上海注册成立。这家中国化工集团全资持有的企业，注册资本达到100亿元，由身兼中国化工集团、中化集团两家央企董事长的宁高宁担任法定代表人。2020年1月，中化集团和中国化工宣布将旗下农化板块业务相继注入该公司。

在“两化”农化板块资产整合前，中国化工拥有三北种业、安道麦，以及重金收购的先正达；中化集团拥有荃银高科、中化化肥以及扬农化工等上市公司，以及中国种子集团、中化现代农业等农化企业。经过“两化”农业业务的资产重组，中化农科继承了年营收高达230亿美元的资产后，成了两大央企农业板块整合的平台公司，并更名为先正达集团。

2020年6月18日，随着“两化”农化资产逐一划拨到位，总部位于瑞士的“超级”国企、全球最大的农化集团先正达集团正式宣告成立。

二、案例的思政元素

本案例的思政元素主要包括以下几项：

（一）克服万难，坚定不移地贯彻落实新形势下国家粮食安全战略

古往今来，足食都是治国安邦的首善大举。古人讲，民以食为天，“洪范八政，食为政首”。对中国这样的人口大国，粮食安全尤为重要，任何时候都不能掉以轻心。党和政府历来高度重视粮食生产，并出台了一系列重要政策举措，取得了举世瞩目的成就。

党的十八大以来，以习近平同志为核心的党中央着眼实现“两个一百年”奋斗目标和中华民族伟大复兴的中国梦，提出了“以我为主、立足国内、确保产能、适度进口、科技支撑”的新形势下国家粮食安全战略，强调要坚守“确保谷物基本自给、口粮绝对安全”的战略底线。习近平总书记强调，保障国家粮食安全这根弦任何时候都不能松，中国人的饭碗任何时候都要牢牢端在自己手上，我们的饭碗应该主要装中国粮。

作为世界第一人口大国，70多年来党和国家通过不断深化改革和对粮食安全政策的调控，中国成功解决了14亿人口的吃饭问题，走出了具有中国特色的粮食安全道路。巨大的人口体量决定了我国粮食安全不允许出现任何差错，农业是衣食之源，粮食是稳定之本。中国始终强调要保持90%以上的粮食自给率，是站在宏观和历史的高度，明确了粮食安全的政治意义。2021年中央一号文件提出要“扛起粮食安全的政治责任”，这些均为粮食安全的重要性和新高度做了注解。粮食安全是一项系统工程，只有树立危机意识和全局思维，才能真正做到“把饭碗端在自己手中”，才能在未来不会被吃饭问题“卡脖子”。

（二）优化农化产业结构升级，推动经济持续健康发展

习近平总书记强调：“我们要立足我国国情和我们的发展实践，深入研究世界经济和我国经济面临的新情况新问题，揭示新特点新规律，提炼和总结我国经济发展实践的规律性成果，把实践经验上升为系统化的经济学说”。发展必须是遵循经济规律的科学发展，必须是遵循自然规律的可持续发展。

我国经济发展已经进入了新时代，基本特征就是我国经济已由高速增长阶段转向高质量发展阶段。我国经济正处在转变发展方式、优化经济结构、转换增长动力的攻关期。正如党的十九大报告所指出的，发展不平衡不充分的一些突出问题尚未解决，发展质量和效益还不高，创新能力不够强，实体经济水平有待提高，等等。解决经济发展中存在的这些问题，需要在转变发展方式、优化经济结构、转换增长动力上下功夫，以期尽早实现经济发展之战略目标。推动我国经济实现高质量发展，是保持经济持续健康发展的必然要求，是适应我国社会主要矛盾变化和全面建设社会主义现代化国家的必然要求，是遵循经济规律发展的必然要求。

三、案例使用说明

（一）教学用途与教学目标

1. 教学用途

本案例为分析型案例，适用于本科生财务管理课程中对外直接投资的教学和培训。

2. 教学目标

（1）知识层面。

理解概念：企业投资的含义与类别；对外直接投资的含义、形式和基本特点。

掌握理论：垄断优势理论、市场不完全理论、国际生产折衷理论、对外直接投资的影响因素。

（2）能力层面。

要求学生了解企业投资活动的含义，理解投资管理的主要内容，熟悉对外直接投资和对外间接投资的区别，掌握对外直接投资的形式和相关理论。

（3）素质层面。

引导学生深刻认识到新形势下国家粮食安全战略的深刻含义，理解国家粮食安全战略对农化投资活动，尤其是国有企业投资活动的指引；深刻认识经济发展规律的本质，理解产业结构优化升级、全面深化国有企业改革工作中遵循经济规律的科学发展。

（二）案例讨论的准备工作

第一，学生需要预习投资管理课程中的相关理论和知识，了解企业投资活动、对外直接投资、对外间接投资等概念。

第二，了解企业对外直接投资的动因、形式及影响因素。

（三）案例分析要点

1. 启发思考题

（1）结合案例，请以新形势下国家粮食安全战略为指导，分析中国化工集团斥巨资收购瑞士先正达的主要原因。

（2）结合案例，请分析身处全球农化行业并购浪潮中的中国化工集团是如何遵循经济发展的客观规律，通过收购瑞士先正达及资产重组等工作完成产业结构升级的。

2. 分析思路

（1）结合案例，请以新形势下国家粮食安全战略为指导，分析中国化工集团斥巨资收购瑞士先正达的主要原因。

党的十八大以来，习近平总书记始终把粮食安全作为治国理政的头等大事，高屋建瓴地提出了“确保谷物基本自给、口粮绝对安全”的新粮食安全观，确立了“以我为主、立足国内、确保产能、适度进口、科技支撑”的国家粮食安全战略，“饭碗论”“底线论”“红线论”形成了一系列具有重要意义的粮食安全理论创新与实践创新。2021年4月发布的“十四五”规划更是把增强粮食综合生产能力作为约束性指标纳入其中，这也是中国首次把实施粮食安全战略纳入五年规划。这释放出党和政府对粮食安全事关国运民生、国家治国理政头等大事的一如既往、一以贯之的重视，也是前所未有的高度重视，体现了以人民为本、以人民为中心，也是防范重大风险挑战的具体体现。

现在，我国已比较稳定地用不到世界10%的耕地，生产世界1/4的粮食，养活世界1/5的人口。作为世界人口第一大国，我国即使制定了18亿亩“耕地红线”（进行耕种的土地面的最低值）的政策，但对14亿人口的国家来说，我国耕地面积仍然相当不足。想要在有限的土地上实现更大的生产价值，则需要通过不断的技术创新和研发投入作为支撑。农药和种子作为保障食品安全和丰产丰收的重要生产资料，该领域专利性非常强，需要很多现代化的技术扶持。

在中国化工收购先正达之前，我国对农药有着极大需求，却缺少专利药，原药研发能力也较弱，绝大部分企业生产的都是非专利农药。而一个新作用机制的农药平均研发时间需要8~10年，原创农药企业每年投入的研发费用较高，一般占总销售额的9%~13%，而且存在很大失败风险。在育种方面，国内大多数企业还是以“代繁”为主，原创研发能力极为有限。根据信达证券相关研究测算，中国化工集团将农化板块收入规模已超过中国农药工业协会榜单前五名的总和，但中国化工集团每年关于农化的科研投入却远远低于其他农化企业，业务仍主要以仿制农药为主，主要生产国外专利保护过期的产品，自创产品低于10%。

我国转基因研发体制落后，本土种子公司孱弱，为避免我国粮食产业被国外巨头所垄断，我国过去禁止大豆、玉米等转基因作物的种植，但也付出了沉重的代价，每年进口的大豆量高达8 000万吨，国内80%的大豆需求必须依靠国外的转基因大豆。瑞士先正达拥有的转基因种子数量处于世界领先水平，中国化工收购先正达，有助于中国提高每亩耕田的粮食产出，保障食品安全，也使得中国具有可以与拥有拜尔、科迪华、巴斯夫等世界农化巨头们的欧美国家一较高低的实力。

（2）结合案例，请分析身处全球农化行业并购浪潮中的中国化工集团，是如何遵循经济发展的科学规律，通过收购瑞士先正达及资产重组等工作完成产业结构升级的。

在中国化工收购瑞士先正达之前，全球农化行业领域中共有六家跨国企业处于垄断地位，美国占据三家，分别是陶氏、杜邦和孟山都；德国则有两家，即巴斯夫和拜耳，瑞士一家即先正达，这六家跨国公司占据全球百分之八十的市场份额，成为农化行业的领军人物。而中国化工在完成多次国内外并购后，排名第七位，位列六巨头之后。自 2015 年起，受气候变化、农作物价格下跌、汇率波动影响，在环保压力持续加大、全球农业经济疲软等不利背景下，新一轮洗牌席卷全球农化行业。企业为了在最大程度上保持自己的实力和市场地位，会选择加快并购。通过并购，一方面使同类企业的数量减少，从而提高市场的占有率，谋取最大的利润；另一方面企业将自身业务向上下游或其他领域进行延伸，形成较好的产业链协同与多元化业务发展模式，增强企业营利能力。因此农化行业的收购和资产整合一时成为市场关注的热点。

美国的杜邦和陶氏率先完成合并，并将其农业事业部命名为科迪华™农业科技，之后孟山都多次向先正达发出收购意向，但均被拒绝。受迫于行业巨头合并的压力，中国化工抓住机会，向先正达提出收购意向，以增强自身的竞争力与影响力。中国化工成功收购先正达后，孟山都意图收购德国的拜尔公司最后却反倒被德国的拜耳公司收购。巴斯夫完成了对拜耳系列业务及资产收购，正式进入种子、非选择性除草剂等专业领域，并将其作物保护部更名为农业解决方案部；印度的联合磷化对爱利思达的收购也顺利完成；中国化工集团与中化集团的农业板块资产顺利合并，全球最大的农化集团就此诞生。

身处全球农化行业并购浪潮中的中国化工集团，深刻认识到农化行业发展的客观规律，顺应行业发展趋势，花费重金收购瑞士先正达。中国化工与先正达的结合，对双方来讲都起到一种积极的促进作用。收购先正达前，中国化工集团农化板块的主要业务集中在农药、化肥等农化领域，主要以除草剂等农药为主要经营业务，而并未涉及育种生物技术和种业开发等业务门类，在相关业务领域存在空白。

总部设在瑞士西北部城市巴塞尔的先正达，被认为是全球最大的农药制造商，在全球有九十多个生产供应和研发基地，仅研发人员就有 5 000 多人，其全年营收的 10% 都用于研发，所获专利超万件，已经具备了世界顶级的农药研发和种子培育技术。除普通农作物种子外，先正达深耕具有更高附加值和发展潜力的蔬菜、花卉种子品类，其在这一领域具有别家公司无可比拟的竞争力。除此之外，先正达与世界上 400 多家大学和科研机构开展研发技术合作，并且最近几年投巨资布局智慧农业和生态农业，致力于为农业从业者提供整体性的植保解决方案，这正是中国化工集团所缺少的，弥补了技术层面的缺失使得中国化工在农业行业更加具有竞争力，更有助于实现公司目标。

通过业务上的整合，先正达可以通过中国化工的资源渠道，以更低的成本进入中国乃至亚洲市场，而中国化工也可以利用先正达的先进技术，发展自身，借助先正达的市场覆盖，走向欧洲、走向全球，实现真正的全球化经营战略目标。最后通过中国化工和中化集团农化板块资产的顺利合并重组，世界农化行业市场被三大集团占据，中国化工也能借此走向国际市场，这对我国整个农化行业的复苏也有积极的促进作用。

（四）教学组织方式

由于“投资管理”知识点较多且难度较大，教师可先安排理论讲授时间，再开展案例分析。

案例分析课时：2 课时（80 分钟）